学校发展的原动力

教师工作积极性双元因素解析

许明观　贺陆军　主编

ZHEJIANG UNIVERSITY PRESS
浙江大学出版社
·杭州·

图书在版编目（CIP）数据

学校发展的原动力：教师工作积极性双元因素解析／许明观，贺陆军主编 . -- 杭州：浙江大学出版社，2024.2（2025.2重印）

ISBN 978-7-308-24512-8

Ⅰ.①学… Ⅱ.①许… ②贺… Ⅲ.①教师－积极性－激励－研究 Ⅳ.①G451

中国国家版本馆CIP数据核字（2023）第254929号

学校发展的原动力 ——教师工作积极性双元因素解析

XUEXIAO FAZHAN DE YUANDONGLI ——JIAOSHI GONGZUO JIJIXING SHUANGYUAN YINSU JIEXI

许明观 贺陆军 主编

责任编辑	杨利军（ylj_zjup@qq.com）
责任校对	李 琰
封面设计	周 灵
出版发行	浙江大学出版社
	（杭州市天目山路148号 邮政编码310007）
	（网址：http://www.zjupress.com）
排 版	浙江清音文化艺术有限公司
印 刷	广东虎彩云印刷有限公司绍兴分公司
开 本	787mm×1092mm 1/16
印 张	19
字 数	348千
版 印 次	2024年2月第1版 2025年2月第2次印刷
书 号	ISBN 978-7-308-24512-8
定 价	75.00元

本书编委会

序
教育发展的根本动因

教师是兴教之源，立教之本。教育的高质量发展，离不开高质量的教师队伍。习近平总书记2018年9月10日在全国教育大会上说过："教师是人类灵魂的工程师，是人类文明的传承者，承载着传播知识、传播思想、传播真理，塑造灵魂、塑造生命、塑造新人的时代重任。"

我们知道，专业领域往往是一个依赖从业者积极性的行业，教师职业尤甚，因为教师的职业成效很难直接量化呈现。做好教育工作既需要很高的情感、精神投入，又需要较长的耕耘守望，"教书是一项良心工作"说的就是这个道理。学生成长，学校发展，以及教师自身的价值实现，都直接有赖于教师内在的工作动力。2021年下半年，《人民教育》曾以"求解教师工作积极性的谜题"为专栏深度讨论与探究这个命题。各项研究表明，积极性高的教师会更加主动地工作，更能坚持自己的人生追求，具有更强的责任感和内驱力，因而能形成更有效的反思能力。他们能把工作与自身需要相结合，将职业当作自己的事业，也更能够得到有效成长，实现自我的人生价值，因此，教师积极性较高的学校发展得更好，学生会成长得更理想，社会的满意度也更高。

基于此，根据当前平湖市教育发展与教师队伍建设的实际，教育局委托教育研究咨询中心对全市4300余名专任教师分别从组织引领、制度激励、能力自信、任务激励、职业认同、人际关系六个方面做了量化的问卷调查，同时分组深入全市学校对校长与部分骨干教师做了点对点访谈，收集到了全市中小学教师在当前大背景下教书育人工作积极性状态的第一手信息，既有大量令人感佩的典型事例，又有学段、校际与不同年龄段、职称等群体的显著差异，许多时候这种不平衡又呈现动态循环的态势。深究其中成因并梳理归纳，教师工作积极性主要受主客观两大因素影响。除了社会地位、总体经济待遇等外在因素，教师工作积极性整体状况较多地受到学校工作环境的影响，体现在学校对教师工作积极性的管理调动效果上。大致相同的社会背景下相同相近类型学校的校风、教风与学风却有较大的差异，这应该是管理的差异性所导致的效果的差异性。同时又发现，总有相当一部分教师，无论在什么历史阶段，无论在哪个地方，总是不随流俗，潜心教学，默默耕耘，"两耳不闻喧嚣声，只做教书育人事"。他们认真而有目标，执着、坚持，不仅赢得了学生的敬仰、家长的信任，也实现了自身不断进步的理想。由此看来，教师工作积极性的影响要素还在于教师自身的内驱力——有事业心、责任心，爱职业、爱学生，所以他们能承受挫折，没有职业倦怠，能乐此不疲，成长为受欢迎的名优教师。我们还组织了部分校长进行论坛交流，分享各自在学校管理中调动教师工作积极性的成功经验，并请校长与名优教师分别撰写自己的管理体会与成长感悟，择优汇编成书，企望能够辐射更广，对其他学校、其他教师有所启迪，由此能够让全市产生更加良好的管理效应，形成更加浓厚的教师成长氛围。

在校长与各位名优教师的文章里，我们较多地看到管理成功的学校领导善于从管理学和心理学学科交叉的视角来研究与调动教师的工作积极性，会根据马斯洛的需求层次理论，从物质到精神多方面关心、激励教师。他们有的以问题为导向，抓住要点，推进学校发展；有的根据实际校情，针对具体群体，靶向管理，扬长补短；也有的善于利用差异化目标管理，进行不同的任务驱动，有效调动不同群体的整体工作积极性。因此，这些学校校风整肃，关系和谐，学校发展行稳致远。

我们也看到绝大多数的名优教师，不一定有超人的天赋，但特别爱岗敬业，特别认真踏实，特别能吃苦、能坚持，而且特别善于反思总结。他们有的善于阅读，将阅读作为专业成长的必由路径与自己的终身爱好；有的从小生活艰难，道路曲折，所以反而磨炼出了不怕吃苦、不怕挫折的坚强意志，他们只是比一般的人多了一份不半途而废的坚守，因此在人生目标的追寻之路上能够坚持到成功；也有的初心不变，虚心好学，善于反思，致力科研，所以最后比同行者望得更远，走得更快，攀得更高。

因此，我们希望让有效与优秀成为管理与为师的常态。希望更多的学校能有效地调动教师工作积极性，像那些管理有成的学校一样，齐心协力，不断奋进；希望更多的教师能提升事业追求的内驱力，像那些名优教师一样，有岗位责任感，有事业成就感，从而人生也拥有无上的幸福感。有人说教育的本质是"一棵树摇动另一棵树，一朵云推动另一朵云，一个灵魂唤醒另一个灵魂"，这句话同样也适用于勉励众校共进，激励同伴相生，希望我们平湖整体的教育事业呈现更灿烂的前景，能办好人民更满意的教育，这也是我们开展教师工作积极性系列活动与编印出版此书的初衷所在。

诚然，学校或教育的发展推进是由多因素综合造成的，但就其内涵本质来说还是在于人与管理。我们所开展的教师工作积极性的有关活动可以告一段落，但学校调动教师工作积极性与教师自我有效成长的工作永远在路上。

平湖市教育局局长：徐立

2023 年 5 月

目 录

导引篇

主因子分析框架下教师积极性的调查分析

——基于浙江省平湖市4389名教师样本数据

贺陆军

贺陆军　1961年10月生。第十、十二届浙江省督学，正高级教师。曾获得全国职业教育先进个人、长三角教育科研标兵、浙江省第二批黄炎培职业教育奖杰出贡献奖、嘉兴市名校长荣誉称号。118篇论文发表或获奖，出版专著《校长管理之道》（2014年6月，浙江教育出版社）等。完成教育科研课题13项，其中两项分获2016年浙江省职业教育教学成果奖一等奖和2018年职业教育国家级教学成果奖二等奖。

一、调查意义和目的

在学校发展的进程中，教师是主要力量，是承载学校教育功能的主体，决定着学校发展的速度和成效，也影响着学生成长的走向和进程。学生成长的走向和进程是教师群体共同教育的结果，故教师工作成果具有集体性；教育工作不仅是教书，更是育人，不仅需要言教，更需要身教，故教师工作时空具有弥散性；备课、上课、辅导、批改，主要以教师单兵作战的方式完成，故教师工作模式具有个体性。因此，保证教育工作的质量需要教师具有高度的职业自觉。社会给予了教师更多的人格尊重，也向教师提出了更高的职业规范标准，要求教师具有更加积极的工作态度、更加自觉的行为方式。由此，"教师工作积极性"成了一个永恒的社会热门话题，也成了一个持久的研究热点，通过"教师工作积极性"一词查询到的论文数量比许多行业都高，甚至比以范围更广的"员工积极性"进行检索的结果要高出一倍。《人民教育》2021年第20期以核心议题的形式，特别策划"求解教师工作积极性的谜题"专栏并进行专题讨论，集中刊发了五篇有关"教师工作积极性"的专题文章，分析和总结了提升教师工作积极性的思路和经验，这足以证明大家对教师工作积极性的高度关注。

态度与积极性是一对有紧密关联的概念。态度是在特殊情境下以特定方式进行反应的内部准备状态，态度不仅有消极和积极的性质之分，还有高低之别。教师工作积极性高，既指明了教师工作态度的性质，也表达了教师工作态度的水平；教师工作积极性高，既是教师对教育工作重要性认识的必然，也是教师对教育工作喜爱的使然；教师工作积极性高，教师既会在教育行为的发生上表现出主动性，也会在教育行为受阻中表现出坚定性；教师工作积极性高，教师既会在利益关切上表现出自我的谦让性，也会在工作职责上表现出行动的应然性；教师工作积极性高，教师既会在工作目标上追求创造性，也会在生命意义上彰显超越性。

教师工作积极性高，既是个体对教育工作先天的、潜在的喜欢，更是个体在后天通过努力，把潜在喜欢变成显在喜欢的结果；教师工作积极性高，既是积极的工作环境对教师个体潜移默化的作用，更是教师个体让外部的积极影响和内在的积极力量相互作用的结果。

教师工作积极性是师德素养的重要组成部分。当前"有的教师素质能力难以适应新时代人才培养需要，思想政治素质和师德水平需要提升"，要"推进践行教书育人使命，坚持把师德师风作为第一标准"。为此，教育系统开展教师全员师德培训，稳妥进行人事制度改革，积极开展优秀教师评选，广泛宣传模范教师先进事迹，以提高广大教师的师德水平和工作积极性，并且取得了一定的成效。

教师工作积极性问题需要从管理学和心理学的交叉视角来研究，既要研究提高教师工作积极性的内在性动力变量，也要研究提高教师工作积极性的外在性干预变量；既要研究教师工作积极性的同一性特征，也要研究教师工作积极性的结构性差异，以实证性的研究成果，指导教育系统的师德教育；以精准施策，达到有效提高教师工作积极性之目标。为此，本研究立足平湖市各年段学校，对教师工作积极性展开全面调查，期望通过调查分析，发现教师对"教师工作积极性"在内在性动力变量和外在性干预变量两个维度上的"实践程度"，分析不同人口学变量下，学校教师工作积极性在"实践程度"上的结构性差异。在此基础上，就如何进一步提高教师工作积极性问题提出工作建议，供教育行政主管部门参考。

二、调查过程与方法

本研究先期进行问卷的编制与发放以及数据的收集与整理，之后进行数据的处理与分析，最终给出调查的结论与建议。

（一）问卷编制

第一，组织半开放式访谈。为了编制"平湖市教师工作积极性调查问卷"，我们在当湖高级中学、东湖中学、实验小学教育集团下的毓秀小学选择了不同学科的48名教师进行了有关教师工作积极性方面的访谈，访谈采用开放性书面的方式进行。引导题目是：（1）您认为哪些因素是影响教师工作积极性的主要因素？（2）您认为哪些内外因素影响了您的积极性？

第二，形成初测问卷题项。汇总每一位教师的访谈记录后，提取其中与主题联系比较紧密的访谈记录，归并表述不同但意义相同的访谈记录，形成初测问卷的题项。

第三，确定问卷检测维度。对初步形成的题项进行逐句分析和编码，梳理出影响教师工作积极性的8个重要因素，并作为本次问卷调查的预设检测维度；梳理出影响教师工作积极性的27个因素，构成问卷的基本结构，具体内容见表1。

表1 "平湖市教师工作积极性调查问卷"题项结构表

检测维度	问卷题项
工作任务	目前学校对我的工作的质量要求
	目前学校分配给我的工作量
	目前学校分配给我的临时性额外工作
教育教学业绩	目前我对提高教育教学工作业绩的信心
职业认同	我感觉到自己作为教师的社会价值
	我认为自己有工作能力
	做一名无私奉献的优秀教师是我的职业追求
	作为一名教师，我感觉自豪
	教育教学工作是我的责任与使命
	目前我重视自己的专业成长
	目前我喜欢教育教学工作
学校领导	我认同学校领导的为人处世方式
	我认同学校现任领导的领导能力
	学校现任领导对我是信任的
	学校现任领导关心教师工作和生活

续表

检测维度	问卷题项
经济收入	目前的经济收入达到我的预期
学校发展	我对学校的发展现状感到满意
学校制度	我认同目前学校的教师常规考核制度
	我认同目前学校的教师奖金分配制度
	我认同目前学校对教师工作质量的评价制度
	我认同目前学校的教师业务培训与教研科研制度
	我认同目前的教师职称评审制度
人际关系	我与同事保持良好的人际关系
	我与学校领导保持良好的人际关系
	我与学生保持良好的人际关系
	我与学生家长保持良好的人际关系
	家庭成员支持我的教师工作

第四，进行初测问卷试测。组织平湖市职业中专部分教师进行初测问卷的试测，然后根据初测后受试者的反馈意见和专家的指导意见，对部分题项的表达进行适当的修改，以便正式测试时受试者更加精准地理解题意。

第五，完成正式问卷编制。问卷采用李克特五点计分法，供受试者表达各题项符合自己意向的程度。其中，1表示"非常不符合"，2表示"不符合"，3表示"不确定"，4表示"符合"，5表示"非常符合"。添加指导语，以及性别、年段、年龄、学历、职称、政治面貌、工作职务等人口学变量问题，由此构成完整的正式问卷。

问卷的各题项都是有关提高教师工作积极性的正向题，得分越高，表示教师的知觉与题项的指向一致性越高，所以得分的高低表达了教师个体积极性的高低。

（二）样本描述

本研究以平湖市中小学、幼儿园和乡镇成人文化学校专任教师为研究对象。参加本次问卷调查的教师数为4599人，形成有效问卷4389份，有效率为95.43%。参加本次问卷调查的人员在年龄段、性别、职称、年段等方面的分布情况见表2。幼儿园和乡镇成人文化学校（简称"成人学校"）由于规模较小，分别作为一个单位统计。

表2　参加调查的人员分布情况

分类信息			年龄段/岁								合计
			25及以下	26~30	31~35	36~40	41~45	46~50	51~55	56~60	
总　数			376	688	635	674	919	543	377	177	4389
性别	男	人数/人	50	107	131	192	333	221	195	160	1389
		占比/%	3.6	7.7	9.4	13.8	24.0	15.9	14.0	11.5	100
	女	人数/人	326	581	504	482	586	322	182	17	3000
		占比/%	10.9	19.4	16.8	16.1	19.5	10.7	6.1	0.6	100
职称	未定级	人数/人	230	114	34	21	9	3	3	1	415
		占比/%	55.4	27.5	8.2	5.1	2.2	0.7	0.7	0.2	100
	初级	人数/人	139	482	241	78	50	26	13	4	1033
		占比/%	13.5	46.7	23.3	7.6	4.8	2.5	1.3	0.4	100
	中级	人数/人	7	91	348	508	551	300	179	82	2066
		占比/%	0.3	4.4	16.8	24.6	26.7	14.5	8.7	4.0	100
	高级	人数/人	0	1	12	67	309	214	182	90	875
		占比/%	0	0.1	1.4	7.7	35.3	24.5	20.8	10.3	100
年段	普通高中	人数/人	25	42	58	98	196	57	61	50	587
		占比/%	4.3	7.2	9.9	16.7	33.4	9.7	10.4	8.5	100
	职业院校	人数/人	25	90	75	89	114	22	29	7	451
		占比/%	5.5	20.0	16.6	19.7	25.3	4.9	6.4	1.6	100
	初中	人数/人	37	97	95	169	225	158	110	54	945
		占比/%	3.9	10.3	10.1	17.9	23.8	16.7	11.6	5.7	100
	小学	人数/人	189	272	288	263	307	248	151	57	1775
		占比/%	10.6	15.3	16.2	14.8	17.3	14.0	8.5	3.2	100
	成人学校	人数/人	0	0	0	2	11	9	9	9	40
		占比/%	0	0	0	5.0	27.5	22.5	22.5	22.5	100
	幼儿园	人数/人	100	187	119	53	66	49	17	0	591
		占比/%	16.9	31.6	20.1	9.0	11.2	8.3	2.9	0	100

　　注：因四舍五入原因，比例加总值与100略有出入。年龄向下取整数。本文其他涉及年龄的表格同，于表后不再赘述。

（三）调查过程

　　本研究正式问卷使用问卷星软件，通过网络在线进行。完成调查后，将数据下载于EXCEL表格，并对其进行初步处理，将整理后的数据导入SPSS 22.0并进行统计分析。

（四）研究方法

采用主因子分析、聚类分析和差异性分析进行实证研究。主因子分析就是把多个原始变量转化成几个有代表性的因子，既保留原始信息，维持对其解释能力，更能够分析原始信息背后的公共因子，有利于对原始数据形成的原因进行分析；聚类分析可以很好地将数据进行归类，总结组别特征，便于进行针对性的干预与优化；差异性分析就是不同群体之间进行均值的显著性检验，以便发现这种差异存在的确定性。

三、数据处理与结果

本研究数据处理分三个部分：一是对教师工作积极性先后进行主因子初次分析和二次分析；二是根据主因子分析结果，以年段为单位进行聚类分析；三是从性别、年龄段、城乡义务教育等方面对教师工作积极性进行差异性分析。

（一）教师工作积极性主因子的初次分析

主因子分析的基本步骤是：检验原始信息是否符合主因子分析，建立主因子分析的数学模型，并运用数学模型对研究对象的特征进行分析。

1. 主因子分析的条件检验

主因子分析的条件检验主要是运用 KMO（Kaiser-Meyer-Olkin）检验和巴特利特球形检验，KMO 值取值 0~1，值越大，表示变量间相关程度越高，适合做因子分析。巴特利特球形检验，检验相关矩阵是否为单位矩阵，表明因子的适宜性。通过 SPSS 22.0 运行，结果见表 3。

巴特利特球形检验值为 95118.167，显著性为 0.000，表明检验的相关矩阵适宜进行因子分析。KMO 值为 0.968，表示变量间的相关程度高，符合因子分析条件。

表3　KMO 和巴特利特球形检验

检验项目		检验结果
KMO 取样适切性量数		0.968
巴特利特球形检验	上次读取的卡方	95118.167
	自由度	351
	显著性	0.000

2. 主因子分析的基本过程

（1）提取旋转后的主因子。

运用最大方差法，对初始因子进行正交旋转，使初始因子的载荷量集中于少数几个公共因子上，其中一个公共因子最大，承载了原始因子的大多数载荷量，并得到各公共因子的特征值、方差贡献率、累计方差贡献率等数据，提取特征值大于1的公共因子，得到旋转后的主因子。

本研究获得的原始数据，通过SPSS 22.00运行，得到旋转后公共因子的方差统计结果，见表4。由此可知，特征值大于1的公共因子有3个，即为教师工作积极性的3个主因子，分别用F_1、F_2、F_3表示，3个主因子的累计方差贡献率为64.240%。由此可见，F_1、F_2、F_3 3个主因子对教师工作积极性的方差的解释能力分别是32.841%、17.101%、14.298%，3个主因子对教师工作积极性总方差的解释能力为64.240%。

表4　旋转后公共因子方差统计结果

公共因子	特征值	方差贡献率/%	累计方差贡献率/%
F_1	13.664	32.841	32.841
F_2	2.335	17.101	49.942
F_3	1.346	14.298	64.240
F_4	0.999	3.700	
F_5	0.815	3.018	
F_6	……	……	

（2）获得旋转后的成分矩阵。

通过SPSS 22.00运行数据，且因子载荷量大于0.6水平，得到旋转后的成分矩阵，结果见表5。把原始变量归纳到各主因子下，或者说以初始因子与公共因子间的相关系数为分类指标，以相关系数大于0.6为分类标准，对原始变量进行分类，由此得到旋转后的成分矩阵。其中，14、21、17、15、38等5个原始变量在3个主因子的载荷量均小于0.6，暂无主因子归属。

表5　旋转后的成分矩阵

初始因子	成分			主因子名称
	F_1	F_2	F_3	
31.我认同目前学校对教师工作质量的评价制度	0.858			
30.我认同目前学校的教师奖金分配制度	0.842			
29.我认同目前学校的教师常规考核制度	0.837			组织归属
24.我认同学校现任领导的领导能力	0.798			

初始因子	成分			主因子名称
	F_1	F_2	F_3	
26.学校现任领导关心教师工作和生活	0.794			组织归属
28.所在学校的发展现状	0.781			
23.我对学校现任领导的为人处世方式	0.778			
32.我认同目前学校的教师业务培训与教研科研制度	0.735			
33.我认同目前的教师职称评审制度	0.699			
25.学校现任领导对我的信任程度	0.690			
12.目前学校对我的工作的质量要求	0.656			
13.目前学校分配给我的工作量	0.617			
27.目前的经济收入与我的预期	0.603			
35.我与学校领导的关系	0.600			
14.目前学校分配给我的临时性额外工作				/
19.作为一名教师,我感觉自豪		0.726		职业认同
18.做一名无私奉献的优秀教师是我的职业追求		0.709		
22.目前我对教育教学工作		0.684		
20.教育教学工作是我的责任与使命		0.673		
16.我感觉到自己作为教师的社会价值		0.611		
21.目前我对个人的专业成长				/
17.我认为自己有工作能力				/
15.目前我对提高教育教学工作业绩的信心				/
36.我与学生的关系			0.802	人际关系
37.我与家长的关系			0.774	
34.我与同事的关系			0.769	
38.家庭成员对我工作的支持				/

（3）进行主因子名称命名。

分析主因子下各原始变量共同特性,并根据共同特征的性质命名主因子。根据表5中各原始变量的主因子归属,以及主因子对应的各原始变量的特征,将3个主因子F_1、F_2、F_3可以分别命名为组织归属、职业认同、人际关系。从表5中3个因子的特征值或者方差贡献率可知,组织归属对教师工作积极性影响最大,职业认同其次,人际关系相对最小。

有趣的是受试者与学校领导的关系，问卷设计时归并在人际关系维度，而主因子分析时则归并在组织归属因子下，因为通过对受试者的应答结果进行分析，教师与学校领导的关系和组织归属中的其他原始变量的相关度要更高些。

3. 主因子变量值的计算公式

由SPSS 22.0运行自动生成的是教师个体主因子的标准分，即F_1、F_2、F_3，而教师工作积极性的综合得分$F = \sum (\beta_i F_i)/\sum\beta_i$，其中$\beta_i$是各主因子$F_1$、$F_2$、$F_3$的特征值。由上述计算公式可得教师工作积极性主因子初次分析的综合得分：

$$F = (\beta_1 F_1 + \beta_2 F_2 + \beta_3 F_3)/(\beta_1 + \beta_2 + \beta_3) = 0.79F_1 + 0.13F_2 + 0.08F_3$$

由此可进一步看到，在教师工作积极性主因子初次分析中，组织归属、职业认同、人际关系对教师工作积极性的权重分别为0.79、0.13、0.08。

（二）教师工作积极性主因子的二次分析

排除教师工作积极性主因子分析中属于"职业认同""人际关系"的原始变量，运用同一方法对其余19个原始变量进行主因子二次分析。

1. 主因子分析的条件检验

教师组织归属主因子分析条件检验结果见表6。

表6　KMO和巴特利特球形检验

检验项目		检验结果
KMO取样适切性量数		0.964
巴特利特球形检验	上次读取的卡方	66368.998
	自由度	171
	显著性	0.000

巴特利特球形检验值为66368.998，显著性为0.000，表明检验的相关矩阵适宜进行因子分析。KMO值为0.964，表示变量间的相关程度高，符合因子分析条件。

2. 主因子分析的基本过程

（1）提取旋转后的主因子。

运用最大方差法和固定提取公因子法，经过试探后，决定提取的主因子数量为4个，通过SPSS 22.00运行，得到旋转后公共因子的方差统计结果，见表7，主因子分别用F_1、F_2、F_3、F_4表示。由此可见，在教师工作积极性的二次分析中，F_1对教师工作积极性的方差贡献率高达57.465%，而4个主因子的累计方差贡献率为73.995%。

表7 旋转后公共因子方差统计结果

公共因子	特征值	方差贡献率/%	累计方差贡献率/%
F_1	10.344	57.465	57.465
F_2	1.315	7.305	64.770
F_3	0.867	4.816	69.586
F_4	0.794	4.409	73.995
F_5	0.667	3.704	
F_6	……	……	

（2）获得旋转后的成分矩阵。

因子载荷量大于0.6水平标准，通过SPSS 22.00运行，得到旋转后的成分矩阵，结果见表8。其中，原始变量的第31项，在公共因子 F_1、F_2 中的载荷量均大于0.6，比较此项在2个公共因子中载荷量的大小，此项归入 F_2；第38项和第15项在4个公共因子中的载荷量均小于0.6，暂无主因子归属。

表8 旋转后的成分矩阵

初始因子	成分				主因子名称
	F_1	F_2	F_3	F_4	
23.我对学校现任领导的为人处世方式	0.801				组织引领
24.我认为学校现任领导的领导能力	0.796				
26.学校现任领导关心教师工作和生活	0.783				
25.学校现任领导对我的信任程度	0.738				
35.我与学校领导的关系	0.701				
28.所在学校的发展现状	0.664				
29.我认为目前学校的教师常规考核制度	0.630				
33.我认为目前的教师职称评审制度		0.704			制度激励
27.目前的经济收入与我的预期		0.691			
30.我认为目前学校的教师奖金分配制度		0.689			
32.我认为目前的教师业务培训与教研科研制度		0.686			
31.我认为目前学校对教师工作质量的评价制度	0.602	0.643			
17.我认为自己的工作能力				0.816	能力自信
21.目前我对个人的专业成长				0.668	
38.家庭成员对我工作的支持					/
15.目前我对提高教育教学工作业绩的信心					/

续表

初始因子	成分				主因子名称
	F_1	F_2	F_3	F_4	
14.目前学校分配给我的临时性额外工作				0.752	
13.目前学校分配给我的工作量				0.735	任务驱动
12.目前学校对我的工作的质量要求				0.617	

（3）进行主因子名称命名。

根据4个主因子下的原始变量共同特征的性质，将4个主因子F_1、F_2、F_3、F_4分别命名为组织引领、制度激励、能力自信、任务驱动。

3. 计算主因子变量数值

由主因子综合得分公式$F = \sum (\beta_i F_i)/\sum \beta_i$可得教师工作积极性二次分析的综合得分$F = 0.77F_1 + 0.10F_2 + 0.07F_3 + 0.06F_4$。

（三）教师工作积极性的聚类分析

聚类分析是将数据所对应的研究对象进行分类的统计方法。这类方法的特点是：事先不知道类别的个数和结构，据以进行分析的依据是对象之间具有相似性或相异性的数据，就是将这些相似或相异的数据看成是对象之间的"距离"远近的量度，将距离近的对象归入一类，将距离较远的对象归入不同类。学校组织在教育事业发展中具有独特的作用，因此本研究以教师工作积极性主因子分析基础上取得的学校数据为对象进行聚类分析。

1. 基于主因子初次分析的教师工作积极性聚类分析

基于教师工作积极性主因子初次分析的教师工作积极性聚类分析，以组织归属、职业认同、人际关系3个教师工作积极性主因子为聚类变量，经试探确定聚类个数设置为4个，经过SPSS 22.0运行分析后，最终形成4个聚类中心，以及中心"坐标"，见表9。

表9　主因子初次分析下的聚类中心

主因子	聚类			
	1	2	3	4
组织归属	−0.63	0.39	−0.03	−0.13
职业认同	−0.01	0.01	−0.25	0.27
人际关系	−0.23	0.25	−0.03	−0.36

因为人际关系对工作积极性的影响相对较小，所以这里只看同一聚类的组织归属和职业认同的"坐标"，并从"水平"和"结构"两个维度，对4种聚类进行命名。聚类1为强认同—弱归属（低），聚类2为强归属—弱认同（高），聚类3为强归属—弱认同（低），聚类4为强认同—弱归属（高）。

由表10可知，教师工作积极性的高低，以及影响教师工作积极性的因素具有明显的学校年段特征，可以概述如下：一是高中段（含普通高中和职业院校）学校的教师工作积极性大多数呈现出"强认同—弱归属"特征，但有水平高低之分；二是初中段学校的教师工作积极性"强认同—弱归属"和"强归属—弱认同"几乎各占一半，但总体水平不高；三是小学段学校的教师工作积极性总体呈现出"强归属—弱认同"特征，高水平的学校数略多于低水平的学校数；四是成人学校和幼儿园的教师工作积极性均呈现"强归属—弱认同"特征，但成人学校水平较低，幼儿园水平较高。

表10　4种聚类的学校数量和年段分布　　单位：所

聚类	学校数量	年段分布					
		普通高中	职业院校	初中	小学	成人学校	幼儿园
强认同—弱归属(低)	9	3	1	5	0	0	0
强归属—弱认同(高)	13	0	0	1	11	0	1
强归属—弱认同(低)	16	0	1	6	8	1	0
强认同—弱归属(高)	5	2	1	2	0	0	0

2. 基于主因子二次分析的教师工作积极性聚类分析

基于教师工作积极性主因子二次分析的教师工作积极性聚类分析，以组织引领、制度激励、能力自信、任务驱动4个教师工作积极性主因子为聚类变量，经试探确定聚类个数设置为3个，经过SPSS 22.0运行，最终形成3个聚类中心，以及中心"坐标"，见表11。根据聚类中心"坐标"，3个聚类中1为任务驱动型，2为组织引领型，3为总体均衡型。

表11　主因子二次分析下的聚类中心

主因子	聚类		
	1	2	3
组织引领	-0.40	0.21	0.16

续表

主因子	聚类		
	1	2	3
制度激励	−0.31	−0.11	0.35
能力自信	−0.02	−0.20	0.09
任务驱动	−0.06	−0.07	0.08

用SPSS 22.0进行分析，3种聚类的学校数量及年段分布统计结果见表12。

表12　3种聚类的学校数量和年段分布　　　　　　　单位：所

主因子	学校数量	年段分布					
		普通高中	职业院校	初中	小学	成人学校	幼儿园
任务驱动型	15	5	2	7	1	0	0
组织引领型	16	0	0	6	9	1	0
总体均衡型	12	0	1	1	9	0	1

由表12可知：一是3种聚类的学校的分布数比较均衡；二是高中段学校（含普通高中和职业院校）绝大多数属于任务驱动型；三是初中段学校任务驱动型和组织引领型几乎各占一半；四是小学段学校组织引领型和总体均衡型约各占一半；五是成人文化学校属于组织引领型，幼儿园属于总体均衡型。

（四）不同群体教师工作积极性的差异性分析

运用显著性检验技术，对不同性别、年龄和义务教育城乡学校间教师工作积极性进行差异性分析，以了解不同群体教师工作积极性之间的水平性和结构性差异。

1. 不同性别教师工作积极性的差异性分析

运用独立样本t检验分析，对不同性别教师工作积极性的初次分析、二次分析提取的主因子和综合得分均值进行差异性分析，以判断男女教师工作积极性的差异，结果见表13。

表13　不同性别教师工作积极性主因子初次分析的差异

主因子	性别	人数/人	平均值	标准偏差	t	显著性
组织归属	男	1389	−0.1464	1.04802	−0.645	0.000
	女	3000	0.0678	0.96969		

续表

主因子	性别	人数/人	平均值	标准偏差	t	显著性
职业认同	男	1389	−0.0347	1.03719	−1.531	0.126
	女	3000	0.0160	0.98206		
人际关系	男	1389	−0.0867	1.07673	−3.754	0.000
	女	3000	0.0401	0.95994		
综合得分	男	1389	−0.1266	0.83404	−6.986	0.000
	女	3000	0.0588	0.78117		

由表13可知，女教师的组织归属、人际关系，以及综合得分的均值都显著高于男教师；男教师的职业认同感也低于女教师，但没有显著性差异。

表14 不同性别教师工作积极性主因子二次分析的差异

主因子	性别	人数/人	平均值	标准偏差	t	显著性
组织引领	男	1389	−0.0539	1.0587	−2.353	0.019
	女	3000	0.0249	0.9708		
制度激励	男	1389	−0.2098	1.0279	−9.358	0.000
	女	3000	0.0971	0.9718		
能力自信	男	1389	0.0343	1.0480	1.508	0.132
	女	3000	−0.0159	0.9768		
任务驱动	男	1389	−0.0575	1.0432	−2.532	0.122
	女	3000	0.0266	0.9784		

由表14可知，在组织引领、制度激励方面，女教师的均值显著高于男教师；在任务驱动方面，女教师的均值也高于男教师，但没有显著性差异；能力自信均值男教师高于女教师，但没有显著性差异。

2. 不同年龄段教师工作积极性的差异性分析

利用教师工作积极性的初次分析、二次分析提取的各主因子均值，对不同年龄段教师工作积极性进行结构性差异分析；运用单因素方差分析法对不同年龄段教师工作积极性的综合得分进行差异性分析，以了解不同年龄段教师工作积极性的结构性差异和水平性差异。

不同年龄段教师主因子初次分析下工作积极性的结构性差异统计中不同年龄段教师的组织归属、职业认同和人际关系的均值，见表15。

表15 不同年龄段教师主因子初次分析下工作积极性的结构性差异

主因子	年龄段/岁							
	25及以下	26~30	31~35	36~40	41~45	46~50	51~55	56~60
组织归属	0.5185	0.2452	0.1606	-0.0797	-0.2961	-0.0794	-0.1491	-0.2288
职业认同	0.0557	-0.0172	-0.1340	-0.0786	-0.0786	0.0750	0.1432	0.1432
人际关系	0.0133	0.0164	0.0333	-0.0020	0.0335	0.0281	-0.1570	-0.1295

由表15可知：一是组织归属感在不同年龄段教师之间表现最为"活跃"，而职业认同感与人际关系相对比较"平稳"；二是组织归属感在不同年龄段教师之间呈现出"降—略升—略降"的态势；三是年龄在41~45岁教师的组织归属感最弱。

运用单因素方差分析，对不同年龄段教师工作积极性的综合得分进行差异性分析，结果见表16。

表16 不同年龄段教师工作积极性综合得分的差异性分析

年龄段/岁	人数/人	α的子集=0.05			
		1	2	3	4
41~45	919	-0.2273			
56~60	177	-0.1809	-0.1809		
51~55	377	-0.1105	-0.1105		
36~40	674		-0.0734		
46~50	543		-0.0500		
31~35	635			0.1113	
26~30	688			0.1920	
25及以下	376				0.4171
显著性		0.070	0.064	0.127	1.000

由表16可知，年龄在41~45岁的教师工作积极性显著低于年龄在36~40、46~50岁的教师；年龄在36~40、46~50岁的教师工作积极性显著低于年龄在31~35、26~30岁的教师；年龄在31~35、26~30岁的教师工作积极性显著低于年龄在25岁及以下的教师。

不同年龄段教师工作积极性主因子二次分析下的结构性差异统计中不同年龄段教师在组织引领、制度激励、能力自信和任务驱动方面的均值，结果见表17。

表17 不同年龄段教师组织引领、制度激励、能力自信和任务驱动均值

主因子	年龄段/岁						
	25及以下	26~30	31~35	36~40	41~45	46~50	51~55	56~60
组织引领	0.2639	0.0993	0.0710	0.0233	-0.1312	0.0119	-0.1509	-0.1462
制度激励	0.5004	0.3010	0.1601	-0.0980	-0.2667	-0.1612	-0.1314	-0.2752
能力自信	0.1987	-0.0635	-0.0605	-0.0230	0.1266	0.0777	0.0584	-0.0449
任务驱动	0.1809	-0.0161	-0.0368	-0.0553	-0.0980	0.0753	0.0852	0.1173

由表17可知：一是在组织引领、制度激励和任务驱动下，初入职教师工作积极性呈现出较高水平，但初入职教师能力自信不强；二是年龄较大的教师群体总体表现出组织引领和制度激励水平不高；三是年龄在41~45岁的教师组织引领、制度激励和任务驱动水平最低，但能力自信最强。

3. 义务教育城乡教师间的差异性分析

运用独立样本 t 检验分析，对基于主因子初次分析的义务教育城乡教师工作积极性进行差异性分析，结果见表18。

表18 基于主因子初次分析的义务教育城乡教师工作积极性的差异性分析

年段	主因子	城乡	人数/人	平均值	标准偏差	t	显著性
初中	组织归属	城镇	341	-0.1624	0.9108	1.780	0.075
		乡镇	604	-0.2798	1.0087		
	职业认同	城镇	341	-0.2034	1.0336	-1.934	0.052
		乡镇	604	-0.0650	1.0622		
	人际关系	城镇	341	-0.3134	1.0342	-3.110	0.002
		乡镇	604	-0.0846	1.1137		
	综合得分	城镇	341	-0.1796	0.7311	1.073	0.283
		乡镇	604	-0.2356	0.7932		
小学	组织归属	城镇	755	0.3260	0.8289	2.485	0.013
		乡镇	1020	0.2241	0.8728		
	职业认同	城镇	755	-0.1271	1.0103	-0.868	0.385
		乡镇	1020	-0.0858	0.9737		
	人际关系	城镇	755	0.1217	0.9464	-0.831	0.406
		乡镇	1020	0.1590	0.9274		
	综合得分	城镇	755	0.2492	0.6847	2.143	0.032
		乡镇	1020	0.1774	0.7074		

由表18可知：城乡初中教师，组织归属的均值城镇高于乡镇，没有显著性差异；职业认同的均值城镇低于乡镇，没有显著性差异；人际关系的均值城镇低于乡镇，且存在显著性差异；综合得分均值城镇高于乡镇，但没有显著性差异。城乡小学教师，组织归属的均值城镇高于乡镇，且有显著性差异；职业认同的均值城镇低于乡镇，没有显著性差异；人际关系的均值城镇低于乡镇，没有显著性差异；综合得分均值城镇高于乡镇，没有显著性差异。

运用独立样本t检验分析，对基于主因子二次分析的义务教育城乡教师工作积极性进行差异性分析，结果见表19。

表19　基于主因子二次分析的义务教育城乡教师工作积极性的差异性分析

年段	主因子	城乡	人数/人	平均值	标准偏差	t	显著性
初中	组织引领	城镇	341	−0.2308	1.0221	−0.271	0.786
		乡镇	604	−0.2114	1.0816		
	制度激励	城镇	341	−0.2052	1.0271	−0.184	0.850
		乡镇	604	−0.1930	0.9537		
	能力自信	城镇	341	−0.2657	1.0265	−3.243	0.001
		乡镇	604	−0.0387	1.0373		
	任务驱动	城镇	341	0.1262	0.9920	2.905	0.004
		乡镇	604	−0.0776	1.0599		
小学	组织引领	城镇	755	0.2979	0.8830	2.014	0.044
		乡镇	1020	0.2129	0.8755		
	制度激励	城镇	755	0.1562	0.9743	−0.020	0.984
		乡镇	1020	0.1572	0.9840		
	能力自信	城镇	755	−0.0697	0.9805	−0.081	0.935
		乡镇	1020	0.0660	0.9557		
	任务驱动	城镇	755	0.0257	0.9604	0.390	0.693
		乡镇	1020	0.0079	0.9458		

由表19可知，就初中教师而言，组织引领和制度激励均值在城乡间没有显著性差异，但能力自信的均值城镇学校显著低于乡镇学校，任务驱动的均值城镇学校显著高于乡镇学校；就小学教师而言，组织引领均值城镇显著高于乡镇，但制度激励、能力自信和任务驱动均值城乡教师间没有显著差异。

四、有关思考与建议

基于调查结果，就提高教师工作积极性提出如下建议：

其一，加强学校组织能力建设，发挥学校组织专业引领作用。

教师工作积极性的主因子分析结果表明，组织归属和职业认同是影响教师工作积极性的主要因素，而学校的组织引领力、制度激励力和任务驱动力是提高教师组织归属感和职业认同感的重要因素。因此，要着力提高学校领导以身作则的人格魅力、教育领导的学术素养、组织管理的专业水准，以提高学校组织的专业引领力、制度建设力、发展规划力，促进教师的组织归属感、职业认同感的提升，进而实现教师工作积极性的有效提高。

其二，加强年段学校差异研究，提高学校干部管理能力。

教师工作积极性的聚类分析结果表明，不同年段教师工作积极性的水平和结构存在着较大的差异，特别是高年段教师工作积极性的水平较低，组织归属感较弱，组织引领力和制度激励力发挥的作用不大。这可能是"发力者"和"受力者"主客双方造成的，既有组织引领力和制度激励力本身"力"不够大，也有高年段教师的个体独立性比较强之原因。这也从一个侧面反映了高年段学校管理的难度更大。因此，教育主管部门在学校干部的选拔、培养过程中要加强对年段差异性的研究，根据不同年段的特点制订差异化的选拔和培训方案，要更加重视高年段学校干部管理能力的培养和提升。

其三，加强教师群体差异研究，建立多元化的教师管理机制。

教师工作积极性的差异性分析表明，不同群体教师工作积极性存在着水平性和结构性的差异，需要加强教师群体差异之研究，建立多元化的教师管理机制。对于男教师，要多一份独立性的尊重；对于女教师，要多一份能力自信的鼓励。对于初入职教师，要多一份工作热情的保护和能力自信的鼓励；对于中老年教师，要多一份独立性的尊重和专业性的期待。

对于城镇初中教师，要防止应试教育的学科性恶性竞争导致教师人际关系的不和谐，以及过高的"分数"目标驱动导致自我效能感的降低；对于乡镇初中教师，要防止因学生学习基础薄弱、考试成绩差，导致教师缺乏成就感，并引发职业认同感的下降；对于乡镇小学教师，要防止教育生活相对单调，教研氛围不够浓郁，导致教师对乡镇小学的组织归属感不强，乡镇小学校长要以身作则参与教研科研活动，积极营造学校的教研科研氛围，以丰富的教育生活吸引教师扎根乡村教育。

概而言之，教师工作积极性对于教育质量的提高和学校组织的发展既具有原发性的功能，也具有广泛性的影响；影响教师工作积极性的因素既具有多元性的特点，也具有稳定性的特性；教师之间工作积极性的差别既具有年段性的水平性差距，也具有群体性的结构化差异。因此，教育行政主管部门和学校组织既要提高对调动教师工作积极性重要性的认识，也要有提高调动教师工作积极性在实践层面上的针对性、持久性和有效性。

成长篇

成长与感悟

○沈金林

沈金林 1965年10月生。浙江省平湖中学物理学科正高级教师，浙江省第9批特级教师。曾获嘉兴市新世纪专业技术带头人、全国中学生创新能力大赛优秀辅导老师等荣誉。50篇论文分别在省级以上报刊发表或在评比中获奖，出版教育专著《探物究理》（2009年4月，光明日报出版社）。

虽是偶然的机遇，而非是自己的选择，让我走上了教师的岗位，但从此，当一个好教师的想法，总萦绕在我的心头。

什么样的教师才算是好教师？站位不同的人可能有不同角度的理解，应该是仁智各见。"好教师"并非规范性概念，而是描述性概念。如：好教师应该是胸怀理想，充满激情的教师；好教师应该是充满爱心，受人尊敬的教师；好教师应该是追求卓越、富有创新精神的教师……

但我想，一个好教师至少应该是一个勤于学习，与时俱进，不断充实、更新、提高的教师。我省著名的物理特级教师吴加澍老师的一句话——"我们教师面对的是学生，不能由于自己的落伍，而影响到学生接受现代教育思想的熏陶"，给我以特别深刻的印象。多年来，我一直以吴加澍老师的这句话警勉自己：我们不能落后，这是做教师的责任，是一种起码的师德。或许可能正是这份秉持和鞭策，才使我能在各种因缘际遇之间，较为顺利地走过近40年的教学生涯。

一、初入职场

回想起大学刚毕业时，被分配至当时的黄姑中学。那时的黄姑中学虽然地处农村，却也汇聚了很多优秀的老教师，教育质量也是有口皆碑，但物理师资相对薄弱，从事高中物理教学的仅两个人，且只有我一个算是科班出身的。那时的我深切感受到自己肩上的压力和责任。那时候很少有教辅参考用书，可供收集教学资料的，主要是《物理教师》《中学物理教学参考》等各类杂志，还有前几年留下来的各地的各类试卷等，阅读期刊的习惯主要是在那时候养成的。收集资料费神，使用资料更费力，需要一笔一画地刻写誊印，这就逼迫自己必须要精选试题，并注重资料的积累。记得从参加工作开始，我每年都会做一本不薄的属于自己的合订本，一直坚持了20多年，曾经赠送给多位兄弟学校的老师，也为后来建立自己的题库，参与教辅精品《新精编》等工作奠定了很好的基础。工作上的努力也取得了很不错的回报，首届学生的高考取得了优异成绩（录取清华、北大各1人），然后连续多年担任高三毕业班的教学，都有不错的成绩。

人是万物中最复杂的生物，其成长过程必然是一个主观与客观相互作用的复杂过程。要将复杂的过程说得比较简单和明白，实在不是一件容易的事。但回顾并思考自己的专业成长历程，发现大多数优秀教师的成长与发展过程是有共性的。有教育专家提出如下的教师专业发展曲线图，可供借鉴和参考。

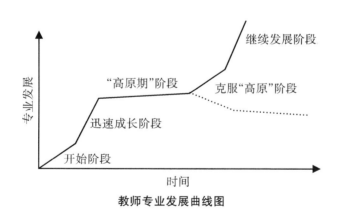

教师专业发展曲线图

图线显示了教师的成长规律：教师一般都会经历适应期→发展期→成熟期→高原期→或停滞，或创新。唯有创新，才能追求卓越。所以，完整的教师生涯，仅一次专业成长是不够的。要从优秀走向卓越，教师必须有第二次专业成长。第一次成长多半是自发的，是经验的积累，第二次要靠理论来反思自己的教育教学经验；第一次主要表现为行为方式的变化，第二次则是思维方式在其中起决定性的作用。

人类的认识活动可以粗略地分成三个层次：本能水平、经验水平和有意识的反思水平。本能活动是维持我们生存的基本活动，属于种族遗传性质；经验活动是人类将自己活动的经验积累起来，传给别人，属于原始模仿性质；而有意识的反思则是将活动的主体和客体分离开来，对活动的特点、过程和规律进行理性的分析，属于研究性质。教育活动的复杂性和丰富性是其他职业所不可比拟的，它要求教师具有更高的灵性与悟性，所以，研究必然成为教育活动的一个有机组成部分。要成为一名卓越的教师，教育科学研究有之未必然，但无之必未然。

二、跨过"高原"

职业生涯初期的顺利成长虽然让人欣喜，但仍有很多缺憾，更留下了很多令人困惑的教学问题。我清楚地知道，如果教师的成功最终体现在学生的成功，那其实我离真正的成功还远着呢。如何发展自己的职业生涯？方向在哪里？我思索着，也迷茫着。

记得有一个假期，已毕业学生回校相聚，我发现这些学生很少用到当年教给他们的物理知识，这不由得让人反思：物理教学的价值究竟在哪里？这是一个教育的核心问题。在进一步深聊中，学生又谈道：老师你在答疑我们的问题时，从不讲具体的解题过程，总是非常简洁的几句话：先画个受力图，把那个量放大一下，想想这两个量相关吗，等等。这让我们领悟到了做事要讲程序，要学会看事物的发展趋势，要学会相关性分析……

深入的叩问与反思，让人的思路一下子开阔了很多。诺贝尔物理学奖获得者劳厄说得好："重要的不是获得知识，而是发展思维能力。教育无非是一切已学过的东西都遗忘掉的时候，所剩下来的东西。"这位物理学家一言道破了教育的真谛，即教育的终极追求并不仅仅是知识，还有学习知识过程中积淀下来的东西，亦即人的素质；而素质的核心又集中反映为人的思维方式和价值取向。

那时候，还没有素质教育、三维目标、核心素养等说法，但浙江教育学院主办的《教学月刊》已开始经常登载吴加澍、姜水根等老师撰写的关于物理方法教育的文章。这些文章中的许多观念其实已经接近于核心素养的理念。物理大咖的著述让我似乎一下子看到了物理教学无限宽广的海洋，而自己只是在沙滩上拾到了几个小贝壳，还有无数的珍珠宝藏有待去寻找，去发现。由是，我开始关注学生思维方法的研究，阅读了大量教育杂志上的文章。那时的教学论文写解题方法的多，且大都侧重于逻辑思维。那时恰好我刚读过《超越挑战与应战——现代西方十二讲》一书，其中有一节是"科学精神与现代西方文化"，主讲当代深有影响的科学哲学家卡尔·波普尔和托马斯·库恩的科学哲学思想。受此启发，我写下了教学生涯中的第一篇教学论文《一种必要的"张力"》，提出了在教学中应该寻求各种思维形式的"思维平衡"，形成不同思维形式间的"思维张力"。文章发表于《中学物理教学》，并获得省一等奖。虽然从现在的视角看，文章的观点似乎有点肤浅，但这使我的教学研究生涯有了一个良好的开端，从而获得了许多学习、深造的机会。而且，关于思维方法的研究，与新课标三维目标强调过程与方法，重视科学探究，在很大程度上是契合的。所以，在新课标颁布不久，我即在深化研究的基础上，撰写了《关于探究式教学中"提出问题"要素的若干探讨》《关于探究式教学中"分析与论证"要素的若干解读》《关于探究式教学中"评估"要素的若干解读》《试论理性思辨在探究式教学中的作用》等系列文章，均发表于国家级核心刊物上，并为人大书报资料中心全文转载，对新课标的解读和核心素养的落实产生了积极的推进作用。

三、艰难跋涉

教师的专业成长是海纳百川，不断学习、实践和创造的过程。当你停止学习时，你就停止了成长。好教师的知识结构应当由三个层次组成：第一层次是条件性知识，包括教育学、心理学、学科教学论、计算机知识、网络知识等。这是一个教师知识结构的核心。第二层次是本体性知识，即大学所学的专业课程。第三层次是扩展性知识，即学科以外的广博的文化知识，天文、地理、历史、文学、哲学等知识。教师应尽可能多懂些，知识面要尽可能宽些，否则与学生会缺少共同语言。

如何获取这些知识？唯有通过阅读。教师阅读的视野，很大程度上直接决定了其理论的高度和思想的厚度。有的人以为读书是文科教师的事，理科教师只要能解题就行了，但我觉得，阅读对于任何学科的教师对新事物、新思想的感悟力都是至关重要的，没有这种感悟力，你只能成为一名教书匠。教育好比一盘磨——上磨是科学，底磨是人文，磨心是哲学。理科教师要有人文素养，文科教师要有科学背景，所有教师都应学会哲学思考。我曾读过《江边对话——一位无神论者和一位基督徒的友好交流》一书，是赵启正（时任国务院新闻办公室主任）与路易·帕罗（美国神学家，美国基督教福音派宗教领袖）有关科学、哲学、宗教，尤其是神学的对话记录。两位有着截然不同的文化、意识形态和职业背景的公众人士，都有自己独特的视角，他们的思想交流难免会出现相当激烈的交锋，但他们比的不是谁是谁非，而是谁的论点和论据更有说服力，大众可以从这些思想交流中获得启迪和乐趣。这本书给我的启迪就是，即使在以实证意识作为最基本科学态度的物理教学中，理性思辨仍在科学探究活动中具有不可替代的作用，为此我又重读了托马斯·库恩《科学革命的结构》等科学哲学方面的论著，撰写了《试论理性思辨在探究式教学中的作用》一文，某种意义上是对新课标科学探究要素的完整解读和补充，这篇论文获得了省一等奖，发表于《物理教师》并为人大书报资料中心全文转载。

如何阅读？阅读什么？我认为可从经典阅读、前沿阅读、比较（批判性）阅读、技能阅读四个层面展开。一是经典阅读，可品味学术，对事业前行方向具有重要意义，如苏霍姆林斯基的《给教师的建议》、陶行知的《陶行知文集》等。苏霍姆林斯基《给教师的建议》中有一段话："给刚参加学校工作的教师的几点建议——为了上好一节课，你是一辈子都在备课的。只有每天不断地补充自己的科学知识，你才有可能在讲课的过程中看到学生们的脑力劳动：占据你的注意中心的将不是关于教材内容的思考，而是对于你的学生的思维情况的关心。"当初读到时虽有深刻印象，但也是不甚了了，现在再细细体味，实在有醍醐灌顶之感。二是前沿阅读，可引领你占领专业发展制高点，如巴班斯基的《教育过程最优化问答》、布卢姆（后译为"布鲁姆"）等的《教学目标分类学 第一分册·认知领域》。三是比较（批判性）阅读，可拓宽你的学术视野，增强批判思维能力与学术创造能力，如托马斯·库恩的《科学革命的结构》等。四是技能阅读，因为教学是一项"技术性"很强的活儿，阅读诸如《微格教学理论与实践研究》《教学行为的原理与技术》《课堂提问艺术》《说课、听课与评课》等，可以为自己的工作获得重要的支撑。

书影

叶澜教授曾指出："一个教师写一辈子教案不可能成为名师，如果一个教师写三年教学反思，就有可能成为名师。"美国教育心理学家波斯纳说，没有反思的经验是狭隘的经验，至多只能是肤浅的知识。因此，他提出了教师成长的公式：成长＝经验＋反思。

经常有老师认为自己有丰富的实践经验而理论不足，但我认为，如果你认为自己懂得实践而不懂得理论，其实你并非真正懂得实践；如果你认为自己懂得理论而不懂得实践，其实你并非真正懂得理论。实际上，理论和实践二者相辅相成，缺一不可。苏霍姆林斯基在《给教师的建议》中写道："教师在自己的工作中分析各种教育现象，正是向教育的智慧攀登的第一个阶梯，……要让教师学会从事创造性的研究，凡是感到自己是一个研究者的教师，最有可能变成教育工作的能手。"

教学与科研是教师专业成长路上的两条腿，不以教学为重，则是教师丢缺本业；没有科研，不会反思教育教学中的成败得失，则难以实现从经验型教师向专家型教师的转变。所以，我把自己专业成长的过程概括为专业阅读、课堂实践、教育科研"三合一"的过程。

记得大概是20世纪80年代末时，《教学月刊》上开始连载布卢姆等的《教学目标分类学》内容，而且有省内诸多特级教师结合当时物理教材分章节的具体解读。刚开始理解不了目标分类有何意义，但教学中遇到的问题逐渐增多，特别是由于学生的个体差异，引发了我对教学起点的把握和教学目标确立的困惑，再重读这些连载文章，感觉应用目标分类似有所帮助。后来我又邮购到了布卢姆的《教学目标分类学 第一分册·认知领域》，再结合所看到的巴班斯基的最优化教学理论，我开始了为期十多年的基于课堂教学的高中物理最优化教学研究。

初期的教学论文《低起点，高落点，多落点》让我有幸作为浙江省唯一的代表在1997年华东地区物理年会交流发言。后续的一些研究成果也作为教学案例编入新课标教材（教科版）的教参中，或引用于发表的一系列论文中。这一课题的研究给人最深的感受和体会是，学生的学习如同航海，教师要关注学生的精神状态，激发他们对学习的梦想与激情。如果你想造一艘船，先不要雇人去收集木头，也不是简单地给他们分配任务，而是要去激发他们对大海的渴望。

四、沉淀与感悟

从优秀走向卓越的最大障碍是什么？是"优秀"。因为"优秀"易滋生一种自满的心态。

上海教科院顾泠沅教授指出："名师的产生是追求卓越的结果。"所谓"追求卓越"，并不是追求最好，而是追求更好，即不断地超越自我。

"卓越"绝非是靠外界力量打造出来的，名师不是"被塑造"的，而是在自我塑造中"修炼"出来的，是在长期的学术修炼中成长起来的。这需要你能在小天地里静得下来，沉得下去，要耐得住寂寞。"厚积才能薄发"，但积累的过程是很辛苦的，挑灯熬夜乃常事。搞教学研究需要的是冷静。思考问题不像做工作。对于一些问题，有时反复思考了许久，结果仍然是一筹莫展；有时却茅塞顿开，进入"柳暗花明又一村"的全新境界。这份坚持可能需要10年，也可能需要20年。

好在这种寂寞感会随着科研水平的提升和成果迭现而逐渐淡化，直到彻底消失，并且升格为一种快乐、惬意的享受！苏霍姆林斯基说过："如果你想让教师的劳动能够给教师一些乐趣，使天天上课不致变成一种单调乏味的义务，那你就应当引导每一位教师走上从事一些研究的这条幸福的道路上来。"

再者，教师是一份平静的职业，教师的工作是平平常常的。其实，人生哪有那么多不平凡的事情？把平凡的小事做得尽可能好，就是不平凡！所以，我提倡"只坐一把椅子"。这首先要知道自己的优势在哪里，并知道如何不断地打造和发挥这种优势。善于经营自己的优势是教师进一步发展的关键。所谓专家型教师，是指他在所擅长的领域比别人知道得更多，同时也在他所不擅长的领域能够比别人更有热忱去追求新知，学得更快、更好。特级教师的"特"就"特"在有特色，有思想，有风格，有亮点，否则就泯然众人了。有的以论文写作见长，有的以课堂教学著称，有的以奥赛辅导为特长，有的以班主任工作突出而著名。在体育比赛中，一般都较少关注全能冠军，而更关注专项运动中的冠军，因为专项冠军把这项运动做到了极致。运动员如此，教师发展同样如此。每位教师在追求全面发展的同时，要注意形成自己的绝活，从而形成特色，向专家型教师的目标努力迈进。

继承传统与发展创新是教育发展永恒的主题。正是大批教育工作者研究心血的凝聚，才汇成了教育科学发展的历史长河，成就了教育不断前进的阶梯。我们每一个人的研究也许只是其中的一滴水，但当你意识到自己的努力有可能汇入一项历史性的事业中时，你的教育生活就有可能是充满憧憬的，你的每一天也许都会是新的。当一种活动进入研究水平，意味着我们从事这项活动的自主性达到了一个新的境界，具备了从自然王国向自由王国飞跃的可能性。教育需要理想，优秀教师需要理想。有自己的教育梦想，才有可能拥有诗意的教育生活。

一个人一辈子有个理想，并且能坚持下去，实在是一种幸福。

育人育己，成人成己

○张　强

张　强 1981年11月生。浙江省平湖中学教师发展处副主任、高三年级部副主任，英语学科正高级教师，浙江省第13批特级教师。曾获浙江省教坛新秀、全国中小学外语教师园丁奖等荣誉。100余篇论文在省级以上期刊发表，10篇论文被人大复印报刊资料全文转载；主编《新高考英语教学设计案例：读后续写》（2017年10月，黑龙江人民出版社）、《教材解析》（2014年5月，宁夏人民教育出版社）等，译有《扶放有度实施优质教学》（2019年2月，福建教育出版社）、《理解为先模式（二）》（2021年8月，福建教育出版社）、《投入为先教学》（待出版，福建教育出版社）等。

2012年，我曾在《教师月刊》撰文阐述了我的教育信念："教育不能被降格为一种技术，一种谋求成绩的手段，我们更应关注师生生活的质量，将教育视为师生寻求理解的一种交往，彼此发现自我的一种探索，不断促成师生的共同成长。"由此，"育人育己，成人成己"逐渐成为我的教育信念。

2005年8月工作至今，回顾17年教育心路，透过以下两个关键事件，我隐约能感受到形成这个信念的来龙去脉。

一、互助型部落：一次育人育己的班级日常管理创新

（一）幸福滑坡，促我深入反思

回顾我工作后带的第一个班，心中既有些"骄傲"，更多的是"惭愧"。"骄傲"是因为这个班高中三年的各项指标一直在同类班级中以绝对优势领先，包括最后的

高考成绩。从功利的角度来看，我带出了一个优秀的班集体！"惭愧"是因为那三年我几乎天天陪着学生，三年下来我与每位学生谈心交流的时间多得让你无法想象！从某种意义上来讲，这一届学生在学业上的出类拔萃很有可能是我用太多的时间换来的。这个阶段，我思考最多的是：如何才能成为一个自己幸福，也能使学生幸福的班主任？面临着"幸福滑坡"的尴尬，我开始理性地感悟班主任的生活，努力探寻、开掘班主任生活的幸福源泉。

送走这一届学生后，我开始冷静地思考：这三年，我这个班主任给学生的成长带去了什么？追问之下得到的答案让我汗颜。毕竟，高中教育不仅仅是一纸大学的录取通知书，而应更多地关注作为"人"的发展。于是，我开始反思自己的班主任生活状态，开始对班级管理体制、活动机制与班级文化进行重新解读，并付诸实践。在这个草根化的探索过程中，我接触到了魏书生老师在班级自动化管理方面的做法，启发颇丰。同时，我开始梳理自己的实践心得，并形成《互助型部落在班级管理中的运用》一文，发表于《中国教师》。"互助型部落"虽然被作为概念（更确切地说只是一种理念）提了出来，却没有任何界定。这一反思成果完全是自己班级管理做法的总结，几乎找不到一点理论化的色彩。

（二）课题研究，助我形成特色

反思不断地促使我在实践中成长，在班级管理方面逐渐形成自己的一些独特思考。不久之后，我有幸被学校推荐参加嘉兴市第三期德育高级研修班的学习。在学习期间，我将自己先前在班级管理方面的零碎做法与想法写下来，尝试申报的嘉兴市级的规划课题"'互助型部落'在班级'半自主化'管理中的实践研究"成功立项。

有了课题的督促，我的研究过程显得更为扎实。一年下来，我与我的学生一起积累了近100页的实践研究素材。"互助型部落"的理念经过实践的打磨也逐渐清晰起来：基于"互助型部落"的班级"半自主化"管理主张通过班级成员间的"互助"而非"内耗"来推动班集体的进步。"互助型部落"是班级全体学生参与班级管理与实施日常同伴互助的基本单位，是学生"成题"、"成事"与"成人"的一个"互助场"。它借助"学习互助""活动互助""成长互助"等操作平台将班级管理发展成一种教育力量，将学生推向适合他们各自性格特质的"管理者"位置，让每位学生在一种既竞争又合作的全员、全程、全域式班级共同参与和治理的模式中收获主动发现与理解而非被动管理的成长体验，有效增强学生的自我归属感，满足学生安全、社交与自我实现的需要。同时，它让班主任得以从传统"保姆式"的管理思维中走出来，有足够的精力与时间来研究班主任工作中一些更有价值的东西，进而最大限度地提升师生的幸福体验。

或许正是由于脚踏实地的草根化研究，"'互助型部落'在高中班级管理中的实践研究"这个课题受到了市教科所的充分肯定，成果获得了嘉兴市第八届教科研优秀成果一等奖，后来又获得了浙江省创新教育研究成果二等奖。同时，当年带的那个班有幸被全国自主教育实验课题组授予"全国十佳班级"称号，教育部《中国教师报》与《未来教育家》（后更名为《中国基础教育》）两家国家级报刊对"互助型部落"进行了专题推介。在这种情况下，我被市教科所领导请去在嘉兴市骨干班主任培训班上介绍我的"互助型部落"，也曾应平湖市教育局领导之约去平湖市德育工作会议上代表学校汇报德育管理特色。这些经历让我备受鼓舞。"互助型部落"仅仅是我对班级管理困境的一种本能性的实践回应，却意外地让我收获了理念与策略，并形成了一定的个人特色。

（三）学术追求，唤我拓宽视野

我的内心很清楚，自己的探索仍处在很浅显的实践操作阶段，缺乏理念系统与内在逻辑体系的支撑。在之后的带班过程中，我在反复探索的同时不忘梳理、提炼自己实践中一以贯之的教育思想。我将自己的班级管理观在《教师月刊》发表的文章中梳理如下：班级管理即教育，班级管理即对话，班级管理即探索。

作为一名教育工作者，我时常会问自己：做了这么多年的任课教师与班主任，我对学生行为的解读能力与自身行为的反省能力是否获得了提升？我一直深信，对自己的工作对象即学生理解得越深入，工作开展起来也将越顺利。那么，到底应该怎样去理解我的学生呢？结合学习与思考，我逐渐形成了自己的学生观，并发表在《教育家》杂志上。

首先，我们应当将学生理解成一个处于"未完成状态"的发展中的人，他具有发展的无限可能性。其次，学生是"生活在集体中"的人，他是一个"关系人"。因此，我们有必要创设符合学生身心发展特点的教育体验来帮助学生与周围同伴发生关联，放大他在同伴中的位置，在同伴交往中检视自己，寻找自己的优势。再次，学生是"有着丰富背景"的人，他是一个"个性人"。我们需要采取一种尊重与宽容的姿态去充分地相信每一个荒唐的行为背后必定有其合理的原因。最后，我们需要意识到，学生是"有成长需求"的人，他是一个"需求人"。学生的成长如同植物的成长一样需要多种"养分"。由此，作为学生发展促进者的我们需要关注学生特有的潜能、背景与需求，让学生参与到自我成长的过程体验中来，通过自己的眼睛来看世界，以不断达成"个体经验世界"与"人类文化世界"的沟通、融合与提升。

上述观点的梳理与发表让我的育人理念更加明晰，为班级管理与学科教学的进一步探索指明了方向。课题研究主体成果的修改稿《互助型部落——班级管理的新途径》一文发表于全国中文核心期刊《教学与管理》，这或许标志着我在班级管理方面的"特色名片"获得了一定的学术话语权。

由于"互助型部落"有了较成熟的理念支撑与实践操作策略，我的日常班级管理显得游刃有余。但我并未满足于阶段性的成果，"互助型部落"的内涵与外延需要重新审视。于是，我先后又申报了"基于'同伴互助'促进高中生英语学习成效的行动研究""高中英语 AID 互助课堂的构建与实践研究""'互助型部落'在高中英语教学中的实践研究"等课题，尝试再度经由实践研究来提升与丰富我对"互助型部落"的理解。班级管理方面的探索性实践仅仅是我专业成长道路的一个缩影，但正是这样的一种状态让我不断地在教育教学中迭代成长，在40岁前后成长为浙江省正高级教师与特级教师。

【思考】教师专业成长涵盖方方面面，促使其成长的关键要素是什么？我觉得，一种持续的探索型实践的状态是关键！对于一名热爱教育的教师，无论是班级管理，还是学科教学或者其他，一旦你以一种全身心投入的研究状态去探索，它们都会变得让你"乐此不疲、神魂颠倒"，进而让你"不能自拔"。从某种程度来讲，科研并不缺少方法，它更需要情怀。透过班级管理这个例子，我们不仅要关注面上的成功（例如班级的各类评比、高考成绩等），还要关注成功背后的"运行机理"（例如怎样让人更好地成长）。我们老师可能会说，日常的学校生活简单而没有意义，哪有什么值得探索的地方？！事实上，情况并非如此，意义是我们所赋予的。日常的教育教学生活并不缺少意义，它需要我们用智慧的眼光去发现。问题意识是让我们日常教育教学生活丰富起来的重要途径。发现问题之后，我们需要去分析问题产生的原因，然后通过阅读与学习去丰富我们对问题解决的理解，进而在问题解决的过程中形成行之有效的策略与方法，最终增进我们对教育教学生活的理解。大家可以从班级管理的例子中发现，探索型实践实际上是一种思维方式或者说是行走状态，它能够让我们触类旁通，让我们在专业成长的不同维度上得到提升，进而获得幸福感。用研究的眼光审视自己平常的教育教学生活,从中发现问题、解决问题。我的"互助型部落:一次育人育己的班级日常管理创新"故事仅仅是教师专业成长过程"全豹"之"一斑"。凡事需透过表象深层思考,不断探求,班级管理如此,学科教学及其他方面也是如此。领悟了这个道理并付诸实践,坚持不懈,就如给汽车的发动机装上涡轮,专业发展的动力将变得更加强劲,专业素养的提升将变得更加快速。

二、志愿服务岗:一个成人成己的青年教师帮扶项目

(一)志愿服务岗源于教师的求助

随着"互助型部落"研究的持续推进,我的学术视野得到拓展,并逐步将互助的理念运用到教育教学的各个领域。有一次,一位青年教师来我办公室请教课题立项的问题,一副诚惶诚恐的样子。由于她对课题立项毫无概念,根本无从做起,所以小心翼翼地拜托我一定要帮帮她,不要因为她的零基础而放弃她。此情此景,让我意识到有一部分教师渴望得到我的指导与点拨,但又碍于情面,心里有所顾虑,不好意思来找我请教。

为了解答不同层次、不同方面的教科研问题,也为了让其他想找我又不好意思找我指导的老师们打消顾虑,同时为了将自己先前一直在做的教师科研指导工作继续规范化地做下去,建立一个常态化机制,为学校和其他教师做点有意义的事情,我萌发了设置科研志愿服务岗的设想,成立了一个为本校教师提供纯公益性科研指导的志愿服务项目。

服务岗这一项目旨在充分发挥专家型教师的先锋模范与辐射带动作用,墙内开花墙内外都香,建立一种日常化规范运作的科研志愿服务机制,将长期积累的丰富科研经验在指导过程中传授给本校教师,进而带动、提升本校教师的教科研意识,助力教师可持续的专业成长与学校良好科研氛围的形成。此想法得到了学校的大力支持与推进,从而建立了由本人担任负责人的科研志愿服务岗。

(二)志愿服务岗如何服务教师专业发展

教师的专业成长=经验+反思+写作。我引导教师不断从平常的教学中挖掘问题;并依据经验追根溯源分析问题,通过反思寻求答案,进而在实践中解决问题,最后通过写作不断明晰自己对问题的认识,提高自身教学水平,促进自身的专业发展。教师们的专业发展逐渐走入良性循环。

课例研究、课堂观察和课题研究是教学研究的三个重要方面。

我引导青年教师基于平时日常教学中课感比较好的教学思路，或公开展示课的教学设计，撰写课例，尝试一课一研，反思自己教学的得与失。对于有一定基础的优秀骨干教师，我建议他提炼出自己相对稳定的教学模式，逐步形成富有个人特质的教学特色。

考虑到课堂观察能够有效促进教师专业发展，我鼓励教师确立自己的兴趣点，积极寻求课堂观察点。例如，有老师对课堂提问很感兴趣，我就引导他在平时的听课活动中关注上课教师的提问设计，同时注意在自己的教学设计中反思自己的提问现状，通过系统梳理与总结，形成自己对提问的独特见解。

如果说基于课堂的案例研究和观察只能让教师关注一个"点"，那么课题研究则会引导教师探究一个"面"。当教师在教育教学方面取得一定成绩后，我引导他们基于成功经验或教学困惑积极申报课题，拓宽研究路径。例如，当我发现有老师对文学阅读有过实践，形成了一定的做法，我便鼓励她将这一教学实践中的成功经验加以梳理，成功申报了课题"'文学圈'模式对高中生英语学习的影响研究"。课题研究过程帮助该老师连"点"成"线"，而总结经验、推广成果又将其研究由"线"延伸到"面"。

志愿服务岗采取提前预约制，每周集中安排一天时间用于教师一对一面谈与指导，根据教师需要多次进行指导。在指导教师的过程中，我形成了有效的"示范—扶持—放手"做法。

我通过一对一的面聊，将科研过程中的理论与实践经验传授给了帮助对象。他们通过经验整合也已基本内化了相应的科研意识与能力。为了帮助他们形成独立的教科研思维，我还引导并帮助教师进行必要的独立实践。

经历了多轮次的个体辅导之后，徐老师表示："这次真的非常感谢张特，我学到了很多！即使这次课题立项没有成功，今后我也知道了怎样在平时的教学过程中运用科研思维去思考碰到的问题。"曹老师则表示："过去工作了这么多年，总共就报过一个课题，论文也没怎么写过。现在来平湖才一年，在张特的帮助下，我已经完成了一个课题立项与一篇论文撰写。"

志愿服务岗成立至今，我共接待校内外教师服务100余人次，平均每人次服务时间基本在半小时以上。来访者包括嘉兴市名师、学科带头人以及平湖市名师等名师群体，也包括普通青年教师，涵盖语文、外语、化学、体艺、物理、地理、生物、历史、德育9个学科。咨询内容包括课题选题建议、方案撰写指导、方案修改意见、课题策略建议、论文撰写指导、教研思路启发、教师专业成长建议等。

这样一个做事的平台，让我能利用课余时间为教师提供服务。虽然自己辛苦一点，但我觉得这很有意义。通过志愿服务岗，我对教师成长中的困惑与瓶颈有了更深刻的理解。每当我看到其他教师的成长与收获时，我的内心是满足的。

随着时间的推移，服务志愿岗早已突破学校边界，逐渐辐射到省内外青年教师团体。如今，我依托由我领衔的省名师网络工作室，汇聚了一批有追求、有情怀、想上进的名优教师，为持续推进教育共富贡献自己的力量。

【思考】教师的专业成长离不开贵人相助。正是他们的悉心指导，让我们最终成为更美好的自己！经过一路跋涉之后，我们更能深刻地感受到新青教师专业成长的艰辛。当我们具备了帮助他人的能力之后，便会主动地去为那些渴望上进又缺乏路径的人提供力所能及的帮助。事实上，一个名师的自我实现不仅仅是自己的成功，更应是带领一大批教师走上专业成长的快车道。有意思的是，在帮助他人的过程中，你又将得到新的发展，成就更美好的自己！

语文教师的专业成长之路

金 中

金 中 1968年11月生。浙江省平湖中学语文学科高级教师，嘉兴市第3批名师。曾获浙江省春蚕奖等荣誉。61篇论文分别在地市级以上报刊发表或在评比中获奖。

教师的专业成长之路，以我自己的成长过程来看，大致有这样三个层面：一是从广泛阅读到专业写作，这是我专业发展的两大基石；二是从文本解读到课程开发，这是我专业成长的两个台阶；三是从自我规划到团队发展，这是我专业提升的两种形式。

一、从广泛阅读到专业写作

大学毕业后，我来到母校黄姑中学任教高中语文。那时学校几乎没有升学压力，学生也没有过重的学业负担，我在适应了学校正常的教学节奏后，感觉生活就像穿过小镇的黄姑塘一样缓慢而悠闲。

我在给大学老师王尚文先生的信中说到这种状况，王老师建议我静下心来读一些中外文学名著，说这将让我受益终身。于是《平凡的世界》《红楼梦》《金蔷薇》等一部部中外名著成了我的案上客，后来我又加入了当时的"席殊读书俱乐部"，俱乐部每月寄来一本叫《好书》的杂志，介绍国内新近出版的好书。我通过这个渠道购买了大批人文社科艺术类图书，这样我虽身处偏僻的农村，也能了解国内书籍出版的动态，拓宽了我的阅读视野。

在广泛阅读的同时，我也没有放弃从大学开始就一直坚持的书法临帖，还针对自己的薄弱环节普通话朗读痛下功夫，坚持听名家朗诵的录音。其实临帖与朗诵，也是一种阅读，是从字形与声音这两个角度对经典作品进行反复揣摩。可以说，如果没有精神世界的充实，没有让人乐此不疲的爱好，现实生活的单调与寒碜一定会令我对职业生活产生倦怠。

现在回过头来想想这八年的教学生活，有失有得。我在课堂教学以及教育科研方面可能没有多少长进，但是阅读了不少经典名著，临习了不少书法名帖，也听读了大量的名家朗诵作品。我后来开发的三门选修课程——"走进红楼世界""书法临摹""朗诵入门"，都与这个阶段的积累有关。现在我还是觉得，一个语文老师应该把阅读、书写和朗诵作为自己最基本的修炼。

1999年，区域高中网点重新调整，我有幸调到平湖中学任教，同时担任语文组教研组长。环境变化之大让我这个已经适应了小镇农村中学节奏的青年教师有点手足无措。我感到自己的专业水平受到挑战。一方面我任教的两个文科班中，一些学生的读写能力几乎不在我之下，我虽然竭尽全力点拨指导，亦难免有隔靴搔痒之憾；另一方面平湖中学语文组有一批擅长写作的同行，并且时有大作见诸报刊，这也让我寝食不安。应该感谢这一届学生以及语文组的同行让我第一次产生了职业危机感，让我重新审视语文教师的专业素养：教师不仅要有比较扎实的阅读功底，而且也应该是写作的行家里手。从那个时候起，提升自己的写作水平成了我专业发展的自觉要求。

写作，可以让我们反思自己的生活，只有反思过的生活才是有价值的。写作也是一种介入、一种参与，介入社会，参与现实。写作是履行一个公民责任和义务的一种途径，而语文教师的写作更是一种引导、一种唤醒。从目前写作教学的困境来说，点燃学生写作的热情比技法指导重要得多。一个真正热爱写作的教师，和一个只懂得写作知识的教师，其教学效果是可想而知的。

因此，到平湖中学工作后，我才开始作为语文教师的专业写作，除了写下水作文，也写读书笔记、名著导读、教育教学随笔以及教育科研论文等。我想如果我更早一点开始专业写作，也许我的专业发展会更快一些。专业写作不仅可以固化我的阅读成果，也让我对学生读写中的甘苦有了切身的感受。更为重要的是，专业写作可以梳理自己的教学得失，让我以一种理性的视角来规划自己的教育生涯。

二、从文本解读到课程开发

刚开始工作的一段时间里，我对语文教学的主要认识是备课写教案，讲授批作业。后来才认识到语文老师的备课与其他学科是不同的。我听其他学科的课，发现同一章教材内容，不同老师的课大同小异；而听语文课，不同老师的课几乎是小同大异。后来逐渐明白，其他学科的老师，只要把教材内容吃透讲透就是一位好教师，而语文教材是以选文为主，尽管有单元要求和阅读提示，但具体到一篇具体的课文，其教学内容是不明朗的，需要教师运用专业眼光做出选择。

如何从一篇课文中选择恰当的教学内容，这是对语文老师专业素养的考验。现在的语文老师在备课时，手头有许多参考资料，包括教学设计、习题作业、教学课件等，可谓应有尽有。但是语文教师，尤其是新教师，如果长期依赖这些教学资源，就失去了自主进行文本解读及教学设计的磨炼机会，不利于教师的专业成长。在这一方面，特级教师沈坤林老师为我们一线教师探索了多种文本解读的策略，对我启发很大，我也逐渐养成了在教学设计前进行文本解读的习惯。

语文教材中的许多课文属于经典篇目，经典的特点在于常读常新。面对新的一批学生，每次重教一篇经典作品，我总是要从零开始。我在教《祝福》这篇经典小说时，最初是基本按照教参的要求，主要分析造成祥林嫂悲剧命运的原因，从鲁四老爷开始，四婶、婆婆、卫老婆子、柳妈等，一个一个加以审判，从而得出"礼教吃人"的主题。后来我又意识到，她的死自己也有责任，因为祥林嫂的每一次反抗其实是在维护封建礼教，这就是鲁迅小说的深刻性，揭示了底层劳动妇女的人生境况——想做奴隶而不得，也揭示了封建礼教的虚伪和矛盾之处。后来，我又认识到"我"不只是一个叙述者，他与祥林嫂有着相似的人生处境，"我"在离乡—回乡—再离乡的循环中找不到一个合适的落脚点，成为一个精神的漂泊者。其实我们自己有时也会面临像"我"一样的困境，面临的问题也许一时也无法回答，但是只要认真思考，谨慎地做出选择，我就不再是原来的我，这表明经典已经融入我们的血液，成为生活的组成部分。

2015年下半年，我接到李白《蜀道难》的教学任务。为此，我对《蜀道难》的文本解读与教学设计做了研究综述，在此基础上进行教学设计，引导学生走进李白诗歌的意象世界和情感世界。在永嘉中学的省名师工作室公开课上，我的教学实践得到朱昌元老师和与会同人的好评。朱老师邀请我撰写关于诗歌教学的对话文章，这促使我对诗歌教学内容与教学方法进行理性思考。后来，我的这堂课有幸代表浙江省高中组参加了"长三角语文教学论坛——诗歌教学内容的确定"的课堂展示活动，展示课的教学设计发表在《语文学习》（2016年第1期）。

王栋生老师认为，有了教师个性化的解读，才会有学生个性化的理解。王老师强调的是语文教师的文本解读能力与学生的阅读质量的关系。文本解读是没有止境的，是我们语文教师需长期修炼的功课。

随着课程改革的深入，对教师的专业发展提出了新的要求。教师不仅是课程的实施者，也是课程的开发者。学校办学要有特色，学生发展要有个性，教师自主开发课程是教育的必然趋势。我结合自己在《红楼梦》研读方面的长期积累，开发了立体式的《红楼梦》课程链，包括面向全体学生普及教育的"平湖红学馆"的创建、面向《红楼梦》爱好者的"红楼选修课程"和面向红学爱好者的"红楼社团课程"——这门课程分别被评为浙江省网络推荐课程和浙江省精品课程。我主持的省级课题"依托'红学馆'开发高中红楼课程链的实践研究"成果获嘉兴市一等奖，撰写的十多篇名著阅读教学论文也得以获奖或发表，还应邀参与编写省教研室主持的《红楼梦》教学指导用书，并在国内各级教师专业培训中做过30多次课程开发与整本书阅读教学的专题讲座。

从教语文课文到开发语文课程，作为语文教师的我，感觉就像从"饭来张口"到"自己动手"，虽然亲力亲为比较忙碌，但是能激发你的专业潜力，而且更能走进语文教学的核心领域。

三、从自我规划到团队发展

说到教师自身的专业发展，我首先想到一句话——教师应该比学生更可教。我们常说"孺子可教"，而这句话中"更可教"是说教师应该比学生更能造就自己。而这个"造就"主要是"自我造就"，包括自我规划、自我学习、自我教育、自我突破。对于新青教师来说，"自我规划"的目标就是要能够站稳讲台，能胜任各年段的教学任务，并且得到学生、同行的认可。因此新青教师要尽可能地做到三个"吃透"。

一是"吃透教材"，对于语文老师来说，就是要能够发现课文的独特价值，也就是专家所说的"原生价值"；二是"吃透意图"，就是了解编者的意图；三是"吃透学生"，就是了解学情特点，尤其是学生的学习困惑。结合课文的原生价值、编者意图及学情基础，语文教师才能选择恰当的教学内容。

对于有一定教学经验的教师来说，"自我规划"的目标就是要及早地发现自己的教育教学问题，在现代教育理念的指导下，尝试借鉴他人或自主探索来解决这些问题，这就开启了教育科研之路。而要开启这条教育科研之路，必然要辅之以专业读写，读教育教学理论书，读专业领域内的核心刊物，撰写教育教学案例、论文，做教育教学研究课题，等等。可以说教育教学科研与专业读写是突破教师专业发展瓶颈的重要途径。

我的"自我规划"起步较晚。在农村高中任教的八年中，我虽然在阅读方面有了一些积累，但是在专业写作、教育科研方面几乎为零。2002年是到平中工作的第三年，在学校的支持与自己的努力下，我有幸考取浙师大的语文教育硕士研修班，重新回到母校脱产进修，这对我来说是一个来之不易的机会。我充分利用脱产学习的机会，静心阅读教育教学专业理论，尽可能地去多听专家的讲座报告，通过现代课程观的洗礼以及对以往教学实践的反思，我对语文教育的特点有一些理性认识，如"立言来立人"的语文教育观和"平等对话"的课堂教学观。三年的学习，我初步找到了自己的研究课题，导师王尚文先生希望我在名著阅读指导方面继续实践。

语文教师的专业发展，个人自主发展是首要因素，也是最重要的因素。然而，一个人虽然可以走得很快，但如果能和一群人一起走，就可以走得更远。

为了营造校园名著阅读的氛围，提升学生的名著感悟与研读能力，在我的提议下，由语文组主办的《家园》校园读书杂志出刊了。依托这个阵地，许多语文教师坚持撰写导读文章，指导班级学生课外阅读。《家园》读书杂志与校园文学社刊相互呼应，这个阶段学生的课外读写成果丰硕，成为校园的一种文化现象。后来，学校又创办了《江南风》教师文学刊物，由我担任主编，刊发以语文教师为主要作者的文学作品。每期我们推出一位主打作者，全方位地展示其文学创作的成果，语文教师要下水写作成为语文组的共识。现在《家园》读书杂志已经转型，但还是由我担任主编，我与语文组同人一起，为构建学校语文新课程学习资源库发挥我们的团队智慧。

只要融入一个团队，就可以形成一种氛围，你的探索也就不会孤独。而这样的团队，不能局限于本校，你还应该寻找层次更高的团队，以此找到更远的发展目标。十多年来，我加入了各种层面的培训团队，如平湖市骨干教师培训团队、嘉兴市名师工作室、浙江省特级教师工作室以及浙派名师培养团队，也得到了各级领导、名师的悉心关怀，他们的鼓励让我不敢懈怠，更加坚定了自己努力的方向。

2015年我加入朱昌元名师工作室，并参加当年的"走进浙中名师课堂·朱昌元"专题培训活动。会上，特级教师朱昌元回顾了自己30多年的语文教学实践和教学研究，与会者全方位地领略了朱老师作为浙派名师的深厚学养和教学特色。这次培训活动使我进一步领悟读写素养对语文教师专业成长的重要意义。

2017年我加盟沈坤林名师工作室，沈老师在长期的教学实践中，总结出"写育"语文的教学策略。在沈老师的鼓励和启发下，我对前一阶段的语文教学探索做了梳理，提出了"经典语文"这个概念，即以"见识经典，立言立人"为教育目标，指导学生在对经典作品的理解与感悟、赏析与探究中培养学生的文学审美能力，建构学生的精神家园。《经典语文的价值追求与实践路径》这篇论文刊发在《语文知识》2017年第2期上（本人同时是该期的封面人物），这是对我前阶段语文教学实践的一次小结。

2019年我又加入褚树荣名师工作室。褚老师对语文课程高屋建瓴的架构，尤其是团队化运作开发语文微专题的教学实践，让我大开眼界，也使我自觉投入语文新课程的实践与探索，参与了褚老师主持的"普通高中语文教科书配套光盘"的编写工作以及新教材微专题教学设计等团队活动。我撰写的4篇新课程新教材教学案例，发表在《语文教学通讯》等杂志上，其中一篇教学设计被人大复印报刊资料全文转载。目前在新课程新教材的教学过程中，我遵循褚老师提出的"守正创新，执两用中"的原则，平衡单篇教学与群文联读的关系，着力培养学生的语文能力与人文素养。

语文教师的专业成长之途，因语文学科的内在规律不同于其他学科，且不同的学习环境也会影响专业发展的快慢。其实不管哪一条路径，都基于教师自身的教育教学实践。教师能够做的就是改变自己。我们要勇于面对真实的自己，只有不断地完善自己，才有可能促进学生的自主发展。

教育科研：助教师成长的"隐形翅膀"

陆志龙

陆志龙 1965年8月生。平湖中学副校级协理员，浙江省教育学会中学思政课教学分会副会长，政治学科正高级教师，浙江省第9批特级教师。曾获首届浙江省思政课教师年度人物等荣誉。出版个人教育专著《教研相长》（2018年12月，浙江教育出版社），50余篇论文分别在地市级以上报刊发表或在评比中获奖。

由一名普通的中学教师成长为嘉兴市首批名教师、嘉兴市首批特级教师工作室主持人、嘉兴市首批教育名家、浙江省第9批特级教师、浙江省首批中小学正高级教师、首届浙江省中小学思政课教师年度人物……当我拿起笔回忆过去的时候，蓦然发觉自己已走过了充实与欣慰的34年教育历程。回顾自己的专业成长历程，我感受很深的是：始终没有放弃课堂教学研究这一教师发展的主阵地；始终借助教育科研这对教师成长的"隐形翅膀"，尽量使自己在教育教学领域里飞得更高、更快、更远。

一、课堂思考，促我阅读理论

初出茅庐，带着对教育教学的热爱，我跨出了钻研的第一步。那时的我一头扎进题海，看的书和杂志也主要在自己本专业范围，更多的是教学参考用书，严格意义上说这些算不上教学论著。一位教育专家说，一所学校不搞教科研，是不会有明确发展方向的；一个教师不搞教科研，是不会有光明前途的。正是这句话，激励着我在教育科研上不断地探索。

教师最丰富的资源在课堂。1996年至2005年，我以课题为载体对课堂教学进行了较为深入和系统的思考，分别主持了"提高政治课堂教学效率的研究""'政治课多学科渗透'的实践与探索""政治学科'生成性'课型的实践与探索"三个课题。想起这三个课题，无论是课题方案和结题报告的撰写还是课题实施的过程管理，均要求我和课题组成员必须注重学习新的教育理论，提高教育理论素养。随着课题研究的深入，书架上有关教育理论的专著日益多起来，我平时也尽可能抽时间汲取教育学和教育心理学等方面的知识。在多年的课题研究中，我逐步养成了用教育理论指导课堂教学实践，并在课堂教学实践过程中加深理论认识的习惯。

最有价值的研究是面向学生的研究。在前期课题研究过程中，无论是课堂效率的提高还是"多学科渗透"教学模式的构建，我主要侧重研究教师的课堂行为，于是找了行为主义学习理论的相关图书供课题组成员学习，如由广东教育出版社出版的《解读行为主义教育思想》等。对这些教育专著的阅读，强化了我对教学目标的制定、教学方案的设计等教师因素与课堂教学效率关系的理解，课题组成员许多不良的教学行为和习惯得以克服和纠正。随着新课程改革的实施，课堂教学中以教师为中心越来越让位于以学生为中心，我课堂研究的重心也逐渐转移到学生身上，"生成性"课型的探索，客观上也要求我们必须学习建构主义学习理论，于是《教育中的建构主义》等专著又成为我案头的必备书。在课堂思考和实践中，我之所以倡导进行学生小专题研究、适时进行时政演讲等，完全是受现代著名的实用主义教育家杜威的"从做中学"教育理论以及我国著名教育家陶行知的"教学做合一"理论的启发。

博观而约取，厚积而薄发。课堂教学之余，我尽可能抽时间汲取教育学和教育心理学等方面的知识。在书中，我认识了苏霍姆林斯基、皮亚杰、布鲁纳等教育家；在书中，我结识了魏书生、李吉林等中国教育教学改革的开拓者，他们深邃的教育思想和智慧触发了我对思政课堂教学改革的诸多思考和实践。思考和学习的习惯，不仅丰富和完善了我的知识结构，也成了我不断获得教育智慧的活力源，使我一步步走出了专业成长的高原期。

二、课题研究，助我形成特色

人在旅途，目标永远在远方。多年的课堂教学实践告诉我：总体上来看，政治学科的课堂效率是不高的，情感、态度和价值观等目标的达成度则更低。于是我萌发了进行关于提高政治课堂教学效率的研究的想法。与时俱进，研无止境。21世纪初，浙江省率先实行"3+小综合"高考改革，高考模式的变化很大程度上冲击了教学行为。为了迎接挑战，我提出了"'政治课多学科渗透教学'的实践与探索"课题。在课题探索中我经常与多科教师共同开展课堂教学开放活动，于是"多学科渗透教学"的政治课堂教学模式得以逐渐形成。

随着课题研究的深入，我认识到：学科知识不是孤立的，而是存在着必然的联系；学生的思维也不是单向的，而是有关联的自然复合。我们政治教师不能就学科教学科，就知识授知识，而应树立大教学观，尽可能地在课堂教学中以政治学科为主体进行多学科渗透。但这种学科上的开放是为了融合，并在融合中产生最佳的教学效果。高二《生活与哲学》中有的概念比较抽象难懂，有时不借用其他学科的融入，教师很难解释清楚，而一旦跟进学生知识结构中已有的其他学科知识，不仅教师的解释能深入浅出，且学生也感兴趣，进而容易领会和掌握。例如，在设计"矛盾的普遍性与特殊性的辩证关系"时，可先请同学写出"三角形、正方形、长方形、梯形的面积公式"，然后请同学找出"这四种图形的面积的计算有哪些共同的地方"，同学们经过热烈的讨论，得出其共性为"$S=\frac{1}{2}(a+b)h$，S是面积，a是上底，b是下底，h是高"，这样，学生就能较快地理解普遍性与特殊性相互联结的观点。这种哲学与数学融合后衍生的思维价值是单科封闭教学所不具备的。

此外，结合课题研究，我经常对教学方法、教学形式进行探索和改革，如尝试课前5分钟时政演讲、小课题或专题探究活动等，择其善者而从之。我力求新课程理念和教学实践的真正结合，于是，我的课堂教学也逐渐有了自己的特色和风格：注重情境创设，彰显逻辑魅力，倡导探究合作。现设置课堂教学流程，以供参考。

教学步骤一：设置情境，提出问题

根据教学内容设置探究情境（可以通过多媒体或其他教学工具展示案例、图片、漫画、背景材料等），并根据情境设置设计出探究的问题。

教学步骤二：思考讨论，解决问题

围绕步骤一所设置的情境和设计的问题，相继按照以下环节展开教学：

环节1：启迪思维，独立思考。通过这个环节让学生学会独立搜集材料，提取有效信息，以培养学生自主探究能力和自我发现能力。

环节2：分组讨论，相互借鉴。通过这个环节让学生学会合作学习，取长补短，以培养学生交往互动能力和团队精神。在讨论前可以分组，在讨论过程中做好讨论记录，特别要记录下经过讨论仍然不能解决的问题。

环节3：多边互动，集体探究。这个环节主要是在教师的引导下让学生大胆谈出自己对问题的看法和观点，与教师和其他同学分享探求知识的喜悦和乐趣，展示自我风采。同时教师和其他同学对所展示的观点进行相互评价。

环节4：共同总结，提炼升华。在展示各自学习成果的基础上，师生共同总结，教师要注意将带有明显价值取向的观点呈现给学生，以达到对探究主题的升华。

教学步骤三：放飞智慧，生成问题

在步骤二的基础上，提出高于教材的、更有思考价值的发散性问题，让学生产生丰富的联想和思考。这些问题可以由教师提出，也可以由学生提出。但学生对所提问题可以不进行讨论和解答，而是留作悬念课下解决。通过对拓展性问题的思考，放飞学生的智慧。

近年来，随着高中新课程的实施，我在"多学科渗透教学"课题研究的基础上又负责开发了"政治学科'生成性'课型的实践与探索"的研究课题，因而，今天我们的课堂逐渐增设了更多的专题研究、情景模拟、调查研究、问答辩论等学习任务与情景，凸显了以学生发展为本的理念，从而更加逼近了政治课课堂教学的本质。

三、论文写作，提我学术品位

行而不辍，追光不止。教师论文写作是对个人教育教学工作的再思考，是一种探索，更是一种理性的升华，撰写文章的过程就是积累和总结经验的过程，也是一个特殊的"业务进修"过程。那么，怎样才能写好科研文章或科研论文呢？我始终认为，从事课题研究是撰写高质量科研论文的最好途径，我的几篇课堂教学研究代表作都是对课题长期研究的结晶。一个教师如果没有把自己的教育故事、经验或思想形成文字，为自己的存在找到一个精神的家，那是一件很遗憾的事。正是基于此，我围绕3个课题，积极提炼研究成果，撰写的《谈政治课"多学科渗透"教学模式的构建》《政治学科"用教材教"的思考和实践》等5篇论文均在国家级专业刊物发表，其中2篇还被人大复印报刊资料全文转载。从教34年来，我已有50多篇教育教学论文正式发表，长期的教学实践研究使我逐渐明白了"教而不研则浅，研而不教则空"，即教研相长的道理，这一教学主张集中体现在我的个人教学专著《教研相长》里，该专著已由浙江教育出版社出版发行。作为一名中学教师，不断获得科研成果，不仅能增进自己的心灵美质，丰富自己的精神境界，而且也能提升自己的学术品位，改善自己的教师形象。所以，我一直在想，如果一个教师只会教书而不会进行研究和写作，充其量只是个"教书匠"，最终会被时代淘汰，只有拥有深厚学术底蕴和高贵学术品质的"科研型"教师的教育之路才能越走越宽。

"路曼曼其修远兮，吾将上下而求索"是我的座右铭；"教学有特色，科研有成果，教育有魅力"是我的教育理想和教学信念；"远离浮躁，与书为伴，潜心研究"是我的生活追求和工作风格。在教育科研的道路上，我一路吟唱，一路成长，一路收获着快乐与幸福。

心怀热爱，笃行不息

冯　丹

冯　丹　1985年10月生。平湖市当湖高级中学语文学科一级教师，嘉兴市第14批学科带头人。曾获平湖市教坛新秀、平湖市优秀共产党员等荣誉。

将近不惑之年，掰着手指头细数人生起伏，不免感慨万千：中考失利，高价上了重点高中；高考又失利，高价读了三本大学；幸好在大一结束时，"行知转本"成功。但是，求学路上的这两次低谷，并未消磨我的斗志，我的热爱依然满怀。

满怀热爱为教育，这便是我在小学时就有的梦想。天涯海角有尽处，只有师恩无穷期。我感谢每一位在我生命中出现的师者，引领我走上了甘愿奋斗终身的教育之路。因为你们，我的热爱一直沸腾，即使放弃读研，我也无怨无悔。

2008年的入职备忘录上，赫然写着"初为人师，备感欣喜，犹如上天摘到一颗星，恰似下海找到一粒珠；初生牛犊，却不怕虎，既可大胆教授新课程，亦可创新传授新知识。吾虽无广博之识，但有求识之心；虽少创新之举，但多求新之虑。路曼曼其修远兮，吾将上下而求索"，这便是我教育生涯的精彩开始。

如今为人师已满15年，回首挫折，笑而不语，痛而不言，人生漫漫，道阻且长，唯有将热爱深藏于胸，磨砺以须，笃行不息，方抵这岁月漫长。

一、爱学生，爱教育

苏霍姆林斯基说："一个好老师，首先意味着他热爱孩子，感到跟孩子交往是一种乐趣，相信每个孩子都能成为一个好人，善于跟他们交朋友，关心孩子的快乐和悲伤，了解孩子的心灵，时刻不忘自己也曾是个孩子。"而我，亦是如此，将自己所有的热爱倾注于学生。

（一）爱学生，用尊重待学生

尊重学生，从记住学生的名字开始。记得教育实习时，我就是学生模样，穿着朴实，和班级的学生打成一片。脑海里回忆起第一天认识班级学生的情景，有个男生在我做完自我介绍之后，直接站起来说："老师，你知道我的名字怎么读吗？"我说："你写黑板上我看看。"这位男生神气地走上讲台，写下"鋆垚"，并转过身等待着我的回答，随即全班45人也都齐刷刷地盯着我。而我，超级淡定，脱口而出。全班同学热烈鼓掌，给予我最大的崇拜。殊不知，我事先做了充分的准备，提前把学生们的名字熟记于心。虽然这次被我"骗"了过去，但是我知道，我得有真本事，才能真正受得起他们的崇拜。

后来的每一届，拿到学生名单后，我都会认真记住他们的名字，我觉得这是对他们最起码的尊重，是师生平等交流的基础，是走进学生心田的媒介，也是建立良好师生关系的捷径，还是高效课堂管理的抓手。

或许，对我而言，尊重更是课堂上师生教学相长的交流探讨、课堂外师生亦师亦友的和谐相处。语文课上，给予学生充分的思考时间，评价学生丰富多彩的回答，关注学生课上的行为举止，接受学生独特的学习方式，大胆给予表扬而谨慎做出批评；课堂之外，用心倾听学生各式的心理苦恼，发现学生内在的情感波动并尝试调整。尊重，便是师生平等，教师以身作则，严于律己，对待学生一视同仁，鼓励个性发展；尊重，便是给予信任，教师诚实守信，说一不二，对待学生宽严相济，欣赏学生个性。

（二）爱学生，把真心付学生

爱学生，我便在日常点滴中将自己的真心和盘托出。印象深刻的是带领学生去杭州宋城进行社会实践，我想着可以给学生们准备一些小点心。为了保证第二天寿司的新鲜，我晚上9点开始制作，直到凌晨1点。虽然每位学生只分到了一小块寿司，但这件事却成了我们此后无话不说的情感催化剂。还记得，为2011届高二（9）班和（10）班的111位学生写的111首姓名打油诗，写他们的闪光点或是趣味之事，同时给予他们高中毕业后或大学求学或毕业求职最真挚和最美好的祝愿。现在读来，仍心潮澎湃。

又想起那年高三我小产，虽然还年轻，恢复得比较快，但家人总是希望我多休息一段时间。可高三的时间是宝贵的，容不得我多休息，更何况我的心里也一直记挂着学生们，甚至有种愧疚感。倒不是觉得没有我他们不会学语文，而是怕学生们会由于不适应我的突然请假而内心有波动。因此，没到原本5天的请假时间，我3天后便重新站回讲台，和学生们共战高考。重回讲台后，学生们更懂事了，认真、安静、勤勉、积极，我内心着实感动和欣慰，谁能说这不是一种莫大的幸福呢？

犹记2012年一个普通日子的下午，高三（7）班语文课代表照例来到办公室等我一起去教室，刚走到教室，语文课代表忽然大叫一声："他们人呢？"我立刻下意识地看了下黑板上的课表："没错呀，是语文课呀！"忽然，身后传来另一位语文课代表气喘吁吁的声音："老师，老师，你快去操场看一下吧，他们不肯回来上课。"这可把我急坏了，一连串的猜想立马涌上心间，让我不知所措，只好紧随着两位课代表跑了下去。一到操场，只见全班学生围成一圈，留出一条通道，做出邀请的手势让我进到圆圈中心。等我一到圈内，每个学生都从身后拿出一朵玫瑰，齐声大喊："冯老师，嫁给我们吧！"顿时，我怔住了，随即热泪盈眶；虽然嘴上责怪他们的调皮与纯粹，但内心早已波涛汹涌。恐怕这场面即便是到耄耋之年，想来都会心潮澎湃，激动不已吧！

无言而教以育人，我把我最大的真心付学生，无须言语上的太多回应，一个眼神便心领神会。"嫁"给学生，不就"嫁"给了教育？"嫁"给教育，不就付出了一生？是啊，回首14年，我无怨无悔，学生对我"亲其师，信其道"的赤子之心，使我更看重情感的教育力量，只有师生间情感双向流动，教育才有教学相长的切实效果，由此循环往复形成良性循环，共营师生乐教乐学的良好氛围。

（三）爱学生，将宽容予学生

当我用尊重赢得学生对我的敬重，当我用真心赢得学生予我的真意，我们便亦师亦友，坦诚以待，教学相长。在我内心深处有这样一件事让我十分庆幸，因为我的宽容给予了一位学生最美的蜕变。他是我的第一届学生，胖嘟嘟的脸蛋，却有着高大的身材，这让我一眼就记住了这个男生。可在接触过程中，我发现他稚气未脱，喜怒哀乐都写在脸上，逐渐在和同学相处之中产生了诸多问题。我一有时间就找他聊天，但他依然成了一个独行侠。在一次语文课上，由于和另一位学生发生了口角，这位男生居然将水杯砸向了对方，而我恰好也站在旁边。大家虽然不曾受伤，但内心都被震惊到了。随后这位男生更是抬起桌子，重重地将其摔在地上。我安抚好其他学生后，悄悄地将这位男生带到办公室，耐心倾听他的想法。其实他内心不坏，我信赖他，而他其实也很聪明，很可爱，我极为耐心地给予他宽容和等待，也私下里恳请全班同学再给他一次机会，尽量与其和谐相处。虽然他还是"报我以伤痛"，但我依旧回他以关爱与宽容。日复一日，他逐渐变得平易、温和，曾经的任性自大已悄然不见。这或许就是"一棵树摇动另一棵树，一朵云推动另一朵云，一个灵魂唤醒另一个灵魂"的功效吧！

苏霍姆林斯基还曾经说过："亲爱的朋友，请记住，学生的自尊心是一种非常脆弱的东西。对待它要极为小心，要小心得像对待一朵玫瑰花上颤动欲坠的露珠，因为在要摘掉这朵花时，不可抖掉那闪耀着小太阳的透明露珠。"我想，这很难做到，但也很容易做到——只要你有耐心。

曾经的我只是一名纯任课教师，但我也始终保有"班主任意识"，也始终在做德育工作，所以我在德育这条路上，不曾缺席。我用尊重待学生，我把真心付学生，我将宽容予学生，我用满溢的"爱"呵护学生，我用炽热的"心"守护学生。因为当抉择因热爱而坚定，当时光因温柔而细腻，那些流淌着光阴的深情，都悠悠地行走在校园的风景里。无论在生活的每一瞬间，还是在人生的每一次前行，都因为选择了热爱，我才能在踏歌行板中或在披荆斩棘时，不流于形式，不半途而废，去真正热爱自己的选择，忠于自己的决定，不忘教育的初心，笃行不怠。

二、爱专业，爱事业

记得当初高考失利，与二本线仅7分之差，无法进入浙江师范大学本部学习，但为了教师的梦想，我选择了浙师大行知学院，也与心之所向的英语专业擦肩而过，退而求其次选择了汉语言文学专业。如果说当时特别遗憾的话，那么自从大一学期末"行知转本"成功之后，我便不再自怨自艾，而是信心倍增，抛却失落后悔，转为积极主动，和同寝室的姐妹们，在专攻汉语言文学专业的道路上积极进取。

如果说一开始选择教师仅是将其当成一份工作的话，那么自从感受到学生"亲其师，信其道"的敬重之后，我便在冥冥之中将教师定为了我的终身职业，坚定执着固守讲台。

（一）爱专业，师者启蒙燃心花

爱专业，实则是爱文学。追溯我对文学的热爱，便是始于高中，尤其是梁种玉老师对我的启发诱导。"这是一碧汪汪的湖面，同舟合力，助你抵彼岸。"这是梁老师2002年3月6日给我的题赠。这段勉励的话语，连同那张语文节的贺卡，我一直珍藏着。他给我的勉励，深深地刻印在我的内心深处，让我迸发出对写作无穷的、永不熄灭的热情。

时间飞逝，当日的印迹已成记忆，感叹这20年已从我指尖悄无声息地逃离，我依然在写作的道路上，热爱不减，热情不灭。从2008年成为一名语文教师开始，至今已写了14年的浙江省高考作文，作文或许算不上佳作，但我能够坚持不间断地与考生同写高考作文，也自觉不易。而未来的教育之路，我将依然保持这一良好习惯，与生同写，与生同行。我希望自己也能成为学生的文学启蒙导师，令其保有对文学的热情，于他们的生活筑一方自由的诗意天地。

除了高考写作，不管文章是刊登在本校《垄上行》教师刊物，还是发表在地方报刊，不管是日常征文比赛，还是自己投稿参赛，我都积极写作，参与活动。只因我对生活热爱，便也喜欢将情感流露诉诸文字。随着年龄的增长，如此的文字倾诉似乎有增无减，我想，这源于我内心真正的热爱，而这并不是随便的爱，而是一份严肃对待、不苟且的认真；也不是短暂的爱，而是一份努力坚守、不舍弃的执着。

（二）爱专业，多元发展向未来

幸运的我坐上了"名优教师"的班车，但我并没有停下前进的步伐。因为我始终坚信，唯有耐心等待，方能厚积薄发，拾级而上。人生是一艘航船，不会只停泊在一个港湾，也不能只满足于一条海岸，而是要实现航船的最大价值。它的价值就在大河中、大海上，在从一个港湾驶向另一个港湾，从一条海岸驶向另一条海岸。唯有过程精彩，人生才能丰盈。

从二级教师，到一级教师，再到高级教师，最后到正高级教师，从普通教师到骨干教师，再到名优教师，无论哪一种递升，都不冲突，往往是相伴随的。而我，仅仅还在半道上。

然而，一届又一届新生，我仍然没有做班主任，只因我觉得责任重大，要做，我便要陪着他们走完整个高中三年，所以我静静地等了13年，在教学上不断完善自我，直到生完二宝，我才安心地开始了我迟来的班主任生涯。

能够评上平湖市第15批名师，感谢努力的自己：成为备课组长，偕同伙伴们共创语文佳绩；加入校教科研小组，交流研究教学教育；成为平湖市高中语文名师工作室的一员，同时，参加浙江省徐桦君名师工作室活动，到处学习交流，主动开课，不知不觉也经历了一年；后来，有幸进了浙江省孙元菁名师网络工作室，我更觉未来路途遥远，发展重任在肩，因此更需倍道而进。成长荣誉的获得，更能倒逼自己踔厉奋发。不管是接下去高级职称的评选，还是教育道路的专业拓宽，我依然认真努力，保有热情，不急不躁，满怀爱心地等待，或许，在未来，我又会幸运地坐上一辆直通理想的班车。

回望走来的一路，有得亦有失。谁又知而今的"失"不会是将来的"得"呢？寄蜉蝣于天地，渺沧海之一粟。与其缧绁于得失之间，倒不如享受完整的、动态的得失过程，体验为得失而奋斗拼搏的过程，看淡得与失，心宽人自安。

到如今，我的第三个五年计划又快接近尾声，而我依然没有职业倦怠感。首先，在情感上，我相信我的热爱可抵万难，即使耗尽心力，但我的情感依旧热烈，那种爱学生的心永远真挚热诚，因为"认真"永远是我的招牌，我的意志力永远坚挺，工作热情依旧充沛，工作效率依然很高；其次，我的个人成就感越来越高，毕竟教育教学经验逐渐丰富，并在"努力"的同行下，我一直较为高效地完成学校布置的任务，得到领导、同事、学生和家长的认可，并醉心于和学生的教学相长过程，真正地乐在其中；最后，我并未出现去人格化，平时会进行自我解压，适时适度地调整自己的心态，对他人、对工作依然热情十足，沉潜下去，磨砺自我。

法国18世纪启蒙思想家卢梭曾说："生活得最有意义的人，并不是年岁活得最大的人，而是对生活最有感受的人。"我想，我的感受全都源于热爱的学生、热爱的专业、热爱的教育、热爱的事业！

三、始于心，践于行

子曰："吾十有五而志于学，三十而立，四十而不惑，五十而知天命，六十而耳顺，七十而从心所欲不逾矩。"我虽然年龄远未至七十，但希望自己便是能够"从心所欲不逾矩"之人。我愿从爱学生、爱专业的心出发，守正创新，履践致远，为教育事业奋斗终身。

（一）诵读互动之课堂，以生为本之理想

有幸遇见每一位学生，总想把自己学习语文的心得都传给学生，希望他们都能爱上语文。因而需要我有自己独特的教学思想或主张，唯有此，才能让自身散发魅力，才能有一种无形中的精神感召力，才能让工作得心应手，才能成为一名幸福的教育者。

14年来，我不断努力进行探索、创新，追求"语文应返璞归真"的理想课堂，重听说读写，尤其是"读"的常态化，让语文课堂充满琅琅书声，充满语文味，逐渐形成了"师用心设计，生快乐学习"的教学观和学习观。我希望和学生在每一个

闪亮的日子里，闻着那书香、墨香，如饥似渴地吮吸着知识，一起诵读，一起交流，一起收获。

然而，光有诵读常态，似乎还不能让学生真正爱上语文，还应当让学生在课堂上成为课堂的主导者。给予学生最大的尊重，便是我的课堂的一贯宗旨，因为"课堂因学生而精彩，学生因教师而灵动"。一堂课，它不是教师完全预设的，相反，那些精彩之处，往往是由学生带来的。正是如此以学生为主体的"师生互动"，才能实现课堂的有效性，才能散发语文课堂的魅力。而这一切都源于学生的主体地位，为师者当给予学生最大的表达空间。

语文课堂充满诵读声，学生成为课堂的主角，课前、课后学生有变化，便应当是最理想的课堂——我为之坚持不懈。

（二）主题活动始于爱，给予共情暖生心

我一向重视德育工作，因为只有真正走近学生，了解他们，尊重他们，才能更好地带动教学，而我认为有效的方式是开展主题活动，借活动推动教育，用爱心给予共情。

主题活动，我将其贯穿在教育教学工作中。作为语文老师，我带领他们遨游课本和典籍，领略文字背后的中华民族传统文化，如"品中国汉字，赏中国文化"便是基于对祖国的热爱；作为班主任，我引导他们了解传统节日的意义，共同分享与亲朋好友的快乐，如班级特色活动"剪纸迎新春，共庆幸福年"，便是对新年的期待和对生活的热爱；作为一名长辈，以亲身所历、亲眼所见之人事，娓娓道出人生的真谛，激发他们对生命的珍爱。

几乎所有的主题活动，都是由"爱"出发。我想要用爱来润泽他们的内心，激发他们对父母长辈养育之情的感恩、对同学朋友友爱之情的感谢，孔子不也说"孝悌，仁之本欤"？相信有了孝顺之情、友好之爱，学生们的内心便有了真正的热爱——对亲人朋友最真挚的爱、对生活最积极的爱，对任何事都有平和的心态，且都保有向上的力量，充满最诚恳的期待。

这便是我的教育主张：用活动推动教育，用爱心生发共情。

（三）教育科研齐头进，且思且行且成长

教学孕育科研，科研反哺教学，二者相辅相成。专业成长，需要两条腿走路。教育科研，当用心去感悟，需反思才能前行，因为只有积累、沉淀、思考、总结，才能内化、升华。

在课堂上，我经常琢磨如何让学生活动起来，我认为教师必须关注学生，以生为本，以生为主体，充分考虑学情，才能更好地开展教学；而当进行一定的反思后，形成一些有建设性的文字，是一种满满的幸福感，再付诸教学实践，则又是一种极大的愉悦感。

从教14年，有40多篇论文或案例获省、市、县各类奖项，其中有2篇发表在重要期刊和报纸；2个课题获平湖市微型课题二等奖；近10次在省、市、县开设示范课，并获得好评；多次在各会议或活动上进行经验分享和活动交流；开发开设的选修课程"中国古代趣味语文知识选读"入围浙江省普通高中网络精品选修课程，《〈论语〉开篇，微言大义》获浙江省级优课。

教育科研为教师的成长插上了腾飞的翅膀。可以说，没有积极的、不间断的教育科研，我必然无法真正成长。

14年的磨砺，使我逐渐迈向成熟。14年的教学与科研，使我形成了自己的教育教学主张：始终相信"真正的教育者，是在施教的同时实现了自我教育的人"。

我的"第九个小时"及反思

王林凤

王林凤 1981年10月生。平湖市当湖高级中学语文学科高级教师，平湖市第15批名师。曾获平湖市优秀班主任、平湖市优秀共产党员等荣誉。12篇论文分别在地市级以上报刊发表或在评比中获奖。

所谓"第九个小时"，即每天忙碌工作之外可自由支配的不少于一小时的读书时间。平心而论，对于教师，尤其是上有老下有小还没有后勤服务支援团的中青年班主任老师来说，如果偶尔为之，没啥问题，但要日日坚持就难了；再要稍有成就，便难上加难。事实上，我们选择教师行业的原本多是爱看书的，合理规划一下，用于支持兴趣发展的一小时还是可以挤出来的。关键是想明白读什么书、为什么读书、怎么读书才能好好坚持下来，甚至还能在自己的学科领域有所收获。

一、业余散读漫诗意

业余散读是快乐的。文学、哲学、历史等，我们可以根据自己的兴趣选择自己喜欢的图书阅读，这是纯粹因为爱读书而读书，是读书的第一个层次。

我喜爱诗歌，更喜爱读诗歌。早读课上，学生大声诵读自己喜爱的文字，我读自己喜爱的诗歌，大家抑扬顿挫、摇头晃脑，让自己的情感随着声音流淌出来，享受每天这段自由抒情的时光。因而，我们班的早读声与专注度还是令人满意的。学生浮躁了，我们一起读《诫子书》："非淡泊无以明志，非宁静无以致远。"高中生爱美，我们一起读《硕人》《子衿》，努力做气质出众的淑女、德才兼备的君子。学生偶尔发呆，我们一起读《我想和你一起虚度时光》，去感受纯美的浪漫，感恩纯净的深情。学生时有懈怠，我们一起读《古诗十九首》，"行行重行行，……努力加餐饭"，去体悟人生的艰辛、生活的艰难以及老师殷殷的叮嘱与关爱……"诗与远方"那么美好，我们穷尽一生寻找诗意的栖居地，何不从诗歌开始，在音乐般的美文里徜徉，安放那颗在机器时代被搅得躁动不安的心灵。诗可以兴，可以群，可以熏陶，可以教化，如春风化雨，滋养心灵。

新近的杂志或者小说及其他流行作品，我也时有流连。《译林》《名作欣赏》《咬文嚼字》是我从中学以来一直订阅的。最新的外国小说"尝鲜"，近来国内名作，近期文字学上的小研究、小发现，让我这个喜欢古典文学的人不至于太陈旧，更不至于跟十六七岁时髦的青年学生真有太宏阔的代沟。后来我喜欢上了《新华文摘》《三联生活周刊》，这两本杂志既有品位、有深度，又专业而有趣，一般我读好了，会放到班级书架上，并且作个人阅读推荐，我的学生把《三联生活周刊》都翻烂掉了。说来有意思，我读小学的女儿因为一期"侦探专辑"迷上了《译林》。师生共读、亲子阅读美好而易坚持，而且孩子们经常也向我、向其他孩子推荐自己喜爱的书，彼此成了书友。多么雅气的朋友。

临睡前，往往是我个性自由的时间，这个假期重读了金庸的武侠小说，又读了上官鼎的《王道剑》；细读了严锋的《时间的滋味》、吉尔伯特·怀特的《塞尔彭自然史》，粗看了兰小欢读懂中国政府与经济发展之《置身事内》，刘力红对自然与生命的时间解读之《中医思考》这些网红书。本来计划看教育学与绘画心理学方面的书，被网红书耽搁了，近几天才开始翻看严虎的《绘画分析与心理治疗手册》。不得不说大众精挑细选的网红书自有魅力，值得一看。

做自己想做的事当然是快乐的，我很享受这样的读书时光。我是教语文的，自然要多读书。胡适说"读书愈多，愈能读书"，腹有诗书才能"广"一些，"博"一些，才能气自华。做一个有气质的老师，一定要多读书，拓宽视野，与孩子们分享好书，一起丰盈我们的精神。

二、专业阅读炼素养

如果说因为爱读书而读书的第一个层次是随心求"博"，为兴趣而读书，那么，因为要读书而读书的第二个层次需要耐心求"深"，为职业而读书——专业阅读。

作为一名语文教师，我们要有较好的专业素养，才能真正让学生的语文核心素养落地生根。新教材主编温儒敏所说的"应当把阅读放在首位""语文教师要做'读书种子'""部编本语文教材'专治'不读书"等固然要求学生有兴趣多读书，也强调了语文教师要深耕专业书。教师专业基础扎实，才能更好地引导学生进行兴趣阅读、深度阅读。

语文老师一定要读文学史，最好参考不同版本对比阅读。我以前在准备研究生中国文学史专业考试时，不仅认真学习了袁行霈主编的红皮教材《中国文学史》，还比较阅读了郭预衡、章培恒、骆玉明、游国恩等人的版本。当时主要考虑到文学史不仅有时间先后，更有不同派别，多方参考，博采众长，便于有变化地反复记忆，加深理解。最终150分的卷子我考了144分，并且至今获益匪浅。这些大家的文学史给我的语文教学奠定了牢固的基础。外国文学史也可以借用此种读法。至于作家、流派、作品选，我们都可以依照文学史的介绍以及文献参考资料去选读，去深读，甚至去研究。

除了文学，我们还应该涉猎美学、哲学。李泽厚的《美的历程》、朱光潜的《诗论》、宗白华的《美学散步》都可以看看，《诗论》《美学散步》挺好读，《美的历程》有些艰深。2021年年底，李泽厚去世，为了表示对我喜爱的学者的敬意，我认真阅读了他的"美学三书"、《批判哲学的批判》，确实难啃。对于限于学识能力难以坚持读完的书，我一般会用"记录阅读日期"的方式自我督促，用查阅相关研究、做旁批与读书笔记的方式加深理解，自我激励。章衣萍遵照胡适的说法"克期读书"，即限定日期读完整本书的做法也可参照。

作为教师，对教育学、心理学的专业书籍也应有一定的了解。人民教育出版社的《教育学》《教育心理学》《教育学原理》《教学方法原理》《科学与教育》等都是专业书，难读，但必须读。好读的是苏霍姆林斯基的《给教师的建议》《给父母的建议》《育人三部曲》，以及近来流行的"正面管教"丛书，还有教育家的文集。我比较喜欢看上海教育出版社的《于漪全集》、教育科学出版社的《叶圣陶语文教育论集》，从中可见真语文，以及教育家的情怀。之前心理C证、B证培训期间，读了《心理学》《变态心理学》，七月底绘画心理培训，最近在读严虎的《绘画分析与心理治疗手册》。所以，跟着"培训"读专业书，未尝不是读书的好办法。我们要学生阅读，自己自然也要多读书。正如朱永新所言，"教师应该是阅读的'领跑者'"。高考要求学生阅读要有一定的深度，教师应该是专业阅读的坚守者。

三、以读促写生智慧

如若说第二层次的专业阅读是为事业，那么第三层次的以读促写是为生命而读书，要坚持专业阅读与实践，持久进行专业反思与写作。造化总是用遗忘来擦除生命的种种精彩，让我们一步步走向平庸，甚至甘于平庸。特级教师刘祥说："正是因为教育写作与教育实践、专业阅读和专业反思的相辅相成，我才得以一步步走出生活的平庸，走向生命的丰盈。"以读促写最痛苦也最磨砺人，最艰难也最能成就生命的美好。事实上，当我们教师的写作与我们真实的教学生活，尤其是教学问题紧密联系起来时，我们的教育实践有的放矢，我们的教育写作便也有了源头活水。

比如，有一段时间，学生对爱情诗特别感兴趣，又有点欲说还休，甚至有那么两对还偷偷摸摸地写所谓的情诗，"骄傲"地谈"恋爱"。对于"早恋"现象，指出问题、指明方向是必要的，但收效甚微。而对高中生而言，那些高调的"炫爱"负面影响又极大。于是，我引导学生读《诗经》中那些感人的"爱情诗"。《静女》中女子爱而不见的羞涩和美好，《氓》中氓妇的热恋、愤怒和决绝，《谷风》中弃妇的痛苦、怨诉与警示，在诵读、鉴赏与品悟中去体会自由爱情的合乎礼节、辛酸美好、怨而不怒、痛苦决绝，去思考合适的时机、女子的尊严、美好的责任、幸福的担当。《伯兮》中女子牵挂的邦国英雄、君王先锋，《淇奥》中"如切如磋，如琢如磨""充耳琇莹，会弁如星""如金如锡，如圭如璧"的学问精湛、仪表庄重、品性高雅的君子，他们才应是男生的追求、女生的男神。《关雎》《桃夭》中婚礼仪式的热闹、亲人好友的祝福都是献给合乎礼节、美好成熟的爱情的。我还引入叶芝的《当你老了》体会深情与责任，以水木年华的《一生有你》为背景音乐，别有一番滋味。师生选读经典，与学生一起体会深情，解读爱情本来的样子，效果还真不错，学生写"情诗"的能力提升了，而不合身份、不合常规的行为渐渐消失了，做到了发乎情，止乎礼。

在有效的育人实践、及时的反思记录以及相关专业的育人案例、论文的查阅后，《以情化"情"》的育人案例诞生了；利用自己的专业特长，"文化治班"的理念在我的脑子里扎下了根。去年的嘉兴市班主任工作室活动中，我在"文化治班"方面作了题为"阅读与内生长"的班级管理经验分享，并形成了颇具实践特色的论文。

近年来，我构思写作一本关于《论语》的精品校本选修课程用书，适合中学生学习，也方便亲子阅读。写作校本教材于我任重而道远，愿自己能够不忘初心，坚守本心。

四、反思

阅读不仅可以增长见识，更好地解决我们教学及生活中的实际问题，还可以怡情养性，提升我们的精神高度，拓展我们生命的境界。要坚持阅读，乐于阅读，甚至颇有"成果"地以读促写。

（一）确定方向，广泛阅读

读研期间，我的专业方向是先唐文学，要修满18个学分。研究生的自主时间确实比本科生多得多，我研究了学院的总课表，拟定了周密的"蹭课"计划。三年里，凡是院里比较有名气、比较有特点的老师的课几乎听了个遍。唐宋、明清方向自不必说，古代汉语的音韵学研究，现当代文学的鲁迅研究、张爱玲研究，外国文学的叙事学研究等我都选了，甚至还选修了一门外语系的英美诗歌研究，最终都考核通过了，以53个学分毕业。老实说，挺多专业内容因为没有大量的阅读和精深的研究，也就一知半解甚至稀里糊涂。但是，不得不说它们拓展了我专业知识的广度，对我现在的学习与教学也提供了很大的帮助。现在我还会挤时间不断更新专业知识。比如这个假期就看了陈平原的《小说史学面面观》，被他独特的视角、丰厚的一手材料以及严谨而谦虚的科学态度所深深吸引。前几年流行毕飞宇的《小说课》，却不堪卒读，前些天看到胡里奥·科塔萨尔的《文学课》，果断买下，读后感到确实精彩。

胡适认为读书要"博"与"精"，温儒敏认为读书要"博"与"雅"，都跟读经典有关。因而，我们的阅读要有一个明确的方向，每段时间聚焦自己的兴趣、教学以及生活中的难题，列出必读经典书目或者专业杂志，一本一本读下去、啃下去，去发展、提升，尝试解决问题。我一般会给自己制订一个三年阅读计划，列出书单，每完成一本，在书单后打钩并注明阅读时长，郑重地写篇日记或者读后感作为小结，以激励自己继续前行。

（二）坚持思考，努力实践

阅读重要，阅读或多或少会带给每一个人快乐，可是为什么难以坚持呢？我以为缺乏思考与实践是一个重要的原因。浮躁的机器社会、浅表的快餐阅读、忙碌的工作状态，都阻碍了我们深度阅读、深度思考。因而，我们要动笔阅读，画思维导图，做旁批，写按语，便于分类汇总，寻找问题，发现问题；我们要动脑阅读，通过资料查找、比较阅读等，探究问题，尝试解决问题；我们还要将所感所思梳理出来，用在我们的课堂教学实践中，用在我们的论文或者课题等的写作上，用在解决我们现实生活或者生命成长的难题上，让我们的思考开出绚丽的成功之花。

（三）模仿创新，尝试写作

阅读是我喜欢的生活方式，是日常生活的必需品。可是读得多、思得浅、写得少是我的大问题，也是许多人的通病。所以，仅仅阅读是不够的，要超越平庸，走向生命的丰盈，还应该有专业的写作。

对于我们喜欢的文字，我们要细细咀嚼；对于我们喜欢的文章，我们可以用心模仿，尝试文学创作；对于让我们击节赞叹的思想，我们要深度阅读，尝试专业写作。写作确实比阅读消耗心血，写一篇自己相对满意的文章，犹如孕育一个理想的新生儿，要不断地补充营养，克制各种垃圾食品的诱惑，忍受孕期的种种不适反应等，经过漫长的十月怀胎甚至生命危险，它才能安全出生。当然，若是专著写作，更是艰难许多倍。但也只有写作，才能更好地记录我们的生活，记载我们的实践与思想，留下我们生命的痕迹。

"新教育实验"发起者朱永新先生为了倡导教师坚持写教育随笔，曾半戏谑半认真地拟写了一份"朱永新成功保险公司开业启事"：每日三省自身，写千字文一篇。一天所见、所闻、所读、所想，无不可入文。十年后，持3650篇千字文（计365万字）来本公司。理赔办法：如投保方自感十年后未能跻身成功者之列，本公司以一赔百。即现投万元者可成百万富翁（富婆）。本公司只求客户成功，不以营利为目的……正如"新教育实验"团队的追随者正高级教师刘祥在《改变，从写作开始》中所说的：写作，可以记录我们的思想；写作，可以反思我们的行为；写作，可以提升我们的能力；写作，可以提炼我们的精神。

宋人张载说："心中苟有所开，即便札记，不思则还塞之矣。"又说读书先要会疑："于不疑处有疑，方是进矣。""学贵心悟，守旧无功。"我想，可以从有约束力的"一日一得"开始，借助新课改的东风，结合真实的课堂，梳理大量的阅读，进行专业的思考，坚持实践，大胆质疑，不断反思，坚持专业写作，让自己的教育生命，在不停歇地实践、阅读、思考和写作中日益丰盈。

爱心育人，信心做学

束菊艳

束菊艳 1981年1月生。平湖市新华爱心高级中学教科室副主任，语文学科高级教师，嘉兴市第13、14批学科带头人。曾获平湖市优秀教师、嘉兴市教学能手、浙江省优秀导读员等荣誉。35篇论文分别在地市级以上报刊发表或在评比中获奖。

能成为一名人民教师，也许是冥冥之中的安排。当年高考时我只报了两个专业：我特别想学的法学和父亲坚持让我选的师范。收到录取通知书的那一天，父母非常开心，因为我考上了师范大学，终于圆了他们的教师梦。我想，这也不错，因为教师是一个高尚的职业，有教育家这样告诉我们：一个人一旦选择了教师这个职业，就同时选择了高尚，首先要"知如泉涌"，而且要有伟大的人格力量。

大学四年在充实中度过，毕业时我放弃了家乡的工作岗位，凭着大学获得的各项荣誉一心想着到外面的世界闯荡一番。恰逢当年平湖教育局来我们学校招聘，我就毫不犹豫地达成了签约意向，从东北老家一路辗转来到3000公里外的浙江平湖，有幸成为新华爱心高级中学的语文教师，至今将20年。也许就是当年那份闯荡的勇气和面对未知的好奇以及对教师职业的认同感让我在教师岗位上不惧困难，敢于挑战，勇于钻研，一路前行。

一、初登讲台，不惧困难

工作的第一年，学校因高二年级缺语文教师，安排我任教高二。这对任何一个刚刚走上三尺讲台的教师都是极大的挑战。我不仅要快速自学高一的课程，以便融会贯通，更要钻研高二的新课，确保有的放矢。那时几乎是听一节上一节，上一节也被听一节，常常备课到后半夜。自己的这段经历，让我想到了前辈于漪老师。因为工作需要，她从历史转行教语文，为了成为不耽误孩子的语文老师，她每天晚上9点以前工作，9点以后学习。两三年下来，她把中学语文教师该具备的语法、修辞、逻辑知识和文史哲知识，该了解的中外名家名著都过了一遍，她给自己立下规矩，不抄教学参考书，不吃别人嚼过的馍。和语文老前辈相比，我们做得实在不够，只是刻苦学习的劲头还是相通的。

一名新教师需要很多的学习与磨砺才能慢慢适应教育教学岗位，获得专业上的成长。记得当年平湖市举行青年教师展示课活动，校内先进行报名再选拔，为了锻炼自己，我毅然报名并通过选拔参加了市级展示课。记得当时抽到的是高一课文《胡同文化》，我积极请教组内教师，运用办公室里唯一的电脑查找教学资料，翻找图书馆期刊中的教学案例。组内老师为我磨课，上了改，改了再上。后来比赛时，身为北方人的我能引领江南学生身临其境地体会浓浓的京味儿，课堂氛围好，得到了语文教研员和同行的好评，当时制作的多媒体课件还有幸被平湖市教育网教师资源库录用，那时能运用自制的课件、使用多媒体上课还是新鲜事。

这次的上课经历让我对教材有了进一步的研究，开始有意识地思考教什么和如何教的问题，并尝试着将日常教学的所思所想写成教学随笔，形成教学案例。后来我在工作的第一年写下教学生涯中的第一篇教学论文《这是怎样的哀痛者和幸福者？》，在文中我探讨了鲁迅文章《记念刘和珍君》中疑难句子的教学方法以及如何调动学生学习鲁迅文章的几点做法。从此，我也给自己设定目标，坚持写教学随笔和教学案例，努力每年写两篇教学论文。

刚刚工作的那几年，我还保留着曾经的爱好，喜欢写散文和小说，散文《母爱深深深几许》《嫁到平湖》与小说《寻找》《雪儿飘飞》等有幸获奖并见诸报端。在近20年的从教生涯中，我相继加入平湖红学会、中国红学会、平湖市作家协会、嘉兴市网络作家协会、嘉兴教育学会等。在这些学会里遇到的各行各业的老师多方面地助力了本人的专业化成长，让我的教育视野更加开阔。

现在回想，如果当初我不敢报名上课，不经常动笔写一写，不参加各种学习研究活动……总之，如果不敢亮剑，那么很多锻炼的机会便会擦肩而过。初登讲台的我不惧困难，凭着一份热情、一份对教育的认同感，用新教师的勤奋与勇气为自己的教师生涯拉开了帷幕。

二、工作十年，量的积累

工作的第十个年头，恰逢学校举行征集教师"爱心·信心"教育格言活动，我认真梳理了自己的十年教师生涯，凝练出以下文字：爱心育人，信心做学；乐享工作，优雅生活。这是一份小结，更是一份激励。这次教育格言征集活动让我对学校的"爱心·信心"文化有了更深的理解，从而激励我以更大的热情投入教育教学工作，并以铁杵磨成针的精神一直努力着、沉淀着。

这十年，我曾带过三个班的语文课，曾任教两个普高班的语文，还跨年级兼任经贸班的口语演练指导老师，做过班主任、备课组长、德育处副主任，负责过广播站、风铃文学社，兼任过心理德育导师等。但无论多忙，我都会抽出时间读书与写作。作为语文教师，阅读与写作应像呼吸一样伴随一生。十年间，我订阅了不少语文教学期刊，也买了不少书，除班主任管理之外更多的是语文教学类书籍，有王荣生的《语文教学内容重构》、王尚文的《教育如天，语文是地》、褚树荣的《叩问课堂：语文教学慎思录》、吴非的《课堂上究竟发生了什么》等。我将阅读所得付诸教育教学实践，再将实践凝结为论文，形成课题，然后再指导实践。一个正确的认识，往往需要由实践到理论、再由理论到实践这样多次的反复过程才能够形成。

在深化新课程改革的那几年，我积极开发选修课，注重名著阅读，陆续将自己的教学实践形成论文《古今多少事，都付阅读中——谈谈〈三国演义〉经典名著阅读课的课程资源开发与利用》《切问近思，切磋琢磨——谈谈知识拓展类选修课程〈论语〉选读课堂教学模式的研究与实践》《图文乐涂写，课程润素养——谈谈校本课程涵养素养的活动设置》等。这些有关新课程的思考，让我沉下心来梳理教学得与失，关注学生进与退，这些思考指导了接下来的教学实践工作，从而逐步形成正确认识，促进专业进一步发展。

曾经我一直以为自己最大的特点是积极敢干的冲劲，正是这股冲劲和信心让我很早就参与了学校的中层行政工作。当年学校中层改选，我主动申报了教科室部门，后来被安排到德育处工作。在工作中我坚持以"爱心"育人，以学校理念"有爱走遍天下，不放弃就有希望"感染学生，积累了不少教育学生方面的经验，慢慢练就了不论遇到什么样的学生都能"以诚相待，以生为本"的本领。多篇德育、心理健康、生涯规划等方面的文章也是那时候形成的，如论文《春色满园关不住，一枝红杏出墙来——浅谈如何运用"体验式活动"来加强班级建设》《谈谈"球队化心育"模式助力普高学生共同成长的实践研究》，以及案例《项目推进，生涯体验》

《美丽的惩罚》等。写作的过程实则是工作复盘的过程，在复盘中我们总结亮点和特色，思考最佳方案，从而助力了工作的有效开展。

如今潜下心来再次回首十年工作经历，如果说有一些积累的话，我觉得主要还是源于肯下苦功夫、笨功夫。积极敢干的冲劲固然重要，但只有三分钟热度就不行了，关键要靠我们的不懈努力与坚持。肯持续地下功夫，才能慢慢获得成长，任何事情，只有量的积累，才能达到质的飞跃。一位教师的成长好比一位优秀运动员的养成，需要大量的积累。国家乒乓球队前运动员邓亚萍曾感慨道：一件事情的成功是需要多少的努力，需要多少的时间才能沉淀出来的啊！想成为一名好教师，想成为一名专业上有建树的教师，更不例外。程翔老师在《课堂作品是语文教师宝贵的财富》中建议教师每个学期撰写一篇课堂作品。它可以是优秀教案、优秀论文或优秀报告，这样一年就有两篇课堂作品，工作30年就可以积累50篇左右。这就是量的积累过程，任何事情都没有捷径，只有量到了一定的程度，才会有质的飞跃。这样的职业意识和职业觉醒确实是专业发展的基础。

小结一下十年教师之路，如果说专业上有所成长的助力，除各项教育教学工作对我的历练之外，我以为教科研的作用最大。我一直坚信，不论我们的工作多繁忙，都可以找出一些时间进行学习和总结，我们会在教科研的花园中，寻到香甜的花蜜，可以通过自我的深入阅读和学习他人经验来获得教师专业成长。在最初的日子里，为了论文的最佳选题，我会去学校图书馆借各种书刊，积极向学科前辈请教，经常和学生探讨学习语文的心得体会……在网络还没有那么发达、订阅的期刊还未送达的日子里，我基本是用图书馆的书填充了自己教育教学中的不少空白知识的，也通过向身边人学习的方式进一步架构了学科系统，提升了认知水平，充实了大脑，慢慢地提升了专业素养。这些都为后来我能入选平湖市高中骨干教师高级研修班，评为平湖市语文名师、嘉兴市学科带头人打下一定的基础。

工作十年，是量的积累阶段，是教师逐渐走向成熟的阶段。身为教师，心中要常常告诉自己，一辈子做教师，一辈子学做教师。

三、奋进廿年，砥砺前行

根据教师专业发展曲线，教师一般都会经历"适应期→成熟期→高原期→或停滞，或创新"几个阶段，完整的教师生涯，要经历多次的专业成长。在现实中我们发现，有不少教师在评上高级职称后，选择"歇一歇"，似乎职称成了教师追求的最高目标。但是我报名评选平湖市名师，再参评嘉兴市语文学科带头人，一路参评的过程让我越来越清晰地认识到，专业职称不应成为我们追求的最高目标，而学无止境、不断成长才是我们前行的方向，因为对学问的不懈追求才能让教师跟上日新月异的时代，才能教好一届又一届新学生。教师这个职业，首先要"知如泉涌"。

这几年，我特别关注语文高效课堂与语文深度学习问题，因恰好做语文教研组长，便引领组内教师积极投身语文教学研究，努力提升教学质量。我们开始更深入地学习学科教学论、教育学、心理学等。心理学研究表明，学生的学习效率、学习成绩很大程度上取决于学习方法是否科学，年级越高就越是如此。我们以为最好的学是"说"，在某种意义上，学会对话是语文能力的基础。我们开始研究"对话"问题，本人微型课题"运用'展示对话'打造高三语文高效复习课的实践与研究"采用"问题展示""五色思维""圆桌对话""生活对话"等多种对话方式助力高三语文高效复习。本人负责的综合课题"指向高中语文深度学习的'思辨阅读进阶'范式研究""四阶层进：发展高中生思辨性阅读与表达能力的路径研究"引领学生深度学习语文。各项教育教学研究也取得了回报：学生语文学习兴趣逐渐浓厚，学习成绩逐年提升，我们组多次被评为平湖市星级教研组，还被评为嘉兴市先进教研组。

后来我们受余党绪、李强、沈坤林等特级教师的影响，更加关注语文学习理性思维问题，希望能以理性之光照耀语文学习。嘉兴市课题"高考作文新形势下强化高三考生'思辨能力'训练的对策研究""'五色思维'法：提升高中生思辨性阅读与表达能力的研究"就是对学生思辨能力提升的实践与探索。我们进行课前分享、每日一思，采用"五色思维"法对课文、新闻、文摘等进行多角度思辨，由说到写，由段到篇，加强浙江省思辨作文训练，提升了学生的思辨能力，促进了语文的深度学习，更帮助学生在高考中取得了理想的成绩。

一个人可能走得快，但一群人才能走得远。教师的成长需要一群志同道合的人一起努力，我们语文组同人进行集体备课，共同磨课，分工编写校本作业本，共享教学资料，运用数字化课堂观察，实施青蓝帮扶工程……很庆幸有一群砥砺前行的同行与朋友，大家共同研究，共同进步，助力了教师自身专业成长，更为学校发展做出贡献。

近几年，我还主动报名加入了编者的行列，参编的《整本书阅读与研讨》《相约经典，走进名著（中国现当代卷）》《相约经典，走进名著（中国古典卷）》相继出版。参编期间，我阅读了大量的相关书籍，关注"新课程、新教材、新高考"的变化，不断更新自己的认知，以紧跟时代的步伐。

所有的努力，都会有回应。弘一法师在《晚晴集》中就写道："世界是个回音谷，念念不忘，必有回响。"后来我被评为嘉兴市学科教学带头人，2019年学校中层改选，我再次申报"教科室"，终于成为学校教科室的一员。在近几年里，我继续努力提升自己的教科研水平，提升教学能力，更希望通过学校教科室工作引领老师们走上"从事研究的这条幸福的道路"。

奋进20年，砥砺前行，希望通过接下来的努力拼搏，在未来任教30年时，我能欣慰地说，我做到了工作十年时写下的教育格言：爱心育人，信心做学；乐享工作，优雅生活。"乐享"，是对工作的投入与享受，对职业的认同与热爱；"优雅"是对生活的从容与洒脱，更是对教师生涯的一种诗意表达。让我们对学生怀揣爱心，对教育拥有信心，乐享工作，优雅生活，坚持自己的选择，热爱这份高尚的职业，共同谱写美妙的教育之曲。

在蜕变中炫出风采

姚林英

姚林英　1964年9月生。平湖市职业中专服装设计与工艺专业正高级教师，浙江省第13批特级教师。曾获浙江省杰出教师、全国模范教师等荣誉。"世界技能大赛时装技术项目"中国集训基地教练，指导中国选手获得世赛2金1铜。12篇论文分别在地市级以上报刊发表或在评比中获奖，获得国家实用专利13个，主编出版国家"十三五"部委级规划教材《合体女上衣一体化制作技术》（2021年2月，中国纺织出版社）。

鸡蛋，从外打破是食物，从内打破是生命。人生亦如此，成长就是不断地破立，不断地攀升。

一、突破学历焦虑，将年龄活成优势

初中时，我因胆管堵塞连续做了三次大手术，不得不辍学。只有小学文凭的我，为了生计，学服装，做学徒。师傅们经常打趣道："小姑娘家家，早点嫁个好人家，学什么手艺？"我一笑了之，憋着一股劲，从缝纫工到制板工、婚礼服装"定制师"，直至教徒学艺。

28岁时，平湖市职业中专因开设服装专业需要，聘我为代课教师。那年，我参加嘉兴市人民政府举办的"中国嘉兴1992时装节"服装设计比赛获得了金奖，被教育局破格转正。凭着一技之长，我成了正式教师，但是也清楚地意识到自己学历上的短板。于是我开启了12年的自学之路，白天上班，夜晚读书，一步一步完成了专科和本科学历的研修，成了同事们眼里的"学霸"。

53岁时，我毅然参加了2017年第三届中国服装创意设计与工艺教师技能大赛。赛前，同事们都劝我："你已经是国家级金牌教练了，何必这么拼？俗话说得好：

'拳怕少壮。'别砸了自己的金字招牌。"其实，我有过顾虑，但能和全国的优秀教师同场竞技，这是一个宝贵的学习机会。我为了弥补年龄上的劣势，备赛期间，每晚泡在校实训室里，一直训练到凌晨。功夫不负有心人，我顺利夺得全国制板与缝制赛项金奖。

技能成长上，我从学徒到教练；专业发展上，我一级一级地往上攀，攀登到正高级教师，还被评为特级教师、全国模范教师。我苦过累过，也快乐着。我跳出"舒适圈"，不断地迎接磨砺和挑战。学历提升中，从夜校高中，到进修大专，再到函授本科，在求知的道路上，我不断给自己施压，突破年龄的瓶颈。正是因为我坚信不破不立的真理，勇敢地打破现状，才能在蜕变的道路上越走越远，迎来新生。

二、破除社会偏见，将"弃儿"炼成"宠儿"

我刚做老师那会儿，有一年春节回老家吃饭，席间，亲戚问一个孩子期末考试成绩。孩子的父亲教育孩子说："你要好好读书，不然以后就只能去读职高！"这不经意的一句话，我觉得格外刺耳。由于对职业教育的偏见，中职学生无论是在家里还是在社会上，都像"弃儿"。学生的自卑亦在日常交流中流露。我经常和他们分享自己的经历，告诉他们："不要看轻自己，只要练就过硬的本领，就能在专业领域绽放光彩，技能团的大门，永远为你们敞开！"

现代教育家夏丏尊说："教育之没有情感，没有爱，如同池塘没有水一样，没有水，就不能称其为池塘，没有爱就没有教育。"教师面对的不是冷冰冰的产品，而是一个个鲜活的生命——正在茁壮成长的孩子。

小全是平湖本地生，父亲早逝，家庭条件非常艰苦。她进技能团后，凭借服装天赋和刻苦训练，过关斩将闯进了"第43届世界技能大赛时装技术项目"中国选拔赛。为了备战全国选拔赛，我和她几乎天天闭关训练。以小全的能力，只要正常发挥，全国选拔赛肯定没有问题。但赛前两个星期出了意外，小全的弟弟突发车祸昏迷不醒。我把小全的情况向校领导做了汇报。为了不耽误这个好苗子，学校送去了慰问金，并第一时间在校内发起捐款，让小全一家免去了医药费的压力。即便如此，因为弟弟一直不省人事，小全无心参赛，每天训练都心不在焉，精气神萎靡得很。

全国选拔赛只要顺利拿下前十就能进入国家集训队，即便最后不能代表国家参加国际比赛，也能被认定为高技能人才，成为各大高校争抢的对象，日后的就业就有了主动权。这是小全改变命运最好的机会，我一定要帮她一起挺过去！一天下班，重感冒的我拖着疲惫的身子回到家中，老公为我端来了一碗热腾腾的鸡汤。我刚喝了两口，想起了小全，我真担心她瘦弱的身体熬不住高强度的训练。"孩他爸，锅里还有鸡汤吗？快给我打包，我要带走！"我拎起老公备好的保温桶就跑了出去。那天刚下完雪，地上湿滑，我一不留神，连车带人摔倒了。当时，我也顾不了人有没有摔伤，车有没有摔坏，一心想着能趁热把鸡汤送给小全喝，在寒冷的冬夜给她送去一点温暖。

当我拎着鸡汤一瘸一拐地出现在小全面前时，她愣住了。"快，手里的活先停一下，快趁热喝鸡汤，补充补充体力！"

那些日子，我每天都在她身边陪练，进行技能辅导，我爱人负责后勤保障，变着法子给我们准备营养汤。或许是我们的努力感动了上苍，比赛出征前2小时，小全弟弟终于醒来。得知弟弟终于度过了危险期，前一秒还萎靡不振的小全一下子精神焕发，在选拔赛上正常发挥，以全国选拔赛第三名的成绩顺利进入国家集训队。之后她又参加了"第44届世界技能大赛时装技术项目"中国选拔赛，取得了第一名的优异成绩。虽然在国家队残酷的淘汰选拔中她最终未能代表国家出战阿布扎比的国际赛，但两次国家集训队的履历，足以改变小全的一生。后来她通过高技能人才通道，被招聘到平湖市职业中等专业学校任教，和我成了同事。小全成才了，我喜悦而深有感触。作为老师，必须有爱心。倘若我当时对她家的变故不伸以援手，对她的备战状态听之任之，也许就会错失那次改变她人生的机会。所以满怀爱心，爱护每一个学生，是我的立教之本。

教师的爱与众不同，它是严慈相济。光有爱心还远远不够，俗话说："严师出高徒。"当然，严要得法，严而有度。

曾经有一名来自新疆的学生阿同学，他刚刚来学校时，服装零基础，交流上也存在语言障碍，服装术语完全无法理解。我为了让他快速融入学校，既当服装老师，又客串汉语老师，有时候还会让阿同学教我维吾尔语，而我也教他一些平湖话。频繁的互动让阿同学对我更加信赖。阿同学的接受能力很强，动手能力更是出色，只用了短短一年时间就基本掌握了各种服装技巧。

不久之后，我把他招进了技能团，备战2019年全国中职技能大赛。阿同学刻苦训练，在一众备赛选手中脱颖而出。然而成功滋生了他的优越感，他变得自高自大。有天中午，我来到实训室，看到他正拿着自己的作品向其他同学炫耀。

"阿同学，你觉得你的作品能得几分？"

"老师，这还用说，我的作品当然是100分，亚克西！"

"既然你这么有信心，那带上你的作品，老师带你去个地方。"

我把阿同学带到了学校附近的服装厂，请质检员按照工厂的标准，对阿同学的得意之作进行评分。

"张师傅，如果按照你们工厂的标准，这件衣服能流通到市场上售卖吗？"

"姚老师，这位同学的衣服整体做得还行，但是细节上还存在很多问题，如果是我们的工人做的，那我们只能做销毁处理。"

阿同学听了之后，脸上的得意扬扬瞬间荡然无存。回校后，我把张师傅指出的问题和阿同学进行了分析，并告诉他，这就是你和企业标准之间的差距，也是你和奖杯之间的差距。

经过这一次"企业考试"，阿同学原本浮躁的心沉淀了下来，全身心地投入备战训练，最终披荆斩棘，成为浙江省代表队三组中的一员，并一举拿下全国中职技能大赛中团队赛二等奖的第一名。阿同学因出色的发挥，被不少在场的高职老师看中，最后直接进入了宁波纺织职业技术学院深造。他进入大学后又斩获高职类全国服装设计与工艺大赛金牌。现在的他已经是宁波某著名服装公司的设计师，专门为明星设计与制作服装。

前段时间，在日企工作的几名学生来看望我。

"姚老师，您带我们的时候就像日本企业管理员工一样。"

"您在训练时，经常会对我们说：'不得100分的成衣，对企业来说就是残次品。'"

"我还记得，只要我们设计的作品有瑕疵，您都会亲自操刀示范，并告诉我们哪些地方需要改进，直至零瑕疵。"

在生活上、教学上，我尽量多一些爱；在技能细节上，我则从严要求。这样，"弃儿"才能炼成"宠儿"。

三、打破传统模式，将教学推陈出新

30多年来，我指导的学生参加市级以上竞赛189人次，共获金牌61枚、银牌69枚、铜牌59枚，获奖率100%。随着技能团中一个个冠军诞生，我也从一名中职教师晋升为"国家级、世界级金牌教练"。与此同时，我也开始着手如何将精英培养转向大众培养的研究。

（一）建立"校企共培"学徒制，下沉企业学习

要想让技能大赛的标准和训练内容走向大众教学，成就更多孩子的未来，首先

要建立一支"双师型"教师队伍。服装专业新教师很多是高校应届毕业生，从学校到学校，缺乏企业工作经历，呈现出"黑板上开机器，PPT上讲工艺"的现象。服装职业教育的教学目标是为企业输送优秀的技能型人才，而企业生产一线从设计、打板、制样等各环节的工艺、技能，都是在不断更新换代的，教师只有下沉到企业，才能学习和掌握到新技术。于是，我轮流拜访各服装企业，寻求能给老师们提供实践的机会。

一位企业负责人向我提出了他的顾虑："姚老师，那些年轻老师，都是大学毕业的，一是不适应我们这儿的工作环境，二是以往来实践的老师待了几个星期就走了，也学不到啥。"

如何消除企业的顾虑，将是"双师型"教师能否实现"校企共培"的关键。回校后，我向领导做了汇报，并提出了自己的想法。一是建立"校企共培"学徒制，将企业的技术骨干与我校青年教师进行师徒结对，学校根据企业技术骨干所制订的培养计划安排教师校内教学时间，以确保教师有充足的时间下沉到企业进行学习；二是本校教师在日常教学中，结合企业用人需求，培养毕业即能就业的专业人才。学校领导在听完汇报后，肯定了我的想法，并邀请企业负责人代表来校就"双师型"教师如何实现"校企共培"进行座谈，并最终达成共识。

（二）实现岗课赛证有机融通，请教企业师傅

解决了谁来教的问题，接下去就要解决教什么。

职业教育的课程设置和教学内容不同于普高，是以企业岗位需求为逻辑起点。所以，企业的深度参与是不可或缺的。与此同时，还要把职业技能等级证书、技能大赛等相关内容，有机融入传统教学内容，实现岗课赛证有机融通。

于是，我从2012年开始带领6位青年教师进行"扬格思特"男士衬衫课程开发，但也碰到好多问题：方格男士衬衫流水大货裁剪如何对格对条？如何解决门襟开花还原的对格对条？有了"校企共培"学徒制的基础，青年教师带着这些问题向他们的企业师傅请教，一个个问题也都迎刃而解。

（三）深入企业学区现场，理解品质追求

打破传统模式，只剩下最后一步，怎么教？

不少青年教师在和我交流时表示，通过"校企共培"，自己的技术水平有了明显提高。这也让我萌发了一个大胆的想法——建立"企业学区"，即把生产任务放到企业中去，在生产流水线的分组上采用"掺杂"的方法，把学生与企业的熟练员

工混编在一条流水线上。为了让生产流水线畅通，学生在企业熟练员工的"推动"下，也只能"全身投入，快马加鞭"。在企业的生产现场，学生们看到了工人们生产上的争分夺秒，感受到了产品检验中"100分才是合格"的品质追求。从而，学生切实地理解到什么是速度，什么是质量。

一花独放不是春，百花齐放春满园。我作为浙江省名师工作室领衔人，立足嘉兴，面向全省，走向全国，服务"一带一路"。基于"扬格思特"男衬衫课程的成功开发，我又先后带领青年教师编写了《服装一体化制作技术》《服装工业样板制作与推档》《现代服装制作工艺》等13本教材。

四、破解产教难题，将成果服务产业

职业教育作为一种类型教育，具有跨界的天然属性，需要打破经济与教育、职业与教育、企业与学校的边界，从"产教结合"到"产教融合"，突破现有体制的束缚，推动观念转变和制度创新。从"产教结合"到"产教融合"，虽只有一字之差，却有云泥之别。

"理想很丰满，现实很骨感。"我作为一线教师，清楚地看到产教融合的现状：校企协同、实践育人的人才培养模式尚未根本形成；校企合作"学校热、企业冷"，处于浅层次、自发式、松散型、低水平状态；企业参与办学的积极性不高；课程内容与职业标准、教学过程与生产过程相对脱节；"重理论、轻实践"问题普遍存在。

我在编写"扬格思特"男士衬衫课程期间，通过与企业的深入交流，发现造成这种现状的因素有很多，其中一点就是信息不对称。一线教师必须走出学校，走进企业，要跳出教育看教育。我带领我的团队，利用课余时间，主动走访平湖各服装企业，收集企业在技术、人才培养方面遇到的问题。有一次，我在企业调研时发现流水线生产中有些部位如果装上一个定位挡轨会大大提高工作效率。企业技术人员对我这一创新想法表示认可，但由于企业在这方面资源有限，无法投入人力、物力进行研发。我当场主动请缨，将这一研发任务带回学校。我把我的想法告诉了机电专业的老师，他们也非常支持我。从第一张设计图纸到第一代提速器样品的诞生，倾注了我们无数的心血。但技术攻关并非我想的这么简单，由于企业成衣用料厚度的不同，提速器应对不同面料时的增效也有差异。

"姚老师，虽然这个产品还不够完美，但是已经能为我们生产增效不少，感谢各位职中老师的付出！希望你们能研发出更多产品！"

虽然第一代提速器并未达到预期效果，但是企业的肯定给予了我们莫大的动力。我的研发之路从此开启了，面对困难，我和同事们从未放弃。8年来，在第一代提速器的基础上，根据企业实际需要，我们又分别开发了绳边工艺提速器、衣摆卷边提速器、外包缝工艺提速器、锁眼定位板等创新项目，为当地企业节省了生产成本6000多万元，服装工艺提速器还获得了2014浙江省教师创新比赛第一名。通过技术攻关，我和企业建立起了互信的桥梁，跨出了"产教结合"到"产教融合"的第一步。根据企业人才培养需要，我参与了嘉兴新诚达、百灵、依爱夫、蒙士特、伴宇、马宝狮等服装制衣有限公司的服装设计培训教学并进行服装样板设计指导。同时，我还先后担任了浙江伊思佳服饰有限公司、依爱夫制衣有限公司、平湖华城制衣有限公司的技术总监。我为企业培训了中、高级服装人才10000余人，平湖市服装企业70%的技术骨干都成了我的学生。

人的一生犹如一个圆，圆的面积就代表他这一生的格局，只有不断突破圆圈的壁垒，加长半径，才能让人生不断得到拓展与升华。一路走来，我正是在一次次破立中重新发现自我，一次次完成了自我成长，在不断的蜕变中展现出人生更亮丽的风采。

做学生"为学""为事""为人"的大先生

郝红花

郝红花 1976年3月生。平湖市职业中专副校长，服装专业正高级教师，嘉兴市第4、5、6批名师。曾获浙江省春蚕奖、全国纺织服装行业职业教育先进工作者等荣誉。58篇论文分别在地市级以上报刊发表或在评比中获奖，主编出版"十三五"中等职业部委级规划教材《服装工业样板制作与推档》（2023年11月，中国纺织出版社）、《服装一体化制作技术》（2021年2月，中国纺织出版社）、《服装企业生产样款制板》（2015年1月，中国纺织出版社）、《中职生服装专业职业导航》（2014年6月，高等教育出版社）等。

2016年12月，习近平总书记在全国高校思想政治工作会议上指出，教师不能只做传授书本知识的教书匠，而要成为塑造学生品格、品行、品味的"大先生"。教师要成为大先生，做学生为学、为事、为人的示范，促进学生成长为全面发展的人。回想我与职业教育将近30年的情缘，我正是朝着这个目标在不断地向前迈进。

一、为学以求真，笃行明道一以贯之

千教万教，教人求真。千学万学，学做真人。

（一）做永不服输的"拼搏者"，以不懈努力实现自己的教师之梦

从小我就有一个教师梦，梦想着有一天能站上讲台，用自己渊博的学识为学生引路。然而梦想与现实是那样遥远，一波三折，差点让我与之失之交臂，更使我真正懂得，人只有掌握扎实的学识，成长到足够强大，才能获得别人的尊重，才能实现自己的梦想。

我的家坐落在长白山脚下的一个美丽小镇。由于家境贫寒，从小我就立志好好学习，靠自己的努力走出大山。因此小升初考试我就初露锋芒，以全县第一名的成绩独占鳌头，并在后来的初中三年一直位居榜首。当时许多人都热衷于考中专，因为毕业后可以直接分配工作，但也正因为如此，造成了学生连年"复读"的现象。记得初三那年，面对着同届70多个复读生，我压力很大，最后以全校第三名的成绩报了幼师专业。正当我对未来充满着无限憧憬时，却没想到，自己竟高分落榜了。绝望的我在班主任老师的多次上门劝解中，被迫踏入了连自己都痛恨的"复读生"行列。没想到，一年后，我又一次遭受了同样的厄运。两次的意外落选让我阴差阳错地走入了职高的大门，并与服装结下了不解之缘。

由于我的拼搏努力，几乎所有的科目都在年级名列第一，只有素描那一门课，让从没进过培训班的我遭到了老师的"冷落"。不肯服输的我，放弃了整个暑假，勤学苦练，一个月的努力终于让"偏心"的美术老师对我"正眼相看"。当时考大学的公办名额就只有一个，为了能在技能考试中有突出的表现，我每天放学后步行一个多小时去画室画画，晚上十一点多才回到租住房，凌晨三四点钟，我背题的身影就又出现在学校的路灯下。功夫不负有心人，1997年我以全省第一名的成绩考入了吉林职业师范学院，从此我又可以怀揣教师梦想，行走在希望的田野上。

大学毕业后，我跨越了2000多公里，来到了我的第二故乡——美丽的金平湖，在平湖市职业中专开始了我的从教生涯。

（二）做技高一筹的"大先生"，以渊博学识开启学生的智慧之门

有人曾说过：为了让学生获得一点知识的亮光，教师应该吸收整个光的海洋。当我踏上教师岗位时，在对中职生多了一份亲切感之余，我更希望能通过自己的努力，去帮助那些曾经失败过的孩子重新站起来，学会做人，踏实做事，掌握一技之长，走向人生的成功。

教学之余，我苦练专业基本功。参加工作的第二年，我发现自己由于缺乏企业实战经验，还不能随时根据服装款式变化熟练地进行打板和制作，于是我利用整个暑假，跟着有丰富经验的师傅学习制板技术，以致我后来在嘉兴市青年教师技能比武中连续三年荣获第一名，并获得了"高教社杯"全国服装专业说课比赛一等奖，开辟了我校教师在全国比赛中荣获一等奖的先河。

2006年，在孩子才两个多月的时候，我接受了学校的安排，负责高考班的教学工作。当时大多数的学生都是毕业后直接到企业工作，复习资源非常匮乏。我钻研着教材，一点点积累着复习资料，在6年的高考教学中，培养出2名高考状元，特别是2012年，我们学校包揽了全省的前三名。2017年至今，我已经受聘担任了4年

全省服装专业高职单招单考的命题专家，并在近3年的嘉兴市教师学科素养测试中，连续3次获得一等奖。

在2007年暑假，我开始了研究生的备考之路。高效完成自己的教育教学任务之外，我在课余投入了大量的精力复习，最终以高出录取分数线38分的高分，考入了浙江理工大学。研究生期间，我在完成高三就业班每周30节课的强大压力下，周末还要去杭州读一天半书。一路艰辛，一路拼搏，最终我以85分的高分通过了毕业论文答辩，也成为迄今为止本专业嘉兴市范围内唯一一个拥有硕士学位的人。

扎实的专业基本功让我在面对学生时多了几分从容，并逐步形成了自己的教学风格，不断进取，一路向前，我先后被评为嘉兴市第4批、第5批、第6批名师。

（三）做创新求变的"大先生"，以问题解决激发学生的钻研精神

大众创业、万众创新，是发展的动力之源。2014年，我校服装专业进入发展的快车道。实训设备不断更新，自主品牌应运而生。记得在走了很多弯路的情况下，我们将产品研发从款式变化繁多的女装改为加工生产有着较高技术要求、款式变化相对较小的男衬衫，以适应中职生的专业发展实际。当时我们想了很多办法，在企业建立"企业学区"，把学生安插在工人的流水线上，以提高学生的制作速度。然而学生毕竟实战经验少，产品质量很难达标，加工速度也跟不上。能否开发一些生产提速器，将复杂的缝制步骤简化，同时也能提升速度和质量呢？带着这些问题，我和本专业的姚林英老师一起跑企业，到企业生产中寻找灵感。我们成立了由企业师傅、学校教师和机电专业、服装专业学生组成的技术攻坚小组，针对男士衬衫上的各个部位进行工艺的深入研究，先后研发出服装卷边提速器、绳边提速器、锁眼定位器、外包缝提速器、翻领器、压领器、双规定位器、装袖卷边提速器等，不但打响了学校"扬格思特"男衬衫品牌，还申请了十余项国家专利，指导学生在各级各类创新大赛中揽金夺银，获得全国创业创新创效大赛三等奖2项，浙江省宋庆龄少年儿童发明奖一等奖2项，浙江省中职学生职业能力大赛创业创新项目一等奖5项、二等奖8项、三等奖2项，嘉兴市创新能力大赛一等奖5项、二等奖6项、三等奖7项，平湖市一、二等奖9项。这些提速器被推广到当地服装企业进行生产使用，为企业节约生产成本6000余万元。作为职业学校教师，从实践中探寻热点，在问题解决中培养学生的创新思维是我们永恒的追求。

（四）做善于总结的"大先生"，以专业实践提升自己的科研能力

教育科研是提高教学质量的重要驱动力，也是完善自我、促进教改的有效手段。

2004年是我走入教育科研的起始之年。那一年我带的第一届学生在踏入社会之前，提前半年到企业顶岗实习，而我也有幸第一次真正地融入企业。在茉织华的西装车间，我见识到现代化机器设备的生产质量和效率，也见识到日企对于QC（品质管理）精益求精的工作态度，我被深深地震撼了，因为我们还在用最原始的方法教授着学生技能。我们的教学与企业生产严重脱节！为了能够让学生及时地了解企业先进的生产工艺流程，我每天深入生产车间，用了整整四个月的时间，手工绘制了西服生产的全部流程，带着科研的思路，编写了我人生中的第一本校本教材。而我也根据这段实习经历，写了第一篇论文《积极探索教学改革，掌握服装教育新方法》，论文最终荣获浙江省第一届职教班主任工作研讨会暨教学创新交流活动二等奖，并发表在《中国教育与教学》杂志上。初次的成功激发了我科研的动力，更使我明白了行动研究的重要性。这也为后来我编写"十三五"部委级国家规划教材《服装工业样板制作与推档》《服装一体化制作技术》等奠定了坚实的基础。

如果说，教育教学改革的实践活动是教师专业化发展的基础性平台，那么教育科研则是教师专业发展过程中不可或缺的强力助推器。我从教育生活中的问题入手，迎合时代发展需求，不断从科研的角度寻找解决问题的办法。论文《"项目教学法"在服装综合课中的实践与思考》和《"两创"战略指导下服装专业的探索实践》就是在一次次的探索与实践中总结提炼出来的，给我们的教学带来生机和活力。2011年，经过四年的尝试与变革，课题成果《项目教学法在中职服装专业教学中的探索与实践》荣获了嘉兴市人民政府第四届教育教学成果评比一等奖。成绩的取得更坚定了我走行动研究的决心。也就是在这一年，在一线教学岗位奋斗了十年的我顺利获评高级教师，也走上了中层管理岗位，全面负责服装专业建设。

在学校所倡导的"常规工作科研化、科研工作常态化"理念的引领下，我始终坚持从专业的角度，用研究的视角来解决教育教学和专业建设中的问题，与企业资源进行良性互动，开展合作与自我反思，进而产生蕴含着先进的教育理念和充满教育智慧的教育行为，让常态的教育管理生活更加精彩。为了打破传统的"2+1"模式，优化服装专业人才培养方案，我设计了专业的调查问卷，深入企业、兄弟学校开展调研，让方案的制订有理有据；为了让学生能在仿真的基地中实习，我花费了一年半的时间对实训基地进行规划、设计、布线、装修，采购最先进的设备，建成了在全省乃至全国都领先的校企双向互动式实训基地。在此过程中，我始终用课题研究来指导实践，教育教学成果也越来越丰厚：以第二位次参与的贺陆军校长主导的课题成果《基于产品实现中职"问题驱动、双能并进"技能教学改革实践与探索》荣获国家级教育教学成果二等奖；主持的课题成果《中职服装专业"职业导向、阶段递进"课程改革实践研究》荣获浙江省人民政府教学成果评比二等奖，另外，《基于校企合作的服装专业CDIO教学模式建构与实施》《中职服装专业校企双向互动实训基地的建设与运行》等成果荣获全国产业研究优秀成果奖3项；还获得了浙江省人民政府一等奖1项、二等奖2项；浙江省成人教育与职业教育优秀成果一等奖1项、二等奖2项、三等奖1项，嘉兴市人民政府、嘉兴市教育局一等奖6项，二、三等奖各1项；主持参与课题研究省级4项，嘉兴市级6项。

二、为事以向善，仁爱之心铸魂育人

大学之道，在明明德，在亲民，在止于至善。

（一）做用心有爱的"大先生"，在沟通交流中增进师生感情

2001年8月，刚刚踏上工作岗位，我就被安排担任了班主任工作，这在以往的教育教学中也是很少见的。为了能尽快熟悉这些孩子们，每天清晨我跟他们一起跑步，周末我骑着自行车挨家挨户地家访，很快就跟他们"打成了一片"。

记得工作后第一个中秋节，家家户户都洋溢着团圆的气氛，而离家千里的我却独守宿舍，倍思亲人，只能用工作来冲淡对家的思念。突然，一张彩色的信笺从书中飘落，我捡起来一看，瞬间泪流满面，是语文课代表用关切的话语给我送来的节日的问候，我的心里充盈着无法言说的温暖和感动。当时我就想，如果每个人都能够被温柔以待，那么我们的班级、这个世界定会充满爱与温情。于是我在班级设立了班主任信箱，专门与那些性格内向、不善言辞的同学进行交流，同时利用周记，随时把握同学们的思想动态，关注每一个孩子的需求。每一次收到同学们的来信，我都会第一时间给他们回信；每一次他们遇到困难，我都热情地帮他们寻找解决办法。我和他们成了无话不说的好朋友。至今我手里还有几本厚厚的班主任教育手记，点点滴滴记录着我和同学们的情谊。

现在的教学媒体越来越发达，人与人之间也有了更多的交流方式：钉钉、微信、电话……然而书面交流的那种温情和感动却一直留在我的记忆中。

（二）做善于发现的"大先生"，在因材施教中创造教育奇迹

2009年，我担任高一自考班班主任，全班有近一半的同学未达到录取分数线，最低分只有277分。他们学习习惯差，行为规范也比较欠缺，为了使班级风貌彻底改观，我每天坚持下寝室两次，中午找通校生谈心，正当一切都在慢慢朝着好的方向发展时，一纸"疑似肝癌"的体检通知书却对我宣判了"死刑"。当时我来不及

跟同学们作任何交代就住进了医院。刚刚建立起来的集体由于缺少了"主心骨"，行为规范考核一落千丈，连代班的男老师都被他们气哭过好几次。由于当时运动会在即，我忍着穿刺完的病痛，偷偷从医院溜出来，给他们打印班旗，为他们加油助威，并饱含深情地给全班同学写了一封信。出院后，由于身体虚弱，我提出不再担任班主任，当时全班同学自发到部长室"请愿"，请求我无论如何要继续担任他们的班主任。看到孩子们真的舍不得我，我就跟他们"约法三章"，希望全班同学努力自强，打一个漂亮的翻身仗。

学习成绩不是一朝一夕就能马上提升的，我决定挑他们相对擅长的项目，用活动来提升他们的自信心。当时正在进行排球比赛，同学们都没有经验，我就在每天第八节课和放学后陪着他们打球，一路过五关、斩六将，获得了全年级第二名；我带领同学们参加红歌小组唱，亲自指导、排练《听妈妈讲那过去的事情》，最终取得全校第一名的佳绩。再后来，我花了整整两个月的时间，字斟句酌地给他们打磨辩论稿，一遍遍不厌其烦地训练他们的反应和临场应变能力，经过十几轮的巡回辩论，我们拿到了全校的辩论赛亚军。在活动中，同学们渐渐有了团队合作意识，更提升了集体荣誉感。他们心往一处想，劲往一处使，终于在高二年级的第一学期打了一个漂亮的翻身仗，实现了文明班级考核从教学部倒数第一到市文明班级的逆袭。

学生的潜力是无穷的，只有因材施教，肯定长处，鼓励信心，才能一步步走向成功，创造成长的奇迹。

（三）做善于炒作的"大先生"，在"小题大做"中施展蝴蝶效应

班主任的工作是平凡而琐碎的，但作为班主任，有时候应该学会"炒作"，通过"借题发挥，小题大做"，对学生进行生动而有效的教育。

建班之初我就和全班同学一起制定了班规，并严格执行。我们学校是禁止在教学区吃零食的，但是却屡禁不止，收效甚微。班级里我也多次发现纸篓里面装满零食袋的情况，对此我一开始采取了说教和感化的方式，希望同学们能够改正这种不良习惯，然而学生并不领情，不断地向我的忍耐发出挑战。该如何处理呢？此时，想到我校一位同学得了脑瘤，生命危在旦夕，一个计划立刻在我的脑海中显现——就"罚"违反规则的同学星期天上街为她募捐。接下来的时间，同学们纷纷动手做募捐箱，摩拳擦掌，充满期待，恨不得马上就出发。本来就是想用这种方式惩罚一下这几个不守纪律的同学，也没有寄太大希望于他们，谁知他们却"满载而归"

了。兵分三路的同学们各显其能，短短一天的时间，他们就筹集到了6608元。这件事情之后，同学们慢慢改变了在教室里吃零食的坏习惯，他们甚至开始积攒零钱，为希望小学的同学买文具，送温暖，为班里贫困的学生送爱心，即使有时不小心扣分了，也不需要我特别督促，他们会主动做好人好事来进行弥补。

本来是一件不起眼的坏事，却在不经意间转变了班级的风气，这不正是教育中的蝴蝶效应吗？作为一名教师，我要用一双慧眼发现孩子们身上的闪光点，并利用蝴蝶效应把它们发扬光大。

（四）做善搭平台的"大先生"，在精心设计中成就精彩人生

2011年9月，我从一名普通教师成长为专业负责人。当时一年一度的"服饰文化节"是同学们最期待的"节日"，因为在那一周，同学们可以美美地穿着自己的衣服，做职业中专的"形象大使"，可以在那一周观看各种形式的服装走秀，尽情展示自己的技能。

我们的图书馆在敬德楼二楼，不但离教学楼远，还很难一下子找到自己需要的专业书，于是我联合图书馆的各个部门，整合了本专业的各类书：最新出版的专业书、最新潮流的时尚杂志、按年度装订的专业过刊，在服装大楼的每层走廊设立了开放式读书角，并用一体机连接了服装专业时尚特色网站，让同学们随时随地都能查到有用的资讯——我们的专业就应该这样开放和包容。为了让同学们充分利用课余时间，我设计了服装专业的一周自主作业：周一完成一个款式图；周二完成一件小手工；周三绘制一幅服装效果图；周四画一款结构图；周五完成一幅书法作品；周末利用"九宫格"完成一周大事回顾、一句名人名言、一周财务分配等——我们的专业作业就应该这样"有个性"。

2018年我担任了德育副校长，全面负责学生的德育、安全、体育、心理健康、家庭教育、劳动教育等，各种纷繁复杂的事务让我应接不暇。经过几年的创新实践，我们将校园经典文化活动按照不同的年级和类别，循序渐进地进行了梳理和重构，建立了学校的"五彩四美"德育课程体系，让学生在红色信仰课程、蓝色技能课程、青色文化课程、绿色健康课程和金色生涯课程的熏陶浸润中，成长为"品德美""技能美""人文美""身心美"的四美中职生，让行政领导、班主任、任课教师以及所有的管理人员和学生都能随时通过核心素养成长平台，记录学生的在校表现和成长足迹，形成成长雷达图——我们的德育生态就应该这样精彩而又形成常态。善于搭建各类平台，精心设计各种活动，才能成就学生精彩的人生。

三、为人以尚美，立德修身高尚情操

教师之美，美在灵魂，美在智慧，美在担当。

（一）做乐于奉献的"大先生"，在精心布局中完成专业建设

2013年8月，服装专业从原来经贸艺术部的多个专业中脱离出来，单独成为"服装艺术部"，我也晋升为服装部主任，将带领本专业的十几位教师，向着全国改革发展千所示范校的重点专业迈进。面对着一幢空空如也的新的实训大楼，我既兴奋又无措。兴奋的是，终于可以按照自己的想法来创新规划我们专业的未来，无措的是我一点儿也没有这方面的经验，当后勤主任向我要服装缝纫车间的施工图时，我彻底蒙了：我只是一个服装专业的教师，又不是建筑设计师，如何绘制施工图？他说，我连服装专业教师都不是，更不懂你们专业的设计了。于是，在贺校长的带领下，我们到深圳、南通、青岛等先进发达的中职学校实地学习、考察，并结合本校实际，对专业实训室做了精细化设计；我数次跑工厂，求指教，只为实训大楼的功能定位更加科学合理；我每天跑工地，查进度，只为建筑质量更加坚实可靠；我每天跑市场，悉行情，只为设备采购更加质优价低。

如今，我们的实训大楼陪伴服装专业迈进了全国中职服装专业的前列：以"综合实训"为特色的校内教学型实训基地、以"技术服务"为特色的校内教学工厂、以"产品研发"为特色的两创平台和以"顶岗实习"为特色的现代学徒制人才培训基地，成了全国中职第一家"国字号"的高技能人才培训基地，引进了荷兰的数码印花热转印机、全自动模板缝纫机、激光切割机、3D虚拟试衣软件等，发挥着行业内的技术引领和人才培养的双重功能。我们承办过五次国家级的赛事与培训、十余次省级赛事，且每年承办地市级职工技能大赛。培养的学生从最初只会"踩缝纫机"或打板的单项技能人才转变成了"懂设计、巧制板、精工艺、善营销"与熟悉整个生产流程的综合技术技能人才。三名选手入围世界技能国家集训队，上百位学生在全国中职学生技能大赛中揽金夺银，近200名学生通过高考被全日制本科院校录取。学校被中国纺织工业联合会授予"中国纺织行业人才建设示范院校"。

专业的发展需要无私奉献，更需要家人和领导的大力支持。当年就是在从事营销专业的爱人的帮助下，我才与天津富怡电脑科技有限公司谈成了合作，让他们将30万元的设备免费提供给学校使用，并定期更换，在校内建成企业先进设备展示中心。感谢这些年默默帮助和包容着我的家人们，军功章也有你们的一半。

（二）做勇挑重任的"大先生"，在课改实践中实现专业飞升

专业建设就是在摸着石头过河的实践与探索中前行。"服装设计""服装材料""服装结构制图""服装工艺"是服装专业的四门核心课程。长期以来，由于传统"学科本位"思想的影响，它们彼此互不联系，各自为政，形成独立的条块分割式的课程设置，各自强调本学科教学体系的完整、严密，造成许多相关学科内容的重复和不成体系。各自为政的服装课程让学生缺乏兴趣的同时，学生只学到了单一的技能或知识，根本不能形成与岗位需求相对应的职业能力，就业质量大打折扣。要进行专业改革，就要大刀阔斧地实行课程改革，加强各学科之间的联系，按照具体的项目任务来组织相关的教学。将与该任务相关的服装设计、服装材料、服装制板和服装工艺的知识从原有的学科体系中分离出来，按照任务需要进行有目的的重组，将理论融于实践，动脑融于动手，做人融于做事，在"所学"与"所用"之间建立一条"零距离"的通道，为培养学生综合的职业能力奠定基础。

改革总是痛苦的，它要打破传统模式，改变人的专业习惯，对老师和同学都是一次全新的考验。由于每个学生做的服装款式都不同，无法统一进行讲解，教师在课堂上如同"救火"，被同学们叫得满课堂"飞"，这不仅考验教师的专业知识，还考验教师的体力和不同类型教师间的沟通与协作。还记得当时已经怀孕七个多月的我，每天还是连上四节课，脚部严重浮肿，在连续加班几个星期、一场大型的服装展示活动过后，孩子差点早产，我也因此住进了医院。虽然辛苦，但改革的成果还是非常显著的。我们打破了原有学科的独立性，将多门课程实施项目化重组，构建了服装专业"职业导向、阶段递进"的课程体系，并按照CDIO工程教育模式，以产品为导向，开发了服装专业CDIO项目课程，让学生体验服装构思（conceive）—设计（design）—实现（implement）—运作（operate）的全部流程，提升了学生的综合职业能力。如今，我们的大型服装走秀已经从校内走向校外，从学校走向企业，品牌影响力越来越大。我们还带领学生开发了"平小乖"童装、"扬格思特"品牌男衬衫、"拓禾之家"床上用品、"印象平湖"丝巾等带有学校项目特色的产品，有些产品已经远销海外。

（三）做胸襟宽广的"大先生"，在示范辐射中助推团队建设

2011年9月，我担任服装艺术部主任，作为教师团队建设的推动者，我努力做好校内的"专业带头人"。我首先对本专业教师做了详细的优势分析与规划，带领他们撰写个人三年职业生涯规划，并根据每个人的专业特长划分成三个团队：一是

技能竞赛辅导团队，以国赛金牌教练为核心主力，带动一批教师迅速成长。二是专业创新研发团队，开展童装、数码印花、电脑绣花、袜子等产品的研发，为企业开展技术问题指导，开发各类提速器，申请国家专利。三是专业教学团队，通过"内培外练"长效机制、"勤思擅创"研发能力提升机制、"教学相长"校企专兼师资团队成长机制等，促进教师的专业成长。

2017年1月，我受聘担任平湖市职教名师工作室领衔人，引领20位中职专业名师共同成长。我努力做好工作室"名师领衔人"，带领工作室成员科学制订三年成长规划，定期开展课堂实录课评比、教学微报告、课题领衔撰写、青年教师引领、主题说课竞赛、年度述职评比等活动，2017年8月，指导6位青年教师顺利获评第12批嘉兴市学科带头人。2019年12月，指导3位教师顺利获评嘉兴市第6批名师。2020年8月，指导4位教师顺利获评第13批嘉兴市学科带头人。2021年8月，指导1位教师成长为浙江省教坛新秀。

作为全国纺织服装专业指导委员会委员和嘉兴市名师，我努力做好区域的"专业示范人"。首先，定期参加教学改革研讨，把握课程改革方向，为区域专业发展献计献策。2019年6月，在全国服装专业指导委员会二届五次会议上做了题为"服装专业产学研与CDIO课程开发"的专题报告；作为省"姚林英名师工作室"的主要成员，执笔撰写了省名师工作室的申报方案和活动规划，并于2020年顺利通过省"三名"工程验收；2019年加入"浙江省凌静名师工作室"。其次，参与名师带徒活动，发挥名师示范引领作用。跨区指导的海盐商贸学校、海宁职业高级中学的3位青年教师已成长为专业骨干教师，1人获省技术能手，1人在省信息化说课大赛中获二等奖；作为嘉兴市专业创新基地负责人，经常组织全市服装专业教师赴上海东华大学、798艺术街区和美特斯邦威等高端企业参观学习，共同成长。

教师要成为"大先生"，要成为求真、向善、尚美的典范，成为学生"为学""为事""为人"的示范，我将倾尽一生，朝着这个目标不断迈进。

坚守初心，执着前行

王雅雅

王雅雅 1983年2月生。嘉兴市交通学校教导处副主任，物流专业高级教师，嘉兴市第14批学科带头人。曾获平湖市优秀教师、浙江省优秀指导教师等荣誉。19篇论文分别在地市级以上报刊发表或在评比中获奖，主编出版教材《超市物流》（2022年4月，中国财富出版社）。

成为一名教师，于三尺讲台传道授业，执一支粉笔书写青春，是无数人年少时的梦想，怀揣着这份教师梦，我在嘉兴市交通学校默默耕耘了15年。

由于各种原因，大学毕业后的我没有如愿成为一名老师，而是进入一家外资企业，成为一名普通职工。原以为自己的教师梦就此破灭，两年后，一则教师招聘启事，让"当一名老师"的念头又重新在我心中生根发芽……

一、以"课堂"为阵地——勤谨求索

2008年8月，我来到了交通学校，开启了我心目中梦寐以求的教师生涯。由于机会来之不易，我十分珍惜。可是从事职业教育事业，并没有我想象中那样简单。初登讲台，我对课堂教学工作满腔热血，不敢有丝毫懈怠，每堂课前都认真备课，查阅资料，教学环节一再斟酌，恨不得将课堂上的每一句话都事先设计好，全部做到尽善尽美。我倾注了十二分的心血，仿佛这样才符合我心目中"传道受业解惑也"的师者形象。可是这样试行一段时间之后，我发现效果并没有想象中那么理想。于是我就向我的师父，也就是我们当时的教研组长请教，他的一席话至今让我记忆犹新：你有企业的工作经历，这是优势，可以让你的课堂更加鲜活立体，职业学校的学生虽然成绩低一些，但是他们接受新事物的能力特别强，尤其体现在动手操作技能方面，尝试用理实一体的方式会让课堂效果事半功倍。听取了这些建议之后，我开始有意识地改变传统的理论教学课堂，将技能融入理论教学，让学生充分感受到"学中做"的乐趣，从而极大地提升了课堂教学的效果。这也让我深刻体会到了作为一名职业学校的教师，需要整合课程内容，使教学内容与职业、行业相对接，推进课堂教学改革。

吾生有涯，而知无涯。教师的职业特点决定了我们只有不断地充实与成长，不断地给自己"充电"，才能拥有源源不断的"活水"，给自我成长以坚实的保证。2009年，我得到了一次执教嘉兴市双高课的机会。为了提升课堂效果，我自己找企业进行技能操作方面的演练和学习，终于在寒假期间得到了为期10天的宝贵实践机会。针对授课内容，我反复观摩企业师傅的操作规范和要领，并在其引领下亲自动手实践，获得了很多来自企业实践的一手资料，为一堂生动鲜活的立体课注入了一份活力。我顺利完成了双高课的参评，更是在课堂教学改革上迈出了坚实有力的步伐，也逐渐在自己的课堂教学中形成了以项目为载体，以"教、学、做"为一体的中职物流课程特色。

二、以"技能"为方向——探索奉献

追求"工匠精神"是职业教育的灵魂。作为学校的重点建设专业，指导学生参加各级各类技能竞赛是专业建设中的一项重点工作。从每年下半年的嘉兴市赛到第二年上半年的省赛、国赛，一轮又一轮，技能竞赛训练的脚步显得那样匆忙。从2009年物流专业开始有全国性技能竞赛开始，我便多了一个身份：技能竞赛指导教师。于是，除了完成日常繁重的教学工作，每天晚上、周末还有节假日，我几乎都和训练学生一起待在实训室，反复斟酌，一遍又一遍地练习动作规范，一次又一次地讨论技术文件，加班到深夜更是家常便饭。

在专业成长的道路中，无论痛苦、徘徊、快乐或者感动，都是我们心灵成长不可或缺的元素，相信我们在不断超越的过程中必定会化茧成蝶。2011年我休完产假，2012年便接到了学校派发的更加艰巨的任务。我不仅接手了一个新班，还要在上半年指导学生参加物流进出库项目的国赛，同时下半年个人还要参加浙江省中职物流专业教师技能竞赛的所有项目。冲击国赛的道路异常艰辛，但是这样的国赛名额整个浙江省只有一个，我几乎天天在实训室指导学生训练。而物流专业的技能竞赛包括叉车操作、进出库作业、单证制作三个项目，既需要扎实的理论知识，又需要熟练的技能操作，还是个体力活，这些对于一名女教师来说着实不易。比赛是在12月，我经常冒着凛冽的寒风在叉车场地叉货物、叠托盘，重复推拉堆高车，每次练习完三个项目之后都是汗流浃背。虽然过程及其艰辛，但是这一年我收获满满。不仅我在省赛中获奖，训练指导的学生也获得了全国职业院校技能竞赛物流进出库项目的二等奖，而且所带的班级还获得了"平湖市文明班级"的称号，同时我个人获得了当年度的平湖市优秀教师、平湖市"百名优秀班主任"。在不断努力下，我于2016年建立了技能大师工作室，并获得了"平湖市首席技师"的称号。如果说努力是有颜色的，我想那一定是金色的，熠熠生辉，光彩夺目。

教育的终极目标是为学生的发展奠基。我也经常为那些执着于追求精益求精的工匠精神的学生而感动。比如获得全国技能竞赛进出库作业团体赛二等奖的小孙同学，虽然他在我们学校就读的是非物流专业，但是他对待学习有一股认真钻研的劲，并且通过学校的层层选拔进入了我所指导的物流技能竞赛队伍。从嘉兴市赛到省赛再到国赛，他一路过关斩将，与另外三名团队成员一起获得了全国技能竞赛二等奖的成绩，不但锤炼了自己的技能操作本领，更顺利获得了免试保送大专的机会。面对机遇与挑战，他为自己赢得了掌声，而作为指导老师，我看到了学生的成长，更看到了他身上向上、向善的力量，我想，这也是我选择一直努力前行的幸福源泉吧！技能的舞台美好而残酷，我愿意继续努力，继续前行，继续成长……

三、以"初心"为誓言——恪尽职守

2014年，我从一名普通的教师走向了教研组长岗位，成了物流专业的负责人，这又是一项极富挑战的工作。当时，在国家大力支持职业教育和电商物流行业蓬勃兴起的背景下，我校的物流专业迅速发展，专业建设的重任也一下子落在了我和我的团队成员身上。当时正处在学校"省改革示范校"的创建时期，物流专业作为学校省示范建设的重点专业，各项建设工作千头万绪，任重而道远。实训室结构模块不合理、物流师资队伍年轻、专业建设经验空白等一系列问题成了专业建设中亟待解决的难点。

面对困境，我依然选择迎难而上。一方面，我始终坚信专业发展的立足点还是在课堂教学，因此在教学中我持之以恒地学习课改理论，坚持课堂教学改革，不断探索课堂教学新途径，并且引领组内教师一起参与省物流专业课改，主编或者参加省课改教材的编写，提升老师们的专业能力。另一方面，我带领组内教师一起参与各类项目建设，注重提升团队的凝聚力和向心力，让组内的年轻教师有团队的归属

感。耕耘总会有收获，在学校的大力支持下，我校物流专业获得了省级示范专业、省级实训基地、省级高水平专业、嘉兴市级专业创新基地、嘉兴市级职业体验中心等荣誉，物流专业师生也在各级各类竞赛中取得了累累硕果。

2017年，我走上了教务处管理岗位，负责学校的日常教学管理、教师专业发展等一系列工作。我坚持每天学习思考，确保自己始终能以饱满的精神状态迎接各项工作。中层既是领导决策的贯彻者和执行者，也是一线教师的组织者和领导者。我秉持着事务不论大小，均细致用心的原则，坚持做到有计划有落实，有实施有反馈，将纷繁复杂的工作做细做实。

回顾过往的成长之路，欢乐与辛酸同行，收获与遗憾并存。成长是一种幸福，更是一种过程。在教学探索的道路上，我尝试从细微处着手，立足学生发展，教学中反思，改进中沉淀，不断超越自我；在技能提升的道路上，我尝试从实践中探索，虚心请教他人，摸索经验方法，笃行历练再出发；而在个人成长的道路上，我尝试从时间中磨炼，提升自身素养，丰富内涵底蕴，体味作为人师的感动与欣喜。

学无止境，教无止境，教师的个人成长更是无止境。在个人的成长道路上，我还只是一朵不起眼的小花。"起始于辛劳，收结于平淡"，但我始终热爱着这份给予我心灵宁静的职业，它让我拥有了一颗平常心。春发其实，秋收其花，既然选择了这份职业，我将保持一颗初心，有始有终，无愧于心。

多一份坚持，多一个选择

——我的成长故事

张跃飞

张跃飞 1974年8月生。上海世外教育附属平湖经开实验中学副校长，兼平湖市教师进修学校副校长、研训中心副主任，数学学科正高级教师，嘉兴市第7批名师。曾获平湖市最美教师、浙江省春蚕奖等荣誉。37篇论文分别在地市级以上报刊发表或在评比中获奖。

人生充满着选择！面对十字路口，你的选择终将奔着目标，引着你向想走的方向前行，虽不一定能到达，但一定会靠近。

选择很难！有时候是因为选项太多，你不知道该如何选择；有时候是因为只有一个选项，你没得选择；有时候甚至没有选项，需要你另辟蹊径，创造选择的机会。无论面对哪种情况，我们都需要拥有睿智与勇气，需要锤炼选择的能力与智慧，更需要迷茫时的定力、成功时的清醒、挫折时的坚持。

一个作家在给儿子的信中说：孩子，我要求你读书用功，不是因为我要你跟别人比成绩，而是因为，我希望你将来会拥有选择的权利。读书会使自己成长，能让自己拥有更多选择的机会，但有时候坚持何尝不是一把利刃，多一份坚持就会多一个选择。我的教育成长之路，就是一路坚持铺就的。

一、坚持是一种"我命由我不由天"的锐气

20世纪80年代，因为初中毕业考取中专就可以快速实现"跃农门"，所以当时初中专很热门。我身处这样的时代旋涡，必然不由自主成为其中奋斗的一员。爸爸

做木匠挣点微薄收入，妈妈在家务农照看兄妹及曾祖母，我们是传统农村家庭的一个缩影——包括"跃出农门"的朴素愿望。从小生长在农村，我深切感受到农村父母一辈人的不易。父亲日夜操劳却挣不了几个钱，而且木匠活还有受伤的风险，亲眼看见过几次父亲的手被锯子、刨子弄伤血流不止的情景，这样的情景深深地刺痛着我幼小的心灵。自己也随母亲面朝黄土背朝天地干过插秧、收稻等农活，腿上时常被蚂蟥叮咬，拔掉叮在腿上的蚂蟥时殷红的鲜血随之流出，至今想来还心有余悸。我想：一定要好好读书。于是从小学开始我的学习成绩一直名列前茅，家里也因此对我寄予厚望，希望由我实现村落的第一个"农村非"，而我也带着这样的期望一直努力着。但有时候只有努力是不够的，至今还记得1989年中考失利后的落泪痛哭。面对中专无门的现状，我面临着人生中的第一次重要选择：要么在家自学复读，明年再来；要么进入普高，有新的开始。考虑到家里的经济状况，父母想让我在家复习，第二年再考。我何尝不知道父母这样的决策是多么为难，但当时的我一个暑假都在思考自己未来的方向，我不断问自己想不想读大学，最终我坚定了自己的想法。父母向来是最开明的，即使儿子读高中会给他们带来更大的经济压力，但他们毫无怨言。还记得父母冒着狂风暴雨摇船4个多小时第一次把我送到黄姑中学的那个下午，也仍记得每个寒暑假时母亲和我轮流把被子挑回来的情形。一个个琐碎却充满温情的镜头，带给我的是无限力量。三年后，我凭着优秀的会考成绩敲开了师范院校的大门，成了一名人民教师。感谢父母的无私付出和老师的谆谆教诲！也感谢曾经奋斗的自己，让我第一次体会到坚持的力量。

二、坚持是"不放弃任何一个学生"而生发的豪气

1994年8月，我来到了初中母校——共建中学，开启了自己的教育生涯。那时的我年轻懵懂，想法很简单，就是想要做得好一点，希望自己的努力得到学生、家长、同事、领导的认可。当时学校条件非常艰苦，但农民的儿子最不怕的就是吃苦。印象很深的一件事是我在1998年担任班主任时，当时农村对教育普遍不太重视，流生现象非常严重，班内一位姓方的女生由于家庭贫困原因想辍学。我面临着两个选择。选择一是不理这件事，少一个学生照样教书；选择二是把学生动员回来，不能放弃任何一个学生。我知道第二条道路会异常艰辛，但我毫不犹豫地选择了第二条。虽然她家离学校非常远，而且基本上是石子路或土路，当时也没有摩托车，但我克服困难骑上自行车去家访，连续两周每天不间断地去家访。当时学校的政教主任是吴家其老师，他也多次陪我去家访，甚至还陪我到当地村委会，特意请

村干部去做学生家长的思想工作。15天的坚持不懈，动之以情晓之以理，我带头捐款助学并组织老师、学生捐助，解决了该生的学费问题，最后终于让她重新回到了校园，后来这位学生也得以顺利毕业并升学。

因为坚持，感受到了教育成人之美的喜悦。这些努力与付出也真的得到了家长、学生、同事的充分肯定与好评。在教学及其他工作方面，我同样在努力探索与追求。在母校工作的6年内留下了许多的第一次，第一次当班主任、校团委书记、教研组长、学校中层，第一次市级公开课、市级双高课奖、市级优秀班主任……这些岗位或荣誉推动着自己不断向前。

三、坚持是一份"不甘心只做一名教书匠"的志气

2000年8月，来到了当时的当湖初中，开展了八年的教学探索。母校六年的工作经历让我站稳了课堂，但面对新的挑战我却充满了迷茫。新单位、新同事，课堂教学骨干比比皆是，教学成绩出色者众多。面对挑战，我该怎么办？我有什么特色？我该何去何从？"不甘心只做一名重复昨天故事的教书匠"，我需要新的突破。于是，我迈上了教育科研之路。但这条路开始时并不好走，看别人有论文获平湖市一等奖，又有同龄教师的文章获嘉兴市二等奖，还有的教师课题立项了，而自己却颗粒无收，有时候真的很郁闷。这时候，坚持还是放弃，两种念头都有。放弃很轻松，以后就这样子了；坚持不容易，而且也许还是不能成功。我不甘心！这是一种力量，催人奋进。于是，我咬咬牙坚持下来了，调整策略与思路，选择"从模仿到理解、从理解到创生"，终于有了第一篇文章获奖——虽然只是嘉兴市三等奖，但无疑这是对坚持最好的激励与褒奖。至此，科研之路正式开启，教坛新秀、平湖市名师都是这段时期的收获，在此期间我也多了一个选择：竞岗校级领导。

四、坚持是一种耐受挫折的坚强意志与寻路勇气

2008年7月，我来到了广陈中学任副校长。前面5年以课题研究推动了学校改革的同时，也促进了自己的科研素养提升。我个人的第一个县级课题、市级课题都是在这个阶段完成的，因此我也在2014年8月被评为嘉兴市学科带头人。专业的成长得到了新的提升，自己也对未来的发展充满着期待。但人生路上总会有起伏，在接下来的三年，连续三件事情打击了自己的信心：竞岗正校级没有成功，申报嘉兴市名师没有成功，最后连嘉兴市学科带头人都没有评上。当时我的心情跌落到了谷底。我彷徨、无助、郁闷，一度想放弃自己的追求。然而，尽管那段时间心情不好，我依然尽心尽力地去做好每一件事情——这是我的性格，也是对自己发自内心

的要求。如果硬要挖掘背后的原因，那我把它归结为一是家风好，二是成长的道路上老师教育得好。过了一段时间，我的心情稍稍平稳，但还是迷茫，于是我扪心自问：你还需要成长吗？你最喜欢的事情是什么？在反思自我的过程中，我认为自己还是想做点喜欢的事，于是我转向了课题研究。当时负责教育科研的宋金华校长和李强老师给了我指点与帮助，也让我有了自己的第一个省级课题"三式走班：农村初中选课走班的多样式探索"。我潜心研究，不为别的，只为做自己喜欢的事。但事情总是在这样的坚持中峰回路转，课题成果获浙江省一等奖，我也在这个过程中重新找回了自信。之后的两年我也被评为浙江省科研先进个人、嘉兴市科研型校长。借着这股劲我有了第二个、第三个省级课题，个人的专业发展也有了新的平台，浙派名师培养对象、嘉兴市名师都是这个时期对我最好的肯定。因此，面对挫折我们需要修炼个人意志，在变通中寻求新的路径，再坚持一下，或许就会柳暗花明。

五、坚持是一份坚守教育初心的淡然与底气

经历过前面的各种风雨，现在的我更趋理性、成熟。有时候留给自己一点成长的空间未必不是一件好事，只要内心充盈、意志坚强，一点挫折算不了什么。做自己喜欢的教育，把更多的坚持留给未来，让自己的人生之路不留遗憾。

行而不辍，履践致远

——我的专业成长之路

张 丽

张 丽 1987年8月生。平湖市东湖中学课程处主任，社会法治学科一级教师，平湖市第15批名师。曾获平湖市教坛新秀、平湖市优秀班主任等荣誉。13篇论文分别在地市级以上报刊发表或在评比中获奖。

2010年8月，我正式成为东湖中学的一名社会法治老师，从那时起我的职业追求就是努力做一个自己欢喜、他人喜欢的专业教师。

那年盛夏，还记得暑期师德培训上按例进行新教师自我介绍，第一次站在那么多前辈面前亮相，我们都不敢掉以轻心。稿子其实早已写好，只是大家都紧张，约定拿着稿子上台去讲，我也如此。就在我走上讲台时，金书记突然拿起话筒说："下面，我们请小张老师脱稿。"我一惊，心里想："完了，脱稿咋弄啊？"尽管超级紧张，但是既然书记要求了，还是要做到，于是我脱稿完成了自我介绍（暗自庆幸还好自己准备得比较简单）。已经不记得当时讲了什么，但是我永远记得同事们给我的热烈掌声，让我一下子感受到了东中大家庭的温情，同时我也知道了，在东中，挑战无处不在，而且可能就在不经意间。

一、"1358"青年教师培养工程，为我的专业成长指引方向

"一年成型，三年成才，五年成器，八年成名"，东湖中学的"1358"青年教师培养工程让我这个初出茅庐的小姑娘慢慢成长成熟。师徒结对、青年教师比武、推

门听课、约课制度等督促着我不断努力进步。

犹记得每学期的组内公开课、青年教师教学比武课都像是一次大考，每一次我都超级紧张，因为组内评课十分严格，每一次的点评大家都会这样说："好的我就不说了，我就说说问题"，然后我就听到了1、2、3、4……记得有一年准备学校开放周的展示课，第一次试上之后，当时张校长严肃地说："你在上什么？重点在哪里？难点突破了吗？本节课的逻辑呢？你的激情在哪里？你看看别人进步多快……"一连串的问题让我无言以对，下意识地咬着嘴唇，认真又惶恐地听他的指导。回到办公室，师父和童组问我怎么样，我号啕大哭，眼泪完全止不住，那个时候突然觉得自己不会上课了，好像怎么上都不对，对自己也没有信心……现在想来，真的很感激那段时光，感谢所有非常坦诚地给我指出问题的同事们，正是他们严格的要求，"逼"着我每一次课都认真准备，从不敢懈怠。组内前辈虽然要求严格，却也对我爱护有加。每一次的展示课、比赛课，我的背后都有整个东中团队的支持。记不清多少次大家放弃休息时间陪我磨课，从选材、结构、设问到过渡语、结束语、板书设计甚至是我当天的服装，大家都会帮我把关，那个时候的我们不仅仅是同事，更像是战友。遇到几次修改都不满意，真的很崩溃的时候，是因为有大家的支持，我才可以坚持再坚持。就这样从平湖市优质课、优课到嘉兴市优质课、优课，我在2017年获评平湖市教坛新秀，2019年获评平湖市教学能手，2021年获评平湖市名师。

二、学习+实践+反思，让我在专业成长的道路上行稳致远

学校的"1358"青年教师培养工程为我的专业成长指引方向，而想要在专业成长的道路上行稳致远，需要构建一个"学习+实践+反思"的循环圈。

（一）阅读涵养底蕴

朱永新教授曾在给教师的一封信中写道："阅读，是教师专业化的根本路径。"所谓专业阅读，是指基于教师专业发展的阅读，是教师在教育教学过程中直接作用于专业实践的自觉的阅读。专业阅读是站在大师的肩膀上前行，是基础，是纲，纲举才能目张。

因此，我一直提醒自己要保持好的阅读习惯，每天会浏览相关公众号的文章：教学月刊、嘉兴教育发布、嘉兴教育学院、基础教育课程、全球教育展望、人民日报、人民教育、思想政治教学杂志、中学政治教学参考等，看到好的文章随手收藏。每个学期我也会进行专业书籍的阅读，这一年重点阅读了《学习共同体：走向

深度学习》《学习的本质》等，还有学校为我们订的专业杂志《中学历史教学参考》《中学政治教学参考》等，平时看到好的文章或者有自己的想法都随手记录。每一天的积累为自己的教学科研、专业成长做好了铺垫。

（二）培训促进成长

专业交往是站在团队的肩膀上飞翔。这几年我参加了嘉兴市社会法治学科骨干教师成长共同体、平湖市社会法治名师工作室、平湖市社会法治骨干教师高级研修班、平湖市管理干部培训班等各级各类培训，今年又加入了浙江省王卫华名师工作室，成为名师工作室的学科带头人。每一次的培训我都努力吸收新的教学理念和教学方式，提升自己的专业水平。

这些培训也会有相应的任务，我珍惜每一次锻炼和展示的机会，我在浙江省道德与法治关键问题解决专题研训活动中做了《基于减负提质的校本作业改革》的专题报告，在浙江省国家统编历史与社会课程新教材培训活动中进行了题为"总体国家安全观"的图说研究成果展示。此外我还参加了嘉兴市道德与法治统编教材教学设计比赛，荣获一等奖；在嘉兴市社会法治骨干教师成长共同体培训中进行"新课标视域下的初中地理图说学习新样态"的教学设计展示分享；我也积极承担了各级展示课、专题讲座的任务，每一次的历练都离不开团队的帮助，我一直站在团队的肩膀上展翅飞翔。

（三）科研提升素养

专业写作是站在实践的基础上不断攀登。我在学校领导的鼓励、帮助下开始尝试教科研，开展课题研究、论文撰写以及课程开发。从第一篇论文、第一个课题、第一个精品课程开始，每一步都走得很艰辛，但是开始了就不会停下前进的脚步。我的"育德沁行 研美家乡红色印记"被评为嘉兴市义务教育精品课程，有两个平湖市的课题顺利结题，还参与了浙江省教研员的两个课题、嘉兴市教研员的一个省"双减"专项课题的研究。犹记得加入省教研员牛老师的图说课题组时深感荣幸，但是压力也是巨大的，因为团队中的小伙伴都是大咖——浙江省特级教师、各级名师、学科带头人等。作为一个"小菜鸟"，我的研究之路就这样在忐忑不安中开始了，从课标条目的分解、图说目标的制定，图片资源的收集、整理、改编到图说本的设计，一次次现场研讨，一次次视频会议，一遍又一遍地研磨，两年多的时间，无数个奋斗的日夜，如今回首依然激动，其中的收获更是无以言表。嘉兴市和平湖市每年的论文评比我也都会参与，这两年基本上是每次评比社会和法治学科都各有一篇论文获奖。

专业写作让我学会在学习中实践，在实践中反思，在反思中再学习。正如苏霍姆林斯基在《给教师的建议》一书中写道："如果你想让教师的劳动能够给教师一些乐趣，使天天上课不致变成一种单调乏味的义务，那你就应当引导每一位教师走上从事一些研究的这条幸福的道路上来。"我在研究的道路上探索着，也幸福着。

三、岗位责任与担当，让我和同事们互助成长

现在自己作为课程处主任，分管教科研、青年教师培养和校本研修的工作，所以也会对自己严格要求，因为我明白要帮助老师们提升教科研能力，自己必须先不断地学习，要带头进行教学研究。基于科研兴校的理念和学校科研中科研意识不强与科研能力不足的现有问题以及科研社团的优势，基于科研需求、问题意识、项目驱动和科研载体这四大要素，我探索指向深度科研的高品质科研路径，如高品质的科研社团（研导团、研社团）的建立，导师、社员共创的科研循环路径的构建，多元化深度科研"脚手架"的搭建（建立科研社团工作制度，构建科研场域。定制"三餐制"社团活动，提高科研能力），逆向评价设计，全程评价的实施，让高品质科研真实发生。

此外，为了最大限度地发挥校本研修的成效，我努力探索"项目解读、理清思路、明确方向；学科推进、深化内容、提升品质；总结反思、调整提炼、促进教师成长"的校本研修路径，让每一位教师走向可持续发展。我还积极策划组织集团内的青年教师教育教学技能大赛，为青年教师的专业成长助力。

总而言之，一名教师的专业成长需要内驱和外推的共同作用，在外推的作用下，在任务的驱动下唤醒自我成长的内驱力。

"木铎之心，素履之往"，未来也许躬耕树蕙艰辛坎坷，也许前路经过曲折几何，仍愿携秋水揽星河，聆听菁菁校园的低吟浅歌，感受新时代中国的美好模样。

每一份选择的背后都是责任

——做一名有温度、有情怀的思政人

潘丹凤

潘丹凤 1981年6月生。上海世外教育附属平湖经开实验中学副校长，道德与法治学科高级教师，嘉兴市第6批名师。曾获嘉兴市教坛新秀、浙派名师培养对象等荣誉。33篇论文分别在地市级以上报刊发表或在评比中获奖。

2000年8月，我怀揣着梦想踏上了教育工作岗位，以美术教育专业毕业生的身份分配到了自己的母校——平湖市新庙中学。岁月如梭，从教23年来，我始终坚持在教育工作的第一线，扎根于农村教育的麦田中。

陶行知先生作为伟大的教育家，倡导并实践了爱的教育。他爱教育、爱学校、爱学生，他高尚的师德风范为我们这些身处一线的教育工作者树立了光辉的榜样。我选择做一名思政教师，也正是源于这份"爱"。回望23年的教育生涯，我想用六个字概括：因为爱，所以爱！

一、初上讲坛，因爱抉择

记得初上讲坛，作为一名新教师，心里无比忐忑。当时因为农村学校专业教师缺乏，所以我便以美术教育专业的对口老师被招进了学校。但也正是因为农村学校师资紧缺，学校便安排我在任教美术学科外还要兼任政治学科教学。这样的安排对于毕业于美术教育专业的师范生来说，真是晴天霹雳。我硬着头皮接下了学校的工作安排，积极拜师学艺，向学科师父学，向书本学，向同行学，每天埋头于备课中。

每天生活在忙忙碌碌之中，时间也因此过得很快。一晃三个月过去了，我的政治学科教学也渐入正轨。一天下午，突然接到教导处通知，第二天市里的政治教研员将下校对今年的新教师听课调研。我的脑袋顿时一片空白，对于政治学科门外汉的我来说，我的心里很没底气，平日里没有老师听课，没有专家听课，我可以根据自己的理解和研究展开教学。但如今，我对课程的解读、把握是否准确，是否合理，都打上了重重的问号。没法子，伸头是一刀，缩头也是一刀，尽自己最大的努力硬着头皮上吧，结果如何唯有听天由命了。于是，我拿起教材和教师参考用书，仔仔细细一字一句地看着，生怕漏掉一个细节。可是，钻研了很久，我仍毫无思路。此时，班上的课代表过来拿回家作业，她激动地跟我说："明天我们的课换到上午第二节了，真高兴！"我一脸茫然，问道："这有什么可高兴的呢？"她脱口而出："因为我们都喜欢上你的课啊！"孩子直接的"告白"让我的心里不禁荡起了涟漪。一句简简单单的话语，让我在感动之余明白了做一名让学生喜爱的老师是最重要的，一节学生喜爱的课那必定教学效果也是高效的，俗话说得好，兴趣是最好的老师。我恍然大悟，以"调动学生学习兴趣"为抓手来备整节课，在导入、新授、结尾等环节均设置了适合学情的情境，以激发学生兴趣、调动学生积极性。同时，又为了提升学生的参与度，在教学教具上下起了功夫。我利用自己的美术功底，将板书内容做成了五颜六色的艺术字体的卡片，全部纯手工书写、刻画和上色，同时还制作了活动时用的道具等。不知不觉中，我一直备课到了深夜。

第二天，我在紧张的氛围中，开启了人生的第一次公开课。我用饱满的激情、充分的准备、独特的教具、巧妙的创设，赢得了学生的喜爱与积极参与，也获得了听课老师的肯定。课后，教研员岳老师跟我交谈了许久，对我这节课表示充分肯定，至今我仍记得他说的一句话："作为新教师能上出这样具有热情和激情的政治课是难能可贵的。"正是这句话让我信心倍增，也让我爱上了政治教学。在之后的一段时间里，每次岳老师下校调研，我的课就成了必听节目。每次听后他都会为我分析课堂的优缺点，并提出改进建议，最后还向我抛出了橄榄枝，希望我能"转行"加入政治课教师的行列。这样的结果是出乎我意料的。我该"转行"吗？我该放弃学了6年多的美术专业吗？我没有直接接受岳老师的建议，但这个邀约却在我的心底慢慢生根发芽。日子一天天过去，很快便迎来了期末考试，我和孩子们一起挑灯夜战，备战期末考试。其实作为新教师，尤其作为出身美术教育专业的政治老师，我的内心是波澜起伏的，生怕自己带的班级成绩不理想。直到拿到分数的那一刻，我们收获了成功——学生的各项成绩指标均排全校前三。学生欢呼着，我也忍不住热泪盈眶，心底无比激动。这时，课代表跑过来跟我说："下学期我们还希望你上政治课。"一句话、一个眼神、一份信任，让我久久不能平静。我顿时做出了决定，我要"转行"加入政治教师的队伍，只因我喜欢学生渴望知识的眼神，喜欢那种被信任和被期待的感觉，喜欢那份为了某个观点各抒己见的精彩，更喜欢那份拼搏过后的惊喜。我爱上了"思政"，从这一刻起我选择成为一名"专业"思政教师。

二、抱团成长，因爱追求

以高尚的人格、渊博的知识和独特的教学方法上出"不一样"的思政课，是我一直以来的追求。在接下来的几年里，成为学者型教师便是我坚持追求的目标。为此我勤学好问，积极把握每一次学习提升的机会，多方学习，提升专业素养。为了适应我所选、所爱的思政教学，我自费进修了人文教育专业的本科学习，同时积极参加各类培训，先后参加了省级新课程培训、嘉兴市骨干思品教师培训、嘉兴市论文写作班、平湖市领雁培训、平湖市骨干教师培训、嘉兴市学科带头人培训、嘉兴市名师培训、浙派名师培训等，可谓是"逮着机会就学习"。通过各类培训、研讨、学习，我的教育教学能力、组织管理能力、学科知识素养、指导学生学习的能力等都有大幅度提高，已完全胜任初中各年段思政学科的教育教学，成了学校思政学科教学的领头羊。

这时，2004年思想品德学科拉开了新课程改革的帷幕。在教研员的带领下，全市各初中共选拔了8位学科骨干教师，组成了市学科中心组，我也有幸成为其中一员。在这个团队里，我们一起培训，共学课改前沿理念；一起钻研，共谋培训教师的重任；一起备课，共研课堂独特设计；一起奋斗，共寻课改创新之路。记得在新课改第一轮的三年里，我们几个中心组成员要为全市思品教师做学科培训。对于陌生的教材、陌生的内容、陌生的理念，我们几人也是刚接触不久，毫无把握。但为了给大家呈现创新、周到的备课指导，引领大家学习前沿课改理念，团队成员利用暑假休息时间，先各自分工承担备课任务，随后一起磨课、试讲、再修改、再试讲，多少个日日夜夜都这样度过。虽然我们失去了很多的休息时间，但是在团队互研过程中得到了成长、得到了磨炼，最后也得到了全市同行的认同，这是最让人欣慰的。同时，我也被评为平湖市课改先进个人。当然，与之相比我更为珍惜这个团队，更为喜爱这门学科，也更为自己能成为这个志同道合、有追求、有情怀的团队的一员而感到骄傲。至此，我更加明确了自己今后的思政之路：要做一名"有追求"的思政教师。

三、华丽蜕变，因爱绽放

投身教育天地宽，矢志教改谱新篇。课堂是教学研究的主阵地。此后的几年里，我认真研究每一节课，对自己的课堂教学进行深度反思，精心打造"321"核心课堂，将精选、精讲、精练落到实处，慢慢从备课组长成长为市级骨干，从县市级教坛新秀成长为县市级名师，又从县市级名师成长为地市级学科带头人、名师，也成了浙派名师培养对象。这一路走来，有太多的艰辛和汗水，正因为我是非科班出身，需要付出比别人多得多的努力和勤奋，支持我一路前行的，我想就是我对思品学科的喜爱吧！我深知在累累硕果的背后，凝聚着日积月累的奋斗及敢为人先的冲劲！

这份执着与追求，让我在思政路上收获了很多，也让我在团队群体中脱颖而出，现为嘉兴市名师、浙派名师培养对象、嘉兴市中小学思想政治课研究指导中心指导组成员、平湖市社会法治名师工作室领衔人、平湖市教师专业发展指导团队成员。科研方面，我倡导以教促研、以研促教，先后有20多篇论文发表或获省市级奖项，主持省市级课题10多个，开发市级精品课程2个，承担省市级公开课20多节，开展市级专题讲座与分享交流10多次。从教20多年来，我始终坚守着"一份初心，砥砺前行"的信念，作为一名思政人，希望能将自己的光与热辐射出去，为更多的年轻教师圆梦助力。我积极配合上级研训部门和教研员老师们，积极参加各级各类活动，主动承担示范课和讲座分享等任务，希望用自己的绵薄之力为同行们带去一点启发。每当身边的老师需要开课时，我便会和老师们一起磨课、分析、讨论，希望在团队的共同努力中碰撞出智慧的火花。目前，作为工作室领衔人，又带了多位徒弟，我希望尽己所能为老师们创造发展的平台，给年轻教师压担子、定目标，帮助他们在每一次案例分析、磨课研课、论文修改、课题研讨、课程开发中快速成长。我坚信，在全体思政人的齐心耕耘下，定能"硕果满园、香气四溢"。

心向阳光育桃李，静待花开自奋进。我在工作的第五年便开启了行政生涯，先后担任少先队总辅导员、团委书记、政教主任、校务办主任、工会副主席。得益于思政教师综合的思维和视角，我于2014年竞聘副校长成功，先后分管教学、德育、教科研和工会等工作。我在农村中学从事行政工作的17年来，让我感触最深的是将行政工作与思政教育有机结合起来，会起到意想不到的效果，辐射面可以从一个班的学生扩大到整个年级，甚至是全校。课堂的思维转化为课程的思维，可以让研究更透彻，前瞻性更强。在行政工作中渗透思政思想和理念引领，在思政教学中结合行政工作的内容，可以让两者有机统一、相互促进、互为补充。我相信在今后的教育教学过程中，并不会以此为终点，而是以此为新的起点，让"思政之花"凝汇醇香、绽放芬芳。

生如夏花之绚烂，每一份选择的背后都是责任。我就是这样为我的教育事业奉献着我的青春，把心中所有的温情化成无数份爱心奉献给我的学生，把全部的心血都浇灌在教育事业这片沃土上。

行走在语文教育的田野上

贾龙弟

贾龙弟　1974年6月生。平湖市独山港中学教导主任，语文学科正高级教师，浙江省第12批特级教师。曾获浙江省万人计划教学名师、2020年浙江十大年度教育新闻人物等荣誉。161篇论文分别在省级以上报刊发表或在评比中获奖，出版个人教育专著《语文教学本体论》（2016年9月，浙江大学出版社），合著（第一作者）出版上海市高中生课外阅读书《燕子来时》（2016年12月，东方出版中心），主编出版《名著深度阅读》（2022年6月，浙江大学出版社）。

内心世界纯净的人才会走得很远，他，朴实敦厚，刻苦勤奋，最重要的是他对语文的理解是那么纯正诚挚。这个世界太浮躁，我们很容易失去判断力和清醒的神智，一味地附庸在俗世潮流中唱着浅显的赞歌，迷失了自我，也忽悠了纯粹的语文世界。而他，行走在语文教育的田野上，姿态永远"语文"。请读读他的成长故事。

————全国著名语文特级教师肖培东

我从浙江省湖州师范专科学校毕业，被分配到一所沿海农村中学——平湖市黄姑中学。学校小，田野大，整个学校就像一个孩子，被广阔的田野紧紧地抱在怀里，安静温暖，不喧嚣不张扬。稻子抽穗、油菜花开、四季虫鸣，田野演绎着缤纷的风景。"稻花香里说丰年，听取蛙声一片"，辛弃疾的诗意在这群农家孩子的眼里、嘴里、心里、呼吸里。当我陶醉于农人们躬耕田间的姿态，我就在想，我要像一个农民那样行走耕作，把语文的种子播散在这片润泽希望的田野上。

一、反思中前行：路曼曼其修远兮，吾将上下而求索

"路曼曼其修远兮，吾将上下而求索"，屈原的诗句真切地表现了自己在迷茫中探寻语文真意的心路历程。

刚上讲台的我，意气风发，踌躇满志，决心要改一改语文教学旧面貌。自己学了这么多年的语文，听写词语，概括段落大意、中心思想，分析句子成分、修改病句，判断单句、复句，还要区分复句类型，等等，烦琐乏味得很，实在没什么好感。

仗着曾经爱好文学，做过诗社的社长，我大胆抛开教材，在课堂上酣畅淋漓地讲解我所理解的，自己沉醉其中，也不管学生能不能听懂，因为当时我觉得语文就应该像诗一样美。但沉醉之后，就是当头一棒，第一单元测试成绩远远低于其他平行班，我的情绪一落千丈。这时才发现这样的课堂就像一列无轨电车，美丽自由却永远到不了终点。"考什么就教什么，别去瞎折腾。"一位老教师悄悄告诉我出成绩的秘密。于是，我被逼着去研究考卷，发现题目基本上都是课内的，而且很多就是课后练习中的，只要对教材上的课文进行详细的分析讲解，对课后练习重点突破，那么，语文考试基本就没问题了。于是，我收起了我的诗歌，改变教学内容和方法，教学直指考试，凡考必教，而且要求人人背出，课文的段落层次、中心思想，课后练习的答案，无一例外。我还分设了几个语文组长，专门负责背诵默写工作，实行人盯人策略，务求人人过关达标，教学从无轨电车一下子变成了有轨电车，目标明确，内容简单，方法有效。功夫不负有心人，接下来的几次单元测试，成绩节节攀升，连平时一直考不及格的学生也能考个好分数，班级语文成绩一下子名列年级前茅。多年之后，有个当年的学生夸奖我："贾老师，您的教学方法真好！我们的语文成绩一直不错！"学生的话，让我得意了很长一段时间，语文原来可以如此的简单，简单到连自己都不敢相信。

直到有一天，我上鲁迅的《风筝》，读到"我"在库房里践踏"弟弟"风筝的一幕，心头猛地一颤，我所谓的语文教育又何尝不是一种"精神的虐杀"呢？何尝不是在戕害学生的语文天赋呢？我用简单粗暴的方式对待孩子们的语文学习，只是机械地把那些所谓的语文知识硬塞给他们，我不允许他们有自己的思考，不允许他们有考试之外的语文学习。我让语文只剩下"灰黑色的秃树枝丫"，没有了丰饶和美丽，孩子们也只是那只被我踩在脚下的风筝。农村孩子特有的淳朴让他们没有反抗，反而在安慰我甚至感激我。孩子的"全然忘却，毫无怨恨"，让我羞愧难当，

我知道了那样的语文教育不是简单，而是简陋，是我把语文教育变成了冰冷的、急功近利的、彻底的应试教育。

看来无轨电车开不得，这样的有轨电车也开不得，寂静的田野上没有了琅琅书声，有点可怕！

但风筝终是属于天空的，大地终是属于农民的，语文终是属于孩子的。2002年新课程改革的春风吹绿了田野，让我重新认识了语文学习的主体是学生，"自主、合作、探究"是语文学习的主要方式，把课堂还给学生成了当时最响亮的口号。课堂上学生开始合作、讨论、探究，我一下子被逼着站在讲台的边上，课堂上小组活动热闹异常，我被逼着向学生"妥协"，把以前的标准答案藏起来，只要学生发言，我都予以肯定。为了调动学生的兴趣，我还被逼着学做多媒体课件，声光电齐上，让学生享受视听盛宴。学生一下子当家做了主人，学习热情高涨。但好景不长，随着新课程改革的推进，在语文教学中出现了"泛人文化"的倾向，突出的表现是一味合作、探究、讨论剥夺了学生读文本的权利，田野上还是没有琅琅的书声飘荡，热闹过后寂静得更可怕。

看来光把语文交给学生还不行，于是我又被逼着研究语文教学。记得当时发了一本培训教材《新课程案例与设计·初中语文》。对于培训教材，我向来不大敏感，但因为培训后要考试，而且是闭卷考，所以也就硬着头皮看了几页，想不到这一看，还真让我脑洞大开，欲罢不能，几乎是一口气读完的。它让我对语文教学有了全新的认识。我印象最深的是书中王尚文先生的一句话："语文教学的内容是言语形式"，"一定的言语形式实现一定的教学内容"。我用这句话来反思以前的语文教学。我教的是课文的内容，而且是脱离了文本语言的内容，那些所谓的过关背诵，在现在看来真的是一种悲哀，是把语文课上成了思想政治课，甚至比思想政治课还不如，因为思想政治课还讲究学生自己的体验。后来又读到首都师范大学文学院刘占泉教授的话："语文课的第一要素是语言，语文教师的第一要务是带领学生学习和运用语言。……离开语言，语文课就不再是语文课了。"而我要做的就是要把语文课上成语文课。我知道，风筝总是属于田野高远的天空，孩子总是属于语文美丽的天空。要让学生飞得自由，飞得高远，必须给他们一片飞翔的天空，这片天空的名字就叫语文。

怎么才能把语文课上成语文课呢？我又向前辈请教。钱梦龙先生说："以各门学科普遍适用的'启发式、探究式、讨论式、参与式'等训练来取代独具语文学科个性的语言训练，无异于抽空语文教学的内容，势必使语文课程蜕变成一个空空洞洞、没有实际内容的'空壳'，跟其他人文学科没有了区别。"所以，我就想方设法紧扣文本的言语形式，采用能真正体现语文学科特质的教学方法，尤其是把"读"作为语文学习的基本方法。我用朗读、品味、揣摩、体验等这些与文本对话的方法，走进文本深处，扎扎实实地进行语言训练，避免课堂出现远离文本语言的虚假热闹的讨论、探究、对话，学生真正感受到了语文的丰饶和美丽。

高远的天空中终于有了飞翔的风筝，美丽的田野上终于有了琅琅的书声。"实迷途其未远，觉今是而昨非"，偶然的一次机会，又看到钱梦龙先生在多年的语文教学中，养成了一个"课前自问"的习惯，我如获至宝。他说："在进入教学过程之前，我一般总要问一问自己：我教的是一门什么课？为什么教这门课？怎样教这门课？这样教对促进学生的发展有什么意义？……这种课程意识，看似很'虚'，其实它关系整个教学活动的走向，决定着教学的成败。"我也把这种自问运用于自己的备课和上课，让它成为一种自觉的意识，努力让师生在语文的田野上空自由、美丽地飞翔。

二、阅读中前行：问渠那得清如许，为有源头活水来

记得自己曾经担任市里的一次优质课评委，学校推选了六位教师进行同课异构，课题是胡适的《我的母亲》，其中的五位老师都把课堂的主要精力花在分析母亲的形象上，而忽略了体察作者在字里行间所渗透的对母亲的情感，显然是把散文当作小说在教，是教错了内容。因为就散文来说，其情节比较简单，没有强烈的矛盾冲突来展现人物的个性特点，人物形象自然也就没有小说那么个性鲜明，所以非要分析出母亲鲜明的性格特点也实在勉为其难，方向错了，即使内容精彩也是枉然。最令人担心的是，课后一位老师还在问评委自己的课上得怎么样。显然，这位老师还没有认识到自己的方向性错误。这种大面积的教学行为偏差，显然是教学理念的问题。可以想见的是，他们在平时的听课中，也看不出别人这样上会有什么问题，我感受到了缺乏理论学习的可怕。

我怕这样的现象出现在自己身上却不自知。于是，在2010年，从来没有看过语文教学理论图书的我，逼着自己去啃理论这块硬骨头。

2010年，李海林老师的《语文教育科研十讲》，为我的语文教育科研打开了一片新的天空。其中的一句话让我印象颇深，他说：语文教师必须静下心来啃几本难读的书。于是，我购买并细读了王荣生教授的《语文科课程论基础》和《听王荣生教授评课》两本书，开始了我的理论学习。

　　这两本书让我对"教什么"有了更加深入的认识，也更加促发了我对于自己和他人课堂教学的思考，由此写下了一系列的反思文章，其中《只是看起来很美——以〈蒹葭〉为例》对语文教学只注重形式，不重视内容的华而不实现象进行了批判，《言文并行教文言——以〈孙权群学劝学〉为例》阐述了文言文教学内容的选择问题。

　　后来我又细读了蒋成瑀的《语文课读解学》、钱理群的《名作重读》、袁行霈的《中国诗歌艺术研究》、孙绍振的《文学性演讲录》《名作细读》《孙绍振如是解读作品》、曹文轩的《小说门》、陈日亮的《如是我读》以及后来王荣生教授主编的《散文教什么》《小说教什么》《实用文教什么》等书，对什么是文本解读，如何针对不同的文本进行"得体"的、"适度"的解读有了更多的了解。之后发表的论文《散文教学的"风雨"——关于两堂〈风雨〉课的思考》和《课程意识：钱梦龙〈愚公移山〉的经典性探求》都是在这些理论观照下对文本解读的反思。

　　在语用学方面，我通读了王建华的《语用学与语文教学》与刘凤玲、邱冬梅的《修辞学与语文教学》等书，对如何从语用的角度去解读文本的言语形式有了深度理解，后来，我以此为理论构建了实用文教学内容选择的框架，并申报了浙江省教研室重点课题。以此为理论基础的文章《细读对话，教好小说》《从语用学角度发掘文本语言形式的深意：以〈散步〉为例》成功发表，并分别被中国人民大学书报资料中心全文转载和目录索引。

　　在写作教学方面，我通读了叶黎明教授的《写作教学内容新论》、荣维东的《交际语境写作》等书，这些书为我重新梳理了新中国成立以来我国写作教学内容的发展变化，为我指明了写作教学的内容选择方向，奠定了我进行写作教学指导的理论基础。由此，我写出了《基于文体的中考作文命题建议——以2015年全国各地中考作文命题为例》《基于"意图本位"的初中记叙文写作教学内容的确定》，分别发表于《语文学习》和《中学语文教学参考》。

　　语文教育科研并不遥远，我们的日常教育教学生活就是我们教育科研的沃土，就像农民面对自己熟悉的土地，为了让庄稼长得好，获得丰产，他们需要思考，需要科学。我把日常备课、上课、作业、考试中的疑难困惑作为研究的对象，为了解决问题去阅读相关的书籍，分析问题产生的原因，寻求解决问题的途径，在教学中思考，在思考中读书，在读书中实践。读书和思考是教师专业成长的必走路径。

　　语文教学是一门艺术，更是一门科学。连科学都做不到的语文教学，就遑论艺术了。我从王荣生教授那里学到了两个字——理据，在日常的语文教学工作中多问自己为什么。在有些语文老师一味地埋怨"语文的阵地被其他学科抢占了"的时候，我尝试着用自己过硬的学科理论涵养占领属于自己的话语阵地，彰显一个语文教师的学科尊严。

"问渠那得清如许，为有源头活水来"，只有不断地进行理论学习，不断地更新自己的教学理念，有了源头的活水，实践的河渠中才能"清如许"，才能清醒地知道自己应该怎么行走，应该到哪里去。站在农村这块希望的田野上，我脚踏实地耕耘劳作；站在农村这块希望的田野上，我仰望理论的天空，寻找语文教育的方向和路径。

三、探索中前行：千淘万漉虽辛苦，吹尽狂沙始到金

"千淘万漉虽辛苦，吹尽狂沙始到金"，从2011年到现在，50多万字的读书笔记，100多篇的语文教学论文，10篇被中国人民大学书报资料中心全文转载的论文。其中的艰辛可想而知，但是，苦中也有乐。

自己撰写的论文连续三年获得"长三角语文教学论坛"征文一等奖，我自豪。王君老师在指导别人上《皇帝的新装》一课的时候，说："我没有时间帮上具体的忙，只推荐一篇文章，《语文教学通讯》2014年12期的《童话阅读要有童话感——从两个童话阅读题说开去》。这是贾龙弟老师的文章。很能帮助我们打开思路。真好！"自己的论文得到全国著名语文特级教师的肯定，我自豪。承蒙前辈厚爱，我还点评了王君老师、肖培东老师、丁卫军老师、王益民老师、潘庆玉教授等语文名师的课堂教学。

因为较为突出的语文科研能力，我2014年被评为中语会首届"学术先锋人物"。同年受邀参加在湖北襄阳举行的第二届"语参杯"全国百佳语文教师颁奖典礼暨全国语文同课（题）异构课堂展示研讨会，并作为唯一的一位中学高级教师做专题讲座。

我还碰到了让我终身受益的三个人，他们或让我在业务上快速提升，或让我在失落的时候重振前行的信心。

我要特别感谢市教育局的周建荣主任，是他推荐我参加了浙派名师和王曜君网络名师工作室，两个省级平台为我的成长插上了飞翔的翅膀，在更高远的天空中挑战自我。

我有幸拜王曜君老师为师，并得到了他的指点，让我的语文教学得到了更快的提升。

还有我的语文教学导师钱净老师，在她的鼓励下，我不断地挑战自我，磨炼自己的课堂教学能力，把自己的教学理论和实践融会贯通。2016年我参加了浙江省初中语文优质课比赛，与以往比赛最大的不同是，上课的文章均来自课外，选手抽签后，封闭独立备课24小时，其间没有谁能帮助你，也没有试上磨课的机会，这样的比赛是对参赛选手的全面考验，包括文本解读能力、教学设计能力、课堂组织教学能力等，因此也更能看出一位语文教师的专业素养。经过激烈的角逐，我不负众望，最终获得一等奖第一名的好成绩。

2017年我的语文教学专著《语文教学本体论》出版，这是对我这几年语文教学研究的一个梳理和总结，也是一个新的研究起点。上海师范大学中文系郑桂华教授这样评价此书："语文教学既要脚踏实地，认认真真教会学生读书，又要仰望星空，以深厚的教育教学理论打底子，在理论和实践相结合的道路上，龙弟老师走得很稳健，《语文教学本体论》一书的出版就是一个明证。作为一个已默默耕耘20多载的农村语文教师，他正行走在希望的田野上。"

四、扎根中前行：碧波深处探珍奇，师生相得更益彰

成长的快乐来自教师自身，更来自学生。学生的成长是我最大的幸福。作为一所经济发达地区的沿海农村中学，生源除了当地的农村孩子，一半以上都是外来务工人员子女。面对孩子语文基础薄弱、语文程度参差不齐、语文学习习惯较差的实际情况，"寻找适合孩子的语文教育"，自然成了我不懈追求的语文教育理想。

在多年的教学摸索中，我始终坚持"低起点，小步走，分层走，互助走"的教学原则，探索出一条适合农村学校的语文教学之路。从一个字词、一句话，甚至一个标点开始，让"每名孩子成为学习的'发光体'"（于漪语），孩子喜欢上了阅读，喜欢上了写作，喜欢上了语文，孩子在语文学习的路途上，享受着语文学习的无限风光。

每年的期末统考，我班的成绩总是名列前茅；每年的作文和阅读竞赛，孩子们总会脱颖而出。出去讲座或上课，回来后孩子们总会说："贾老师，几天不见，我们真想你！"

当时就读于初二（7）班的学生李雅是这么描述的："贾老师说，一个不喜欢阅读的孩子是学不好语文的。贾老师喜欢读书，也鼓励我们尽可能地广泛涉猎，每周都会抽时间和我们交流阅读体会。在他的影响下，我们爱上了阅读。贾老师还说，一个不喜欢写作的孩子是学不好语文的。他喜欢写作，每次作文他都会和我们一起

'下水'，还会和我们一起切磋写作心得。对于语文老师，贾老师说得更简单：我是把我学习语文的经验教给你们，一个会阅读、爱写作的孩子，语文成绩会不好吗？因为遇到了贾老师，我们才喜欢上了语文，贾老师就是在不知不觉中引领我们走进语文之门的那个人。"

1994年8月，我来到了黄姑这个沿海小镇，来了，就未离开：一所学校，一个岗位，29载，在贫瘠中默默耕耘出沃土，无怨无悔。29年是一个承诺，更是一种教育的情怀。"碧波深处有珍奇"，这是语文教育家钱梦龙老师的寄语。碧波深处探珍奇，师生相得更益彰，钱老的话激励着我扎根农村教育事业，探求语文教育的真谛。

教育是需要理想的，扎根农村教育，也是一种理想，是值得为之奋斗一生的理想。行走在语文教育的田野上，做一个引领学生走进语文之门的语文人，让语文的种子破土，抽芽，开花，孕育出属于这片土地的语文教育珍奇之果。

遇到一场属于自己的庆典

——我的成长之路

姜亚杰

姜亚杰 1977年7月生。平湖市毓秀小学校长，语文学科高级教师，嘉兴市第6批名师。曾获平湖市最美教师、平湖市优秀班主任等荣誉。55篇论文分别在地市级以上报刊发表或在评比中获奖。

　　每位教师在初踏上工作岗位的几年，必然有个适应与成长的过程，都必须找到自己行走的方式，但若想成长之路越走越开阔，无非就是——怀揣梦想，不忘初心；勇敢挑战，不断前行；滴水穿石，不懈努力；持之以恒，不言放弃。说起我的成长之路，我想起了最喜欢的绘本——《犟龟》，我想用这个故事和大家分享我的成长心得。

一、参加一场隆重的庆典——成长觉醒

　　《犟龟》是作家米切尔的经典作品，文中的主人公陶陶，在一个阳光明媚的早晨听到了一个好消息：狮王二十八世邀请所有的动物前往狮子洞参加他隆重的婚礼。陶陶听到这个消息后，想了一天一夜，最后做出决定，纵使山高路远，也要去参加这场大庆典。

　　说起成长，真正让我开始觉醒的是一场极其隆重的庆典——2009年的7月，我参加了全国新教育实验在江苏海门的年会，那时我见到一大群对教育充满激情、充满敬畏的老师，在一个几千人的礼堂里，几乎人手一台电脑，都在记，都在反思，

他们在讨论《什么是教育》《美的历程》《课程的逻辑》等著作中的深度话题。这场景一下子就打开了我这个教育教学菜鸟的视野，让我明白了深度阅读对于教育教学的意义和价值，领悟了新教育人应追求一种自我觉醒、自我超越、自我提升的幸福完整的教育人生。

那次活动，给我印象最深的理念是：教育者只有通过写，才能成长。深受感染的我，回来以后，就做了这样一个决定：让写成为我教育生命的一部分。之后我就开始记教育日记：有故事的记故事，没故事的记片段；有时就记流水账，自己跟学生说了哪些话，处理了哪件事情，又想到了一个怎样的阅读方法，等等，每天雷打不动。就这样日积月累，然后又把部分心得向嘉兴日报平湖版的《园丁博客》投稿，没想到还真的溅起了水花，一篇一篇地刊出来了：《让赞美淌进每个孩子的心田》《用发展的眼光看孩子》《过一种完整幸福的教育生活》《分享是快乐的，快乐是传递的》《言传与身教》《得失之间》《为学生常开一扇窗》《班里来了新同学》《让小虫王在集体中找到自己的位置》《走在诱惑岔路口》……当文字变成铅字的时候，我突然明白，练笔就好比开花，没有默默汲取养分的时间，花是无法展开最美的笑脸的。

感谢那一场隆重盛典，是它点亮了我教育教学思考的成长之灯。

二、前行的路上困难重重——成长瓶颈

陶陶的旅程，并不像我们想象的那样简单和容易。先是蜘蛛发发觉得她的腿太短，无论如何也不能准时到达，劝她放弃；后来蜗牛师师告诉陶陶走错了方向；接着是壁虎茨茨和乌鸦阿嚏告诉她，狮王二十八世与其他狮子在交战中战死，婚礼已取消，他们劝她要么留下，要么回家。

我想每一个行走在教育教学之路上的赶路人，也会和陶陶一样，不可能一帆风顺。平凡如我，那更是山水阻隔，风雨兼程，一路走来，一路辛酸。

写作，遇到瓶颈。尽管一开始我将工作中发生的事，用心地写成稿子，并陆续发表了，但当我满心欢喜地将类似这样的"豆腐干"投到省一级刊物时，却石沉大海，毫无音讯，反复多次之后，我就开始怀疑自己的表达水平，意志力在不知不觉中受挫，前行的路，不知何去何从。

研究，遭遇坎坷。看到学校的老师都在搞科研，我开始写论文、写课题，但由于没有经过学院派的写作训练，所写的论文或课题不是东拼西凑，就是经验总结，交上去给专家审核，不是因为缺乏研究理论，就是框架结构层次不清，或是实用价

值不大，常常被退回来"再研究"。

教研，产生脱钩。当我把大量时间给了科研——学习理论知识、构建框架、寻找素材等，钻研教学的时间就少得可怜，教学质量便可想而知。当我把大把时间放在教学上，课余又没那么多时间来搞教学研究……"教研相长"在我这个新手这里，是这样难以平衡与融合，似乎它们之间倒在相互争夺时间和精力，甚至有点"教研相斥"。

一个又一个的困难，影响着我努力前进的步伐。

三、坚持走，越过重重障碍——成长爬坡

> 每次当别人劝陶陶不要再往前走的时候，陶陶总是坚定地告诉他们："我的决定是不会变的。我一步一步地走，总有一天能到达目的地。"说完，她又一步一步，坚定地向前走。

对于一个有些梦想的老师来说，对内心成长的渴望，远远超过安逸的享乐和小小成绩背后的沾沾自喜。因此，课后闲余，我把自己安排得满满当当。一路走来，有三点做法，一直坚持至今。

其一，读书，要读整本的书。一开始我读书比较功利，要写论文了，就到图书室借好几本教学杂志，反复翻阅，寻求灵感。后来我知道，仅凭阅读杂志太浮于表面，更要读教育专著和文学作品，《人脑的结构》《课程的改革》《教学的变革》等一本本书会像一个庞大的体系存储于我们的大脑中，让我们变得强大而又厚实。我最喜欢的一位语文特级教师窦桂梅老师说过，立足当下，着眼一生，无论如何都要挤出时间来阅读，这是促使自己成长的科学途径。我也终于明白了所谓的"文章本天成，妙手偶得之"的妙手从哪里来，原来是从读书中来。

其二，实践，践行贴近学生需求的教学。记得有一次窦桂梅老师来我们学校上《清平乐·村居》一课。她巧妙生动的教学设计和自然灵动的教态，学生们喜欢极了，也深深地吸引了我。我找来窦老师的教学课例一个个进行观摩，发现她每一堂课的背后都做足了功课：她的每一堂课都能从学生的实际需要出发，引导他们在课堂上进行学习探索。于是，在自己的教学过程中，我也努力将学生、教材、编者及语文味四者融合在一起，尽量从学生的视角设计教学，展开交流。果然我的课堂更受学生的欢迎了，教学质量和教学效果也明显提升。经过一次次的锤炼和调整，我逐渐懂得，一名成熟的教师应更懂得贴近学生、读懂学生……

其三，写文，写立足于实践的文字。之前我写论文和课题，经常是用上专家的

理论，然后按自己的理解添加个例子，或把别人的想法当作自己的想法。一次偶然的机会，我将自己口语交际课中的一些教学方法写成了论文，在反复的修改中，我发现有些操作适当修改之后，能让课堂教学更有效，因此写好论文之后，我结合实际问题，又设计了一些新的方案，写了一个课题"提高小学高段口语交际有效性的策略"。因为用心实践、认真撰写，我的课题成果获得了平湖市一等奖，论文也获得了嘉兴市的一等奖，最让我欣喜的是我的学生在口语表达上有了突飞猛进的成长。于是，我明白了教和研是相互帮衬、相互提高的。研因为有了教而扎根了土壤，教因为有了研而散发灵气。在自己的不断坚持下，课题成果获得了嘉兴市一等奖，经验论文获得浙江省一等奖，案例在省级刊物发表，以及省级公开课成功亮相，收获学生的喜爱、家长的信任与肯定……我从一个个成功的过程中体验到了进取的美妙和成长的乐趣。

这让我又一次明白，有生命力的论文、课题必须立足于课堂，付诸实践。于是8小时之外的空余时间，便是我摆弄文字的最好练兵场，比如"聊天式激活小学高段学生日记素材的研究"这个课题，实践期间，我每周每月都会做积累、整理与总结，把平时做的一点一滴梳理出来，总结成篇，一遍又一遍地写；暑假时我又把成稿拿出来，一遍又一遍地改，努力让文字做到：有话必说，无话不说，心口如一。后来，这篇论文获得了省级一等奖，课题成果获得嘉兴市二等奖。实践再次证明，坚持不懈地付出，会让我们的教育教学行为变得更有价值，更为神奇。

四、遇到一场属于自己的盛典——成长庆典

陶陶谢绝了他人的劝留，又走了很久很久，穿过重重障碍，最终来到了一片大森林，这里欢快而热闹，原来即将举行狮王二十九世的婚礼，这是陶陶从没见过的、最为隆重的一场盛典。读到这里，我终于明白了为什么这本书要取名为《犟龟》，我也终于明白了为什么这只乌龟遇到了最美的盛典。

教师成长又何尝不是如此，只要我们有一颗坚定执着的心，那么我们终将会迎来属于自己的隆重而又美好的庆典。

工作20年来，多少个夜晚，我不是在备课，就是在敲键盘，没有因各种原因停止过思考。后来评上了高级教师和嘉兴市名师，好朋友看到我每天忙碌而辛苦，便劝我可以把重心移到家庭，把孩子培养好。但我始终认为一位教师是没有休息、停滞、等待之说的，只有热爱和坚持不懈，才对得起我们的三尺讲台，对得起一双双渴望成长与进步的小眼睛，才对得起内心对工作的执着与热爱。

　　工作以来，我执教过省市级公开课，执笔过学校的主导性课题报告，得到了学生的青睐，荣获过平湖市"最美教师"称号……是的，行走在教育教学的路上，我遇到了最美的风景，最好的生活。我始终坚信，只要心中有信念，我们每个人都会遇到属于自己的最隆重的庆典！

他山之石，可以攻玉

毛海燕

毛海燕 1983年10月生。平湖市平师附小教师发展指导中心主任，语文学科高级教师，平湖市第15批名师。曾获平湖市双向交流先进个人、平湖市十佳师德标兵等荣誉。25篇论文分别在地市级以上报刊发表或在评比中获奖。

《诗经·小雅·鹤鸣》有云："他山之石，可以攻玉。"意思是别的山上面的石头坚硬，可以琢磨玉器。它既比喻别国的贤才可为本国效力，也比喻能帮助自己改正缺点的人或意见。我们当老师的，不是玉匠，自然不需要琢磨玉器，然而在专业成长之路上，我们的每一小步又何尝不像琢玉一样需要付出耐心与真诚，热情与坚持？可是，专业成长在很多时候又不是仅凭此就可以实现的。

一、缘起：我本将心向明月，奈何明月照沟渠

有一种感觉也许你也熟悉——每年的8月，眼见着暑假进入倒计时，上交课题或论文的期限迫近，而你依然没有头绪下笔，焦虑和不安会悄然进入你的梦里。更让你焦急的是，你连下笔的方向都没有，灵感无影无踪，在电脑前枯坐一天两天而毫无所得时，心底便会泛起一种深深的无力感。

还记得2006年暑假，刚入职一年的我，为了完成学校布置的课题任务，东拼西凑写了一个关于在小学里开设演讲课的课题方案，没想到连骨头带肉，一起被学校领导否定了。我有些想不通，在小学里开设演讲课，或者利用课前的五分钟搞搞演讲不是很好吗？直到今天，我才意识到课题研究应该来源于真实的问题，而非一拍

脑袋的兴趣所至。课题不但要有较真实的研究价值，还要有相对可行的操作。学校领导建议我开展"童心作文"的研究，给我讲解了作文研究的必要性和可行性。我听得云里雾里，一知半解。回顾自己的作文教学，由于是新教师，有种胡乱打一枪抢一棒的感觉，根本不成系统，更别说拥有自己的风格了。那时候，可以参考的教学书刊也尚不多，网络也还没有今天这样发达。一时间我不但对"童心"二字的内涵无法真正理解，连如何开展作文教学也不会了。眼看着上交方案的时间越来越近，我找不到突破的方向，焦虑得难以入睡。

二、偶遇：山重水复疑无路，柳暗花明又一村

正在这时，我的师父发给了我一个文件包，打开一看，里面都是关于作文教学的PDF资料，有硕士论文，有各种杂志上发表的文章，共计30余篇。这些资料，像是为我打开了一扇大门，也像是一个指南针，让我瞬间鼓起了勇气，看清了方向。当我耐心地用15个夜晚把这些文章通读一遍并做了笔记之后，小学高段作文教学的轮廓在我的脑海中浮现了出来，这比我闷头闷脑地上几节作文课清晰得多，理智得多。我第一次感受到了"他山之石"的巨大力量，品尝到了方向正确的甜美味道。撰写的课题方案在嘉兴市立项，这极大地鼓励了我这个初出茅庐的新手，也让我找到了未来几年教学方面需要集中火力突破的重难点。

三、践行：向来枉费推移力，此日中流自在行

课题立项后，我紧紧围绕"童心"二字，在学校领导的指导帮助下，着力开展作文教学研究。实验作文、活动作文、想象作文、阅读作文……依托不同的作文主题和内容，我在学校青溪文学社和周一的拓展课程活动中尝试实践，并有幸进入顾校长领衔的"儿童新体验作文"团队，进行了长达4年的作文教学研究，先后开设多节嘉兴市级、平湖市级作文公开课，参与"儿童新体验作文"校本拓展课程教材编撰，10余篇习作教学的论文获奖，10余篇论文得以发表。"童心作文"课题成果获嘉兴市三等奖，衍生的两个子课题成果分别获平湖市一等奖和二等奖。

科研像一股有力的风，推动着我在专业成长的路上行走。我边写边做，边做边思考，边思考边下笔成文，就这样在思辨的裹挟中奔跑。奥立弗·温德尔·霍姆斯曾说过：世界上最重要的事，不在于我们在何处，而在于我们朝着什么方向走。做科研的方向真的极为重要，而明确研究方向的法宝，就是去采他山之石，看看别人的研究，听听热门的话题。迷茫时，困惑时，艰难时，请记得，专业图书是最好的免费的老师。

2014年，我成了学校的科研助理，协助分管校长做科研工作。竞岗时初生牛犊不怕虎的我，在接手后才知道有心无力是什么滋味。陆游有诗句"文章在眼每森然，力弱才疏挽不前"，说的恐怕就是我。我是一名语文老师，过去只在语文教学这个天地里扑腾，现在手拿数学、英语、音乐等课题和论文，我怎么看得懂？我怎么修改得了呢？为了锻炼我的科研辅导能力，领导每次安排课题方案或论文的面对面修改，都会让我先发表意见，这不禁让我汗涔涔晕晕然。无奈，我只好逼着自己利用网络与学科杂志进行跨学科学习。我清楚地记得那是一个周末的下午，我拿着一个数学课题方案，把框架一一摘抄下来，一遍一遍地看，又一个一个地搜索关键词，才勉强看懂。整整一个下午，我只看懂了这一个课题方案。也正是借助着网络与学科杂志，我看出了课题方案中的不足之处，给出了一点小小的建议，开启了科研辅导的工作。

他山之石，可以攻玉；他山之石，可以为错。后来，在辅导课题与论文的过程中，除了面对面给出我的建议，我也会利用知网、浙江省网络图书馆等平台，帮助老师搜索一些相关的资料，像当年师父帮助我一样，将他山之石递给别人。

如今，我已经娴熟地掌握了搜集资料并加以学习的方法。我所需要的东西，只要利用知网等平台，就能轻松下载，用废纸打印下来，装订成册，细细阅读圈画。几年下来，我搜集并装订下来的资料已有厚厚的一摞。我受益于这样的方法，并将继续沿用下去。

2021年5月，我在钟埭中心小学交流期间，翻阅《钟埭镇志》时，发现钟埭自秦汉以来就是蚕桑基地，已有四五千年的蚕桑史，孕育了悠久浓厚的蚕桑文化。正好应学校课程发展所需，我携两位青年教师在一起合作开发"蚕桑·丝韵"课程。我的两位徒弟都是90后，种桑养蚕早就淡出了她们的视线，做柴垄、缫丝等劳作甚至都没听说过，连用稻草搓草绳都不会。作为课程老师，身有清源，才能给予学生一杯水。于是我们又打起了"他山之石"的主意：网购了一些蚕桑书，下载了很多与蚕桑有关的资料，走访当地蚕农和乡贤，利用网络学习农业大学的蚕桑课程，参观网上丝绸博物馆，向项目化学习做得非常好的嘉兴余新镇中心小学请教……他山之石多又多，可以为玉顺琢磨，课程活动最终顺利进行。该课程成果不但获评"平湖市第6批精品课程"，平湖电视台"民生直通车"栏目还专门报道了课程成果展示活动。

其实不仅是在科研和课程开发上，当我接到公开课任务、说课比赛任务、征文案例征集任务时，我都会在自己先行思考的基础上，看看别人的成果，听听他人的意见，在资料的阅读和学习中突破原有思维，获得新的启示和创新的动力。

有个成语叫闭门造车，还有个成语叫向壁虚构。在这个信息大爆炸的时代，各种资源信息铺天盖地地向我们涌来，只要我们能静下心来，选择适合自己专业成长的信息与资料，潜心学习，定能豁然开朗、茅塞顿开。登山尚且需要登山杖，潜泳尚且需要氧气包，我们在成长的路上，何不做个有心人？利用他山之石，助力自己的成长，让我们遇到更好的自己。

生命里的每一站精彩

曹莉莉

曹莉莉 1977年8月生。平湖市百花小学德育主任，语文学科高级教师，平湖市第15批名师。曾获平湖市教坛新秀、平湖市优秀教师等荣誉。23篇论文分别在地市级以上报刊发表或在评比中获奖。

人到中年，回看自己走过的一路，都是顺顺当当。我出生于独生子女政策落地之时，因此独占了父母所有的爱。在小时候，我不能理解邻居家两个孩子因为一个番薯闹得鸡飞狗跳。父亲是高中学历，曾是我们镇中心小学的代课教师，巴掌大的地儿，走到哪儿都是熟人，一声"曹老师好"，让跟在屁股后头的我颇感自豪。

"一个女孩子，做个老师蛮好，既跳出了农门，又是妥妥的国家干部。"父亲的想法，我是在初三时才知道的。当然，我也并不是因为这些而当了老师。让我有好好读书的念头的，是镇上星星点点的灯火。我家虽离小镇不到500米，但那时候断电是常有的事儿，"这边一片漆黑，那边灯火通明"的场景令我印象深刻。年龄小，搞不懂为什么会有不一样的待遇。我只是内心装满了羡慕，暗下决心"要住到镇上去"。

后来的后来，我成了平湖师范的一名学生，毕业后我走进了自己的母校，开启了我的教学生涯。

一、遇见她，找回了丢失的谦虚

"初生牛犊不怕虎。"我并没有因为这里都是曾经教过我的老师而显得有所顾虑，而是将我从学校习得的方法一股脑儿使出来。"两耳不闻窗外事，一门心思做自己。"没过多久，良好的班级风貌让平行班的老师着实惊讶了一把。将这些看在眼中的我，得意扬扬。但随后的那次合唱比赛，将我的自信"唱"得粉碎。我选择《同一片蓝天下》作为比赛曲目，又花了不少心思去排练，让学生唱出了二声部。据我所知，其他班没有这样高难度的演唱技巧。当时，我师父听说我选了这首歌，听了我的描述后，只说："嗯，蛮好，但可能不好唱。"以我的水平，怎么可能排不好一个节目呢？但当学生在台上比赛时，我就彻底失落了——偌大的操场，柔美的旋律全被风儿吹散了，远没有《红星歌》《学习雷锋好榜样》等节奏明朗、旋律欢快的歌曲令人热血沸腾。

　　师父看到了我的失落，安慰我："平时要多看，多学，多问，教龄摆在那儿，经验不是白积累的啊。"朴实的话语点醒了我：是啊，一个人可以走得很快，但是一群人可以走得更远。从那天开始，我有不懂的就问，即使有些老师会留一手，我也不在意，乐呵呵地表示感谢，带着收获回去整理。慢慢地，我有了一些自己的想法，写成了第一篇论文，且在嘉兴市获了奖。

　　我感谢她，让我知道——真正水平高的人，在日常生活中会表现得格外低调与谦虚。他们的认知世界中，觉得自己会的东西别人也会，因此越厉害的人越谦虚，越谦虚的人也就越厉害。也正是在这样一种环境下，我紧紧跟着他们的步伐，很快拿下了大专的自学文凭。

二、遇到她，温暖了我的格局

　　转眼六年过去了，为了心中更高的追求，我来到城里的学校。处在陌生的环境里，我忐忑地等在五年级办公室门口，看着她和同事们热情地打招呼，爽朗的笑声给了我几丝亲切，一扫来到新环境的拘束。

　　"小曹，是吗？来，你的办公桌在这儿。"她当时是办公室主任，担任教研组长。和她共事的那几年，看到她用实际行动诠释了这句话："不是所有的付出都有回报，不是所有彼岸终能到达，为了热爱默默坚持。"她收集了一堆帮助学生投稿的邮箱，无私分享给同事们，当然，我也有份。看到她拿到编辑部给孩子寄来的稿费时开心得像个孩子，我也被温暖到了。看到孩子们围着她说这说那，一个个温馨的镜头颠覆了我对师生关系的认知。我只知道严师出高徒，却不知何为"严"？

　　格局是一个人的眼界，也是一个人看事物的认知范围。一个人的格局越大，看到的世界也就越大。于是，我开始跟着她阅读教育学的文章、书籍；也开始跟着投稿，把稿费的单子递到学生手中，我被发自内心的"谢谢"感动。再后来，跟着她认识了《新作文》杂志编辑部的聂风老师，跟着她编写了《绿太阳》《红太阳》《小学生作文起步》等书，也是在她的推荐下，我为《学习报》编写单元习作设计。几年过去，从人教版到部编本教材，六年级的版面依旧沿用着我设计的"六六老师、年年、吉吉"这三个学习伙伴。

三、遇见它，刷新我的育人理念

高度决定视野，角度改变观念。我突然明白了，厉害的人时刻能保持谦虚是因为持续学习，我就问自己：为什么不能和她们一样呢？因此，我没有停下学习的步伐，我穿梭于各类培训班中学习着。

小学心理健康C证的培训学习，直接刷新了我的育人理念。在课堂上，我知道了从心理学角度看待人的愤怒，那是一种无能的表现。反观我的过去，每一次个别教育时，都不能很好地管理好情绪，有时站在大人的角度去评价，给学生做判断、下定义。现在细想起来，很多事情其实是靠着教师的威严暂时压制了，学生是否信服，事情是否解决，都是未知。

小学心理健康B证的培训学习，更是教会了我有效的育人技巧。

校区中有一个孩子，我称他为小C吧，让老师们记忆最深的是，他能在一棵树下坐一个下午（家长一起陪坐着），原因是他不为自己的不当行为道歉——诸如此类的事儿还不少。"最好不要接下这个烫手山芋"是大家都有的小心思，但碰巧我接下了。这个孩子的问题在哪儿？从根基上找才能解决。我运用绘画治疗中的画一张房树人的方法，找到了答案。这个孩子的压力更多来自父母，尤其是妈妈那方。我找了一个时间和孩子妈妈进行了沟通。在交谈中，这位妈妈一直在否认自己的焦虑，竭力寻找孩子爸爸的原因。我耐心听着她的絮絮叨叨，等到她不想再重复刚才反复表达的意思后，我表示了对她的理解："现在竞争真的很激烈，其实你也不想给孩子布置很多课外作业，但为了让孩子以后有好的前程，就在不知不觉中报了那么多，你自己可能没有觉察到。你认为的这种爱，对这个年纪的孩子来说是很难体会的，他只会把这些当作压力。"

我也向她转述了孩子的一些想法，他在学校的一些不好的行为其实来自家庭，他是把家中的不满发泄在了课堂中。知道了问题，开出了处方，小C妈妈说话算数，真的减少了小C的课外作业量，让他有心思做好在校作业了，小C家的家庭关系也渐渐融洽起来。虽然有时小C还是让一些老师动怒，但和我一直相处融洽，这一切得益于我运用心理学技巧与其沟通。

现在，在接触了"钝感力"这个名词后，我又积极尝试做一个会做减法的老师，让自己保持积极乐观的心态。如今遇到各种状况的发生，我不着急判断，表现出来的是钝一些、慢一些。其实用成长型思维看待事情，安心教书，用心带班，成长路上的"ta"，还有很多很多。

我庆幸在从教生涯中，每一站都遇到精彩。我相信，在接下来的教育岁月里，依然会遇见"下一站精彩"。

向阳而生，逐光而行

祝海燕

祝海燕 1987年5月生。平湖市崇文小学教导处副主任，道德与法治学科一级教师，嘉兴市第14批学科带头人。曾获嘉兴市优秀教师、嘉兴市教坛新秀等荣誉，6篇论文分别在地市级以上报刊发表或在评比中获奖。

我成为教师已15载，对于整个教学生涯来说，这个年纪刚刚好，适合停下来，回望一下来时的路，那些遇到的人，做过的事，说过的话，细数下那些所得与所失，然后，整理好行装，朝着有光的地方继续前行！

一、寻：理想之源

我出生于平湖新仓一个农村家庭，小时候家里条件比较艰苦，父母整日为生活奔波着。我的父亲是个水泥工，在烈日下搬砖，汗水湿透衣背的场景我时常看到。那时候，我爸常会说："读书看你自己啊，实在读不出，初中毕业就进厂吧！"我们镇上的服装业很发达，在我爸心里，进厂上班不失为一条路，但那时的我懵懵懂懂。从小到大父母对我没有太多学习上的要求，在田地间奔跑、在池塘里钓龙虾是我的童年，生活拮据但轻松自由的成长环境养成了我独立、脚踏实地的性格。

8岁时，从没有上过一天幼儿园的我入学了，坐在课堂里稍显稚嫩，学习上算是跟上了大部队。前三年，我在班级里默默无闻，四年级时，我碰到了班主任张老师，在我的成长生涯中，她真是一束灿烂的光！她是一位和蔼可亲、教学经验丰富的女教师，她发现了坐在墙角那个话不多的我，让我做她的课代表。我的性格不张扬，但是做事特别负责，虽只是一个小小的课代表，我却完成得相当出色，张老师常常夸我。这一年，我从课代表到学习委员再到副班长，管理能力有了大大的提升。

四年级时，我还有了第一次登台表演的机会。张老师说我音色甜美，辅导我参加了学校的读课文比赛，没想到获得了第一名。至今还记得校长对我的夸赞：听你的朗读真是一种享受。从那以后，我打开了另一条路，成了班级中的语言担当。录音机不好用时，我负责读课文；班会活动我常主持；有语言类比赛时，同学们也都第一个想到推荐我。班干部经历、舞台表演经历让我信心倍增，各方面突飞猛进，成绩从原来的中等水平跃入前列，语文成绩更是遥遥领先。

四年级，是我成长路上的重要转折点，张老师如一束光照亮了我的生活。那会儿我萌发了新的想法：我不要进厂上班，如果我也能成为一名老师该多好！这理想如一粒种子落进泥土，只等阳光与雨露便可生根发芽。初三毕业时，我的中考成绩不错，在填志愿书时我选择了"平湖师范"，理想的种子在这一刻终于得以生根发芽。

二、品：教育百味

2008年的那个暑假，我成了黄姑镇中心小学的一名教师。还没去学校报到，我已经给自己编织好了五彩斑斓的教育梦：精彩有趣的课堂，天真可爱的孩子……结果教学任务一公布，我当场愣住，三年级一个班的数学，两个班的科学，一个班的美术，同时担任班主任。我心爱的语文呢？我应聘时考的是语文啊！会后，我找到校长询问，校长表示今年数学师资缺少，明年再考虑调整。而后校长又补充了句，我们"平师"的毕业生本来就是全科的，什么都要会教哦，先锻炼锻炼吧！

不是不愿意教，而是我理科一向较薄弱，真的怕教不好！那天，我骑着电瓶车，戴着头盔哭了一路。但是哭归哭，擦干眼泪，还是要继续前行，既然不是我的长项，唯有加倍努力。学校给我找了师父，于是上班的日子里我向师父学习，向身边的老师学习，回家后，我逐字逐句地读教科书、备课，第一年三科厚厚的手写教案如今还在家中珍藏着。而第一次成为班主任，也打破了我原有的认知，孩子是天真的，也是调皮的，我花时间精心备好的课，学生不一定听，由于我的音色较稚气，有男孩子常爱学我说话，更甚者，不把我当回事。原来，做一名老师这么不容易！

所幸当时的我没有被困难打倒，反而成了一个有心人。我常常观察身边的班主任，把他们管理的妙招"偷学"回去；还会看一些教育类书籍，认识了像陶行知、魏书生这样的大教育家。班级管理渐渐进入了正轨。而最令我高兴的是，期末所带班级的数学成绩与上一年相比有提升，而两个班的科学成绩竟然达到了全镇的第一、第二名。那时，我体会到了成功的快乐，也真切感受到不擅长没关系，只要愿意努力，一样可以教好！后来我没有再执教过数学和科学，但理科教学中严谨的思路、精练的语言让我在今后的各科教学中都受益匪浅。

在教学生涯中，有个学生令我印象深刻，他叫博，是一个侏儒症儿童，身高只有80厘米。博天真可爱，笑容温暖，但是由于身体原因，性格较敏感。他刚到班里时，其他孩子十分惊讶，甚至有一些孩子会对他指指点点。作为班主任，我知道首先要帮助博融入集体。有一次趁着他不在，我给全班讲了折翼天使的故事，孩子们听得很感动，纷纷表示博就是一个坠落人间的天使，我们以后都要爱护他、帮助他。之后，博成了我们班级的"团宠"，孩子们都争着牵他的手去上课，下课时扶着他从椅子上下来，中午给他拿饭菜……博在班里收获了许许多多的快乐！

但是光有快乐是不够的，学习很重要。博虽智力正常，但学习能力欠缺，需要额外抽出时间对之好好辅导，而孩子的身体状况令我担心。我与博的家长深入地沟通了一次，博的妈妈表示会全力配合老师，希望孩子能掌握最基本的知识，长大了有机会学一门技能。有了家长的支持，我也就有了坚持下去的动力。课间我挤出时间先给博过基础关，不会的请小老师轮流教他，过关后，在班里好好表扬他，激发他的学习热情，当天没完成的，QQ上和他妈妈沟通。慢慢地，博的基础越来越扎实了，学习的劲儿也足了。期末，他还给了我们一个大大的惊喜，一开始在及格线上下的他考了88分！因为我的坚持，孩子没有脱离大部队，因为我的努力，他掌握了最基本的能力和知识，这些也许能帮助他以后更好地生活。作为老师，这已足够让我快乐！

三、扬：专业之帆

在专业发展上，我虽起步很晚，但如今也算有了点成绩。以前听说学校的两位校长是"名师"，只觉得他们真厉害，不想如今也成了其中一员。"南湖之春"是嘉兴市水平最高的公开课讲堂，登上过这个舞台，是老师的荣耀，这荣耀如今我也有了。这些，当初的我是不会想，更不敢想的。

作为新教师的前三年，我努力带班，认真教学，耕种着自己的一亩三分地。在语文学科上，当时的我在教研组内上了不少公开课，第三年还执教了校际交流课，都受到了老师们的好评，但终究没有走远。而后不久，我就结婚生子了，三年生了两个娃，当时除了带好自己的班，我把所有的精力都放在了两个孩子的哺育上。老二断奶时已是我工作的第七年，那会儿除了一个课题，一篇论文，我在专业上什么都没有。而那时的我，显然已经缺了股劲儿，不想追求什么了。唯一还有点目标的是，评一级！听同事们说，生了两个娃想定级可难着呢，有的都评了三四年了，除非特别优秀，否则只有慢慢等。

看来我只有慢慢等了。但就是在第七年，我遇到了人生成长中又一束灿烂的光，她就是现在的道德与法治教研员沈老师。教学第四年，我就成了学校的品德教研组长。那一年，有一堂公开课原本是由另一位教研组组长上的，结果他有其他活动冲突了，当时沈老师看到了和他并排坐在一起的我，说："看你出去听课也挺多的，要不要上节公开课？"太突然了，我一下子不知道怎么回答。"没事，你想一想啊，想好了告诉我！"在乡下能上市级公开课的机会不多，像我这个年龄，估计以后更少了，虽然这不是我从小钟爱的语文学科，品德我也只是听过课，会不会上不一定，但我知道机会来了就要把握住，错过就是永远错过了。"沈老师，我上的！"

身体里的能量又一次被激活了，既然决定了，我就会尽全力！那堂课的主题是《我长大了》，记得课堂上有让学生感受出生时的体重和现在的体重的差距，我安排了"抱一抱"的环节，把出生不久的婴儿请进课堂难度太大，只能用洋娃娃代替，可普通的洋娃娃又太轻了，我想到了往里面塞东西。于是周末我跑遍了新仓的五金厂，最后找到了一块七斤多的废铁，塞进了洋娃娃里。我就是用这样的一股劲备好了我的第一堂公开课。沈老师来学校听我的试教，满意之外更多的是惊讶，原来不声不响的我课上得不错。这一次的公开课打开了我专业成长的大门，之后，我有了一次又一次执教公开课的机会，不久后就上了嘉兴市级公开课。两年后，我也顺利定级。

2018年，由于孩子读书的原因，我离开了孕育我成长10年的黄姑小学，来到了东湖小学崇文校区。已经上过不少公开课的我，科研还较薄弱，沈老师又给我找了一位特别优秀的师父。在沈老师、师父以及其他老师的指导帮助下，我有了更大的舞台。科研上论文获省二等奖、嘉兴市一等奖等，产量和质量都有了大幅提高。嘉兴市说课比赛、嘉兴市优质课比赛、省优质课比赛，均获得一等奖，而后我又登上了"南湖之春"的舞台，成为"平湖市名师"。这些曾经不会想、不敢想的都一一实现了，我在专业成长的海洋里扬帆远航！

四、思：成长密钥

在成长历程中，许多人似黑暗里的光，指引我前行；许多事或喜或忧，磨砺着我成长。回顾这一路，自己还是有一些可取之处，值得今后的我继续坚持的。

一是脚踏实地，做好本职工作。审视自己，我一直是较为踏实的性格。四年级时做课代表，工作枯燥琐碎，却没有三分钟热度，坚持下来的我收获了老师的信任、同学们的认可。成为教师后的我，教学带班从不敢懈怠。第一年不擅长的理科教学获得了较优异的成绩，第二年我去村完小带了一个20人的班，只有三级英语水平、发音不标准的我被安排教英语，常常是自己跟着录音机反复学习，才敢进班上课。这一年，所带班英语期末平均分全镇第一，语文成绩进步突出。这几年，我始终没有忘记自己的本职工作，常常是上午自己班里上课，下午试教，试教完成后再回学校批作业等，即使那会儿大家早就下班了，所以班里的成绩仍旧名列前茅。其实真的没有什么秘诀，只是在人家看不到的背后，我花了更多的时间和精力，踏踏实实地去做而已。

二是抓住机会，力求做到最佳。在专业成长上，我一直觉得自己很幸运，碰到了这么多觉得我行的人。他们向默默无闻的我伸出帮助之手，当然，还有许许多多的人在我成长路上关心着我。此外，我还要感谢那个每一次抓住了机会，努力做到最佳的我。一堂堂的公开课特别磨炼心性，特别是在阳光明媚的假期里，朋友圈里都是踏青、游玩的分享，而我一个人关在房间里备着课，从早到晚，这样的日子数不胜数。优质课比赛前，为了达到最好的课堂效果，晚上，胆子不大的我一个人在偌大的空教室里一遍又一遍地试教，预设每一种可能，好多次被保安"咚咚"的敲窗声吓得半死。但也是由于这份执着，才有了一次次的收获！

三是调整心态，坦然看待得失。作为两个孩子的妈妈，这几年工作和生活都非常忙碌，困难和挫折更是不可避免，及时调整心态对我来说异常重要。工作的第一年，一个文科生教了两门理科，我哭归哭，哭完了还是尽全力去做好；刚做班主任时孩子们不配合，我恼归恼，还是努力去学习管班的方法。从小钟情语文的我，一度希望能在这个学科上有所发展。在品德课刚起步不久时，我在语文学科上也有了一定的积累与发展机会，但我知道一个人精力有限，想样样好是不行的，于是立马调整心态，专心朝一门学科发展。在日常工作与生活中，在一次次磨砺中，如今我的心态越发平和了。

梳理至此，愿今后的我依旧保持初心，向阳而生，逐光而行！

三"xing"合力，点亮最美青春

过晓华

过晓华 1981年10月生。平湖市毓秀小学副校长，英语学科高级教师，嘉兴市第5批名师。曾获浙江省优秀团员、浙江省教坛新秀等荣誉。21篇论文分别在地市级以上报刊发表或在评比中获奖。

2000年8月，我从平湖师范毕业，满怀着对教育事业的热忱，踏上了教师这个神圣的工作岗位，成为一名英语专职教师。年华似水，岁月飞逝，回首相视，竟已在教育这个行业里耕耘了20多个年头。20多年来，我坚守寻梦、追梦、圆梦的教育情怀，坚持走教师专业化发展之路，探索前行，快乐修炼，通过三"xing"合力，用责任和爱心书写精彩，点亮最美青春，也点亮每一位孩子心中的梦想。

一、学习重"行"，赋能成长

"水之积也不厚，则其负大舟也无力"，我深刻地认识到，在新的教育理念和教育思想的强烈冲击下，学习已成为教师的"终身大事"，学科素养、专业积淀是执教的基础，唯有专业才能站稳脚跟，育己方能致远。

（一）日积月累，参训研修

"成为一名受学生喜爱的好老师"是我第一次踏上讲台那一刻就在心中立下的誓言。然而，在工作的第一个年头，残酷的现实就给初为人师的我上了一课：教学设计常规学生兴趣难调动，教学设计有趣课堂纪律难调控，教学效果不理想，面对后进生更是无计可施……在学校领导和师父的建议下，我开始深入研究备课，研究教学方法，积极参与校内外各类培训学习活动。记得特别清楚的是，刚参加工作的第一个暑假，我收到了一份浙江省小学英语师训活动的邀请函，这是一个可以去省城参加的为期两周的培训活动，但正好和学校组织的暑期疗休养活动冲突了，当时我毫不犹豫地选择了参训。现在想来，也正是这次培训经历开启了我对小学英语教学的探索之路。嘉兴市教研员对我培训中的表现印象深刻，对我师父——平湖市教研员朱老师说："有机会，让小过出来上一节课吧！"2003年，学校又一次选派我去上海师范大学参加了为期半年的集中培训，培训中我代表培训班学员上了汇报课，获得了"优秀学员"的荣誉称号。有了这两次的积淀，我有幸获得了嘉兴市优质课评比的参赛资格，工作第三年的我全力以赴准备赛课。那时刚开始流行课件辅助教学，为了能用好Authorware制作课件，我每天向信息技术学科教师请教和上网自学。功夫不负有心人，比赛课获得了嘉兴市第三名的好成绩。2008年，我加入了首届嘉兴市小学英语骨干教师研修班……每一次培训我都全身心投入，高质量吸收，全方面提升。机会总是垂青有准备的人，后来我又相继成了省培计划学员、国培计划学员等。大量的观课、听课、赛课让我练就了扎实的教学技能，掌握了课堂的语言艺术，课堂效率也得到了极大的提高。

（二）取长补短，交流共修

交流和碰撞，永远是最好的学习方式。承蒙组织的信任和培养，2018年9月，我有幸成为浙江省小学英语骨干教师代表，赴澳大利亚莫纳什大学进修学习，学校对我们采用了全英文浸润式培训，模式新颖，内容丰富，形式多样。学员大多是一方名师、教学骨干或校级领导，每天除了和培训导师交流外，最多的是培训学员间的交流，交流的内容除了教学上的切磋还有管理上的分享，让每一个人都受益匪浅。连日高强度的交流共修让每一位学员累并快乐着，当培训进行到第五天的时候，午休时出现了16位学员集体趴在桌上睡觉的一幕，为我们准备的水果和咖啡等下午茶居然无人享用，这一幕甚至惊呆了班主任Gary（加里）。正是那一次培训让我领略了国外的语言教学模式和学校管理模式，开启了我的语言教学新思维。2020年，我又作为首届长三角地区优秀后备干部首批培养人选，到上海市虹口区第四中心小学挂职锻炼。短短一个学期，我听课、评课40余节，参与了学校规划研讨、党建督导、上海市项目化学习、课程领导力汇报评审、德育小课题汇报评审、教育教学工作会议等多项工作，并将多条线的学习内容及时与导师和相关行政领导进行交流，在教师专业化发展、科研管理、课程实施等方面与大家进行智慧碰撞，实现交流互进。无论是跨国研修还是"魔都"挂职，对于我来说都意义非凡、弥足珍贵。除了学习国内外先进的教育教学理念和育人模式外，更要承担起交流，甚至参与学校管理的任务，所以及时消化吸收当天所学的内容十分重要。在上海挂职期间，我坚持每天撰写日志，形成了十多万字的培训日志。那是一笔宝贵的财富，既是对所学内容的梳理内化，也是自我工作的反思提升。这个习惯保持至今。我在不断地思考和总结中汲取经验和教训，梳理思路，磨炼思想，每次敲击键盘都是对自己的一次激励。

二、科研有"形"，磨砺成长

"我们不能只做简单的教书匠，我们应该做科研型教师。"我谨记师父教诲，在教育教学中努力以问题为导向，以课题研究为载体，在实践中不断探索"我的教学"，不断深化研究思维，形成了独特的教学风格，还先后获得了嘉兴市第11批学科带头人、第5批名师、浙江省教坛新秀等荣誉。

（一）问题导向，散点式研究

教学活动是一种生命的互动。为了让我和孩子们之间的这种生命互动少留遗憾，我养成了每天反思的习惯，现在想来这也是让我成为名师的进阶之路。记得还是一名职初教师时，我反思最多的是每天的课堂：思所得，把教学中的成功做法归类整理，不断改进，不断完善；思所失，梳理教学中的败笔和困惑，进行深刻反思和探究；思所难，把学生学习中存在的难点、问题记录下来，便于调整接下来的教学方法和策略。通过对自己的教学行为进行全面深入的反思，每个阶段的研究问题逐渐清晰起来。"小学英语教学中多元性评价的研究"是我研究的第一个微型课题，选题就源于我"评价的烦恼"。英语语言技能包括听力、口语、读写等多个方面，这给教师的教学评价带来了诸多"麻烦"。例如，口语作业的评价就是一个大麻烦，布置了听读任务，教师很难监控作业质量，任教班级数多，学生口头表达能力的测评也找不到一个好的形式。诸多的"麻烦"让我开始思考评价问题。于是，我的第一个微型课题就这样诞生了，研究成果也荣获了平湖市二等奖。后来的"多元语境下提升小学生英语语用能力的策略研究""小学英语教学中游戏活动的设计与实施"等微型课题，都源自我的教学困惑。我这一阶段的研究呈现散点式特征。坚持问题导向，将理论与实践相结合，进行实证化的研究，为我破解了一个个教育教学难点，让我的科研初具雏形。

（二）创新赋能，系列化研究

在积淀了一定的研究经验后，我开始反思自己教学中的创新点：在教法上我有哪些创新点？在难点课型的设计上我有哪些突破点？在互联网技术飞速发展起来后，我积极探索"互联网+"技术赋能下的小学英语智慧课堂新范式，通过技术赋能，创新教学方法，开展了系列化教学实践与理论研究，呈现出每三年一个系列的研究历程。第一个是互联网新技术系列："依托微信平台辅助学生课外英语学习的实践研究""互联网+X：基于学科核心素养培育的智慧教学新范式的研究""'四境联动'提升小学生英语语用能力的路径设计"等课题或成果荣获县级一、二等奖。第二个是阅读教学系列："小学英语'AAC'阅读教学模式的研究""小学英语阅读教学中思维启迪的魅力课堂的构建策略""基于文本语境设计教学活动，实现语言思维双推进"课题成果在平湖市市级评比中分别荣获一、二等奖。系列化研究让我对某一领域的认识更深入、理解更透彻，让我不断地打破先有概念和原有模式，将专家思维嵌入我的教学实践中重新炼制，不断创新。从载体创新到技术创新，从模式创新到策略创新，不断地以创新赋能教育教学，让我不断地突破教学瓶颈，形成自己的教育教学风格。我自信地走上了平湖市优质课、嘉兴市优质课、浙江省优课等各级各类赛课的舞台。各类比赛不仅让我收获了荣誉，更让我学习了不同专家的思维方式，助推我的教育科研向纵深发展，科研之路更加有形。

三、带徒塑"型"，共同成长

时光荏苒，我也从一名菜鸟成长为教学骨干，开始担任新教师的指导老师。通过给予青年教师力所能及的帮助，实现教学相长、优势互补、共创双赢，这种双向奔赴的努力，让我在帮助新人成长的过程中，实现了自我的提升。

（一）秉持一种理念：双向奔赴

在研训中心、学校的牵线下，我引领帮助过不少青年教师。我一直秉持这样一种理念：双向奔赴才有意义。我认为最好的帮扶活动是双向奔赴的努力。青年教师精力充沛、热情好学、知识丰富、思维活跃，我常常被青年教师爱岗敬业、善学善研的工作作风感动，在传帮带的过程中，我也在不断更新知识，提升技能，完善自我。听课学习是青年教师快速成长的一个重要途径。为了帮助职业初期的教师快速提升教育教学能力，我的课堂一直保持着开放的状态，青年教师随时可以和我约课，走进我的课堂学习。正是因为这样的一种状态，我一直按照高质量、高效率的"双高课"标准来设计常态课。每次执教公开课，我会主动邀请一到两名青年教师全程参与磨课。记得最近一次执教嘉兴市级公开课时，我邀请了一名组内刚参加工作的教师和一名骨干教师全程参与了校内外磨课过程。在这个过程中，两位教师除了主动思考外，也和我一起吸收了专家前沿的教学理念、独特的教学设计思路。两位老师在活动中收获满满，深有感触地表示："能够参与磨课的过程，我们感觉很幸运。上课老师自研自磨的首次展示启发了我们如何进行有效的独立备课；教研员及团队老师的研讨也让我们领略了集体磨课的魅力，一节课在专家的高位引领下实现了教材内容的整合重组，从而达到文化意识和思维品质等更高层面的教学目标。整个过程，我们能感受到上好一节公开课的压力，但也被其中的思维碰撞、理念更迭的美妙所吸引。"磨课是教师专业成长的绿色通道，为执教老师提供了充分展示自我和锻炼成长的平台，与此同时，也为其他老师提供了一个思维碰撞、理念迭代的机会。这是一种双向赋能的成长模式，在帮助别人的同时，点亮自己。

（二）带好一个团队：名师团队

海明威曾说："每个人都不是一座孤岛。"你与周围人接触的那一刻迸发的是思想的火花，这便是一切进步的动力。一个人可以走得很快，但一群人才能走得更远。连续两届担任平湖市小学英语名师工作室导师，我积极倡导老师们以读书重构素养，以反思积累智慧，引领团队成员做有温度、懂情趣、会思考、有灵慧气质的教师。积极协助教研员组织名师团队开展各个区域的引领活动，自己也积极承担各类引领任务，并出色完成。清楚地记得刚担任工作室领衔人的第一年，教研员要求我给全市六年级老师上一节阅读教学引领课。作为名师团队的一员我义不容辞，可就在活动的前一周，我又接到了教育局的一个新任务，在同一周里特级教师鲍老师要来平湖讲学，局里要求我和特级教师同台展示。两个活动的时间间隔只有两天，听课教师又有重复，所以上同一节课是不可能了。这看似不可能完成的任务，我还是咬牙答应了下来。于是，两节课同时开始打磨，那一周几乎每天都是晚上备课，白天试讲研磨，最终出色完成两项任务。自工作室成立以来，有十多名团队成员在历届小学英语青年教师研修班、继续教育90学时培训等各类专业发展培训班以及各级各类学科比赛活动中担任导师，以名师团队的群体智慧带动全市小学英语教师这个智慧群体向阳生长，团队成员更是在各级各类比赛中屡获佳绩。在这个优秀的团队中，通过不断自我加压、学习锻炼，我也实现了自己的最优发展。

回顾23年的教学经历，我发现自己一直在成长着，在困惑中不断摸索，在摸索中不断进步，在进步中不断收获。我在忙碌中渐渐地走向成熟，在进取中不断收获幸福，用自己的青春和汗水浇灌理想之树木。我会为我的梦想继续努力。在以后的路上，会有平坦也会有泥泞，但既然选择了远方，我会一如既往地风雨兼程，不断攀登。

想，都是问题；做，才是答案

叶林峰

叶林峰 1990年5月生。上海世外教育附属平湖经开实验小学教导处副主任，科学学科一级教师。曾获平湖市优秀少先队辅导员、平湖市师德先锋等荣誉。23篇论文分别在地市级以上报刊发表或在评比中获奖。

在很多人嚷嚷着"高温、火炉、热爆了"的时候，我看着那些劳作在耀眼日光下的建筑工人——其中有一个是我的父亲。看着他的背影，我就能感受到所有阳光。我想起刚刚成为教师的那一天，我有点害怕，怕不能胜任，父亲和我说：想，都是问题；做，才是答案。

一、乐行，先做起来

我是一名90后教师，2013年大学毕业后，很荣幸成为平湖市钟埭中心小学的一名科学老师。初入教师的岗位，顿时发现，现在当老师，事情太多了。学校搞活动，需要我们青年教师出力；各类教学比赛，是我们青年教师成长的舞台；教科研方面，我们青年教师也是主力军……本身还在学本事的我们，是遇事就说我能力不够，这些活动我不参加了，还是踊跃地参加各类活动，忙碌到忘乎所以？我觉得，作为教师的我们必须先做起来，在事上用功才会对我们的工作有帮助。

工作第一年的夏天，校长找我，想让我任教数学，而且是六年级数学。我想，那就试试吧！校长很开心。于是，工作第一年，我就担任六年级毕业班班主任，任教605班数学和科学。时间的长河已经让我的记忆有些模糊，但我还记得的是，那一年，校长担心我教不好，好几次来听我的课。那一年，我怕自己教学成绩不好，每天认真备课，每天都去师父那里听课，每天反思自己。我还记得那一年我的教学成绩是年级第三名，校长对我说，这个成绩超过了他的预期，他很满意。我对自己说，以后继续努力吧。于是从工作第一年到现在，我一直任教六年级毕业班，近两年任教班级成绩都是全市乡镇第一名。

工作第二年的夏天，校长问我：如果让你担任教研组组长、团支部书记和科技总辅导员，同时还是班主任，你愿意吗？我说，让我试试吧！校长很开心。于是，从工作第二年起，我就担任了学校的科学教研组组长、团支部书记和科技总辅导员，同时还是班主任。身边的小伙伴都觉得我兼的岗位有点多，他们疑惑地问我："你为什么不和领导说，班主任就不要做了呢？"我说："因为我班主任做得还不够好啊！"小伙伴说："你不觉得累吗？"我说："当你觉得累的时候，就是你成长的时候。"

同样是第二年的夏天，教科室主任对我说，工作满一年了，暑假里好好写论文啊。我说，好啊。我已经记不清我的第一篇论文写了多久，写得多痛苦了，我只记得那年夏天里，那些奔跑在耀眼日光下的日子，就像是标本般浸泡在试管里。浸泡着标本的福尔马林，是年华被岁月倾轧后渗出的液体。在之后的7个夏天里，我已经写了30多篇论文了。

工作第三年的夏天，教学副校长问我：下学期，学校想让你负责一个课程。我说：是什么课程？教学副校长说，科学类拓展课程。对此一无所知的我说，让我试试吧。之后的6个夏天里，那个对课程懵懂无知的自己，看了不知道多少本书，尝试了不知道多少个实验，相继开发了"生活化学""身边亲近的科学""科技小创客，创业大梦想""创意微工厂"等精品课程。

工作第六年的夏天，校务办主任问我：要竞岗中层吗？我说：什么岗位啊？校务办主任说：空缺的有教导处和总务处。我说：我试试吧！

我很喜欢王阳明的一句话："夫学、问、思、辨、行，皆所以为学，未有学而不行者也"。意思是，学习、询问、思考、分辨、实践，这些都是为了学习某一件事，而要掌握这件事，光学不做是不可能的。我们通常说，谋定而后动，三思而后行，但是在思考的过程中，我们做事的勇气却一点点被消磨掉。人都有惰性，过度的思考只能带来拖延，而"三思"又是自己拖延下去的绝佳借口，于是事情就一拖再拖，最终等到拖不下去的时候，才仓促行动。而行动起来的时候才发现，有很多问题是在行动中才呈现出来的，而此时，自己已经没有足够的时间和耐心解决这些问题，只能草草收场。事前的"三思"其实和事实脱节很严重。只有先去做了之后，才能知道问题所在，也才能真正解决问题。我很庆幸，在那些夏天，身为教师的我，对所有的任务都选择了尝试，而不是说我要想想，或者说我不行啊。我也不知道这些任务对我的成长的帮助有多少，但如果连尝试都没有，那成长就是零啊！

二、笃行，坚持做下去

工作之初，我就是一张白纸，虽然学的是师范类专业，但大学时代所学的都是高中化学的教学理论和教学方式，而对于小学阶段的孩子的心理特点、认知水平，我只有自以为是的理解。我记得第一次公开课后，师父和我说，我对学情的把握非常糟糕；第二次公开课后，师父和我说，我的语言不够精练；第三次公开课后，师父和我说，我的教材理解有待进步……上到连自己也不知道是第几次公开课后，终于，教研员说，这次课上得很不错。我是那种有上课机会就一定会争取的老师，虽然我对自己的上课水平一直很不满意，但磨炼久了，自然会有提升。每次公开展示，无论是校内的还是校外的，都必然会对自己的教学能力有所帮助。

我又回想起第一次写论文。写了很久，然后教学副校长帮我修改。我依然记得那天，他眉头紧皱，每看我一次，我就哆嗦一下，他的每一句话我都听得很认真，但几乎一句也没听懂。那次论文修改，我改了很久很久，非常用心。但是不是那一次论文修改对我的教科研帮助非常大呢？我觉得并没有，因为第二次写论文，我还是一点也写不出来。但当我写了20篇论文的时候，我发现，我不仅写论文快了很多，而且论文质量也高了；当我写了30篇论文的时候，我就能做到一年写七八篇论文，并且几乎每篇论文都能获奖。我觉得教科研除了思考研究之外，就是熟能生巧，你想100天，不如动笔写1天。一次教学比赛、一节公开课、一篇教学论文等各类活动都需要我们青年教师花很多很多时间，而每年又有很多活动，于是，我总是听见周围有小伙伴抱怨：事情太多了！但那些优秀的小伙伴总是一次又一次地积极参加。正所谓，吃了梨子才知是酸是甜，穿上鞋子才知哪里夹脚。只有坚持做下去，才能发现有哪些问题。做，还有成功的机会，而不做，却是一点机会也没有。不要想太多，坚持做下去，纵然是华丽的跌倒，也胜过无谓的徘徊。

三、知行，学知才能利行

对于我们教师而言，教书育人是常态化工作，工作一段时间后，总会有老师觉得自己已经能够胜任教师这个岗位，学习的步伐也就放慢了。我一直觉得精神的浩瀚、想象的活跃、心灵的勤奋是一个老师必须要有的素养。

我非常喜欢孔子学琴的典故:"孔子学鼓琴师襄子,十日不进。师襄子曰:'可以益矣。'孔子曰:'丘已习其曲矣,未得其数也。'有间,曰:'已习其数,可以益矣。'孔子曰:'丘未得其志也。'有间,曰:'已习其志,可以益矣。'孔子曰:'丘未得其为人也。'有间,有所穆然深思焉,有所怡然高望而远志焉。"这个典故,简单来讲是孔子向音乐大师师襄子学琴,师襄子见他天天弹一首曲子,实在看不下去了,就对他说,你弹得不错了,可以试试新曲子了,但孔子觉得自己还没学透,应该再学习。

"熟能生巧,巧能生化",做任何事情都是这样,不是说表面上学会了就行,只有通过不断地琢磨学习,反复咀嚼,才能把事物本身的规律内化于心,做起来才能得心应手,使得自己进入更高的境界中,教师这个行业更是如此。

我有个大学同学,原本任教于一所重点高中,任教六年后因为某些原因重新考编,进入一所农村小学。他有些瞧不起小学科学,觉得以他的知识水平,讲解小学的科学知识点一点问题都没有。然而上课过程中,40分钟的课,他20分钟不到就结束了,他甚至觉得小学课本莫名其妙:这么点内容,有啥可以学的?!我想,这是一件多么可怕的事情,这么一节课,孩子们能学到什么?教书从来不是一件简单的事情。在现在轻负高效的教学模式下,我觉得所有教师的教学方式都有提升的空间,即使是特级教师。学习,可以提升我们教师的教学能力,更可以减轻自己的教学负担。

从"心"开始，圆教育之梦

俞 军

俞 军 1974年9月生。平湖市新埭中心小学校长，数学学科正高级教师，浙江省第12批特级教师。曾获嘉兴市优秀教师、嘉兴市师德楷模等荣誉。46篇论文分别在省级以上刊刊发表。

1996年7月，我从平湖师范小教大专班毕业，同年8月又幸运地被招进平湖市实验小学。自己是平湖师范大专班首届毕业生，又进了平湖的一所具有百年历史的名牌小学，那时心里就暗暗下决心：一定要让自己变得优秀起来，这样才能对得起母校，对得起实验小学，对得起自己教过的每一位孩子！

一、胸怀一颗纯洁之"心"

26年来，我始终对自己说："既然选择了远方，便只顾风雨兼程！"在老家，我有位亲戚办了一个箱包配件企业，资产有数千万元，而且发展趋势良好，但因企业管理人员不足，严重影响了企业更快、更好地发展，于是他便想到了既工作认真又有管理经验的我，并一次又一次向我发出邀请："你来帮我管理企业吧，我付你高薪，至少是你做教师收入的几倍！"而我始终没有答应。亲戚便以为我嫌收入少，嫌工作不稳定，就又许诺可让我参股，但我还是婉言谢绝了："我不是嫌钱少，我只是不想放弃教育这份事业。既然我选择了做教师，那就让我一心做好这件事吧！"后来，曾有人和我半开玩笑地说："你呀，还真是一根筋，有点'蠢'哦！"对此，我则一笑了之，并略带幽默地告诉他："不，我不是'蠢'，我是'纯'！"

作为曾经的嘉兴市名师，很多家长都想请我去做他们孩子的家庭教师。可这么多年来我却从未在外带过一名学生。每当有家长千方百计托关系、寻门路来找我时，我总会这样推辞说："学校里的事太多了，真的没时间带，敬请谅解。"事实上，尽管很多休息日（包括晚上），我的确都在做学校的事情，但空闲的时间也不是一点都没有，之所以毫不犹豫地推辞，是因为我始终觉得"空下来时，备备课，看看书，写写文章，这些才是我们教师该做的事"。就是这样的信念伴随着我的每一天，并推动着我去实现"教好书育好人"的教育理想。27年来，我就是这样心无旁骛地把投身教育作为自己唯一的人生追求。

二、胸怀一颗进取之"心"

成为一名优秀的小学数学教师一直是我内心最大的追求。正是这种发自内心的追求，才让我这一路走来始终保持着源源不断的动力。

转眼间，踏上三尺讲台已有27个春秋。回首这27年的教育历程，最令我难忘的就是自己专业成长中的那几个第一次，因为每一个第一次都深深地触动着我的内心，并激励着我一如既往地努力前行。

（一）第一次校长找谈话

记得去平湖市实验小学报到的第一天，德高望重的赵校长就把我约到她的办公室，并和颜悦色地跟我讲："小俞老师，你是平湖师范首届大专班毕业的，而且还担任过普师学段的学生会主席、大专班的团支部书记，所以这次想让你挑挑重担，把五年级中最难管理的一个班交给你，相信你一定不会让孩子、让家长、让学校失望的。你看有什么困难吗？"

那时的我，内心既激动又担忧。激动的是，校长这么信任我；担忧的是，连校长都认为很难管理的班级一定是一块难啃的骨头，所谓冰冻三尺非一日之寒，要带好这样一个班，对我这个刚刚踏上三尺讲台的新手来说谈何容易！但当我面对校长那充满信任、期待的眼神时，我觉得即便有再大的困难也要通过自身努力尽可能地去克服。因此，我毫不犹豫地回答说："谢谢校长的信任，我没有困难，我一定会加倍努力。"可以说，是一种强烈的责任感让我心动，并变心动为行动。

这一年来，我主动请教同年级的资深班主任蒋老师，学习他那些先进的班级管理经验，比如如何培养班级小干部，如何提高班里孩子的自主管理能力，如何转化调皮孩子的不良行为等。主动请教让我的班级管理能力和管理成效有了明显的提高。

另外，在与调皮孩子的"斗智斗勇"中，我体会到反复家访是十分管用的一招。那时班里有一个"孩子王"赵同学，人很聪明，班里的突发事件十有八九都有他的份。但当你和他交流时，那种不屑一顾的神情和推得一干二净的说辞让你哭笑不得。更棘手的是，他还有一对特别溺爱他的父母。起初一段时间，我和这个孩子多次促膝交谈，但收效甚微。于是，我开始反复地家访，力争通过家访来获得家长的支持，让孩子犯错后没有"靠山"。最多的一周我连续三次上门家访，犯错了家访，进步了家访，生病了家访。最后，我的真诚、发自内心的关爱，终于打动了这对"铁石心肠"的父母："俞老师，我们感到很惭愧，您那么忙，家访就不要再来了，这小家伙以后有什么不懂事的地方，您只要一个电话，我们立马赶过来就是，我们一定极力配合，您说咋办就咋办。"反复家访，让我对班级管理越来越得心应手。

这一学年中，我带的这个全年级最难管的班却几乎每个月都能拿到学校的好班风锦旗，学年末还被评为学校文明班级。从此，这个曾经的"难管班"让大家刮目相看，我这个年轻的大专毕业生也让大家有了新的期待。第三年，我幸运地被评为平湖市优秀班主任。之后的5年，我所带的班级年年被评为校文明班级，并先后获评镇优秀中队、平湖市雏鹰中队等。作为一名教师，我始终觉得：班级管理能力是一位教师专业成长的基石，如果一位教师连班级管理都成问题，那么他的专业成长不可能有太大的发展空间和前景。

（二）第一次师徒面对面

至今还清晰记得，刚开始工作的第一周，师父周老师就把我带到学校西侧的校办厂办公室里，面对面、手把手地教我"如何确定一节课的教学目标；如何找准一节课的教学重点和难点；如何落实一节课的教学重点；如何突破一节课的教学难点；等等"。有了第一次，之后就有了第二次、第三次……

不知多少次，师父让我先听他上课，加深体验，然后再让我到自己班里去实践，有时他还会坐在后面听课，听完课后再跟我交流这节课的得失以及改进的建议。日复一日，这样的一对一面授、指导不知经历了多少回。记得刚工作的第一个学期末，教导处就安排我上校级汇报课，这节课上得怎么样我已经记不太清了，但课后师父说的一句话却让我至今铭记于心："平时的每一节课都要像上公开课那样去钻研教材、分析学情、精心备课。"

那时的我，时常被一种暖暖的幸福感包围着，这种强烈的幸福感让我一次又一次地心动，并一次又一次付诸行动。从此，"不备好课进课堂，应有一种负罪感！"成了我的警示语。在我工作的初期，沿用老教案（或他人教案）是当时很多教师习以为常的事情。即便在这样的氛围中，我也始终坚持对自己高标准严要求。每次备课，我总会想起师父的教诲，坚持独立钻研教材，客观分析学情，用心设计出具有针对性和实效性的教学预案。这样的备课，我备了20多年。与师父无数次的面对面交流，让我慢慢地学会了"如何钻研教材、精心设计、精彩演绎、课后反思、总结提炼、投身科研"。当然，师父留给我的不仅仅是这些，他还让我深深地体悟到：一位有素养的教师，应该先学会做人，再学会做学问。

（三）第一次上市级公开课

在工作后的第三年，学校就选派我参加平湖市第三届"双高课"评比活动。那时的实验小学，青年教师一大批，有能力、教学经验丰富的青年教师更是不在少数。选我这个教龄还不到3年的年轻教师去参赛，着实让我受宠若惊，同时也让我备感压力。记得赛课的前一天下午，我们几个选手一起抽签后就被关进了一家小宾馆，只有一本书、一本教参，还有几张白纸，其他的一律禁用，全凭教师平时的积累。由于两年多来的每一节常态课，我都是把它当作公开课一样去研究、分析、设计、实践、反思，所以这样的"封闭式"备课并没有给我造成太大的阻碍，最终我以第一名的成绩荣获平湖市第三届"双高课"奖。

对我来说，这次赛课的收获不仅仅是一个平湖市"双高课"奖，还有一种自豪感。实验小学有那么多青年教师，学校偏偏选上我，让我深感自豪；全市那么多的优秀教师同台竞技，我竟然取得第一名的佳绩，这更让我备感自豪。那时，一种强烈的自豪感让我再次心动，并且再一次行随心动。

有需要就会有行动，有行动就会有收获，于是就有了之后的一次又一次不一样的公开课："浙派名师"经典课堂艺术展观摩课、浙江省小学数学优质课赛课（一等奖）、全国中小学名师赛课（一等奖）等等。

27年来，我曾先后执教国家级、省级、嘉兴市级等公开课近50节。当然，这些都不是我的最终目的，我最大的心愿就是想让每一个我曾经教过的孩子都能爱上数学、学好数学。

（四）第一次应邀做讲座

那是一个初秋的上午，我刚从外面回来就接到平湖市小学数学教研员姜老师的电话，让我两周之后给全市的小学数学教师做一次新课程实验教材辅导讲座。当时心中很纠结：我这样一个年轻的一线数学教师能胜任得了吗？于是，我在电话里开始退缩："工作到现在，我从来没有做过讲座，不知道该怎么讲，怕讲不好，您还是请另外更有经验、更有水平的老师来完成这个任务吧。"电话那头的姜老师则鼓励我："这次讲座的人选是市研训中心领导和学科教研员反复商议斟酌后确定的，你就不要推辞了，好好准备，你一定行的。"

听了这番话之后，我内心的纠结不由自主地转变成了一种强烈的认同感，是这种认同感让我又一次心动了。当然心动之后，行动也就随之而来。

接下来的日子里，我每天一早起来就把自己关进书房，开始研读课标、教参、教材，并与其他各版本的教材进行比较研究，然后梳理出人教版新教材的编写特点、课时分布、每节课的教学重难点以及针对性的教学策略。第一次讲座就在一路的忐忑中结束了，功夫不负有心人，讲座结束后参训的教师都说这样的讲座很实用，很有收获。此时，我心里的那种认同感更强烈了。

多年来，我先后做过省、市级等讲座60余场，专题评课50余次。其实，每一次接到不同的邀请时，我的内心一开始都很不安，怕自己讲不好，但是那种强烈的认同感又促使我一次又一次地做出努力，而每一次评课、讲座之后老师们的诸多好评，又一次次地让我感受到所有的努力都是值得的。

（五）第一次文章变铅字

2004年8月，我应聘来到平湖市叔同实验小学，担任学校教务科研处副主任，具体负责叔同实验小学的教科研工作。获悉这个分工之后，我就开始犯愁：在实验小学工作整整8年，自己没有发表过一篇文章，虽然有获奖论文，但数量、奖次都拿不出手，我凭什么要求学校的老师们去投身教科研，凭什么要求老师们利用寒暑假撰写论文或案例？

时不我待，一种强烈的使命感让我重新审视自己，并整装待发。

万事开头难，从我暗暗立志要加大教科研力度、多出教科研成果，到我的第一篇文章发表，整整用了一年的时间。这一年，我花了数百元订阅了当时小学数学界最知名的5种刊物，如《小学数学教师》《小学教学（数学版）》《小学数学教育》《小学教学设计（数学版）》等，几乎读遍了上面的每一篇文章。正所谓厚积而薄发，终于在2005年第9期的全国中文核心期刊《湖南教育》上看到了我的第一篇文章《课堂，因错误而美丽》。那时我最大的感触就是，原来我的文章也可以变成铅字。这次的文章发表让我深深地懂得：只要努力，就有希望！从此一发而不可收，我先后撰写的46篇论文或课例分别发表于全国中文核心期刊《中小学教师培训》《小学数学教师》等，另有市级及以上获奖论文数十篇。

三、胸怀一颗感恩之"心"

作为浙派名师、省特级教师的我，始终胸怀一颗感恩之心，我深深懂得没有师父的指导、组织的培养，不可能有自己的今天。之前，是那么多的良师益友帮助我，现在该由我来帮助别人了。有句话说得好："一花独放不是春，百花齐放春满园。"多年来，我始终以此为宗旨，在努力提升自身专业素养的同时，也不忘帮助、指导校内外的骨干教师，并在一次次的付出中品尝着助人之后的那份快乐，心甘情愿地做骨干教师专业成长中的一片绿叶。

（一）在经历中共成长

这么多年来，我指导、帮助青年骨干教师从来不分校内、校外。对于校内的骨干教师，但凡有校级及以上的公开课任务，从研究教材，到预案初稿，再到磨课实践，每一个环节都会留下我的身影。由于白天工作繁忙，我还经常约上课老师晚饭后到学校办公室交流听课后的一些想法和修改建议，从教学目标、教学环节、教学语言到时间分配，都不曾放过，直言不讳，坦诚相见，有时直至深夜。对于校外的骨干教师，我从来都是有求必应，白天时间不够用，晚上经常会约他们到一些茶室，带上笔记本电脑，面对面地与他们交流自己对教学设计的解读、磨课后的感受和一些修改建议。看到每一次展示课后那些青年骨干教师发来的感谢短信或微信，我总报以微微一笑，并简短地回复："不客气，这是我应该做的！"有时，外地的教师也会慕名通过电话或网络向我请教，我从不认为这是分外的事。不管认识与否，我总是不厌其烦地和他们交流，在教学设计或修改文章方面给予指导。最多的时候，对一位外地教师的指导，邮件往来达10多次。一位受指导的教师曾这样写道："俞老师和善热情、功底扎实，是我学习的榜样！"

在嘉兴市内，我是嘉兴市学科带头人的导师，曾先后负责指导海盐县的两名市学科带头人，结对期间多次和这两位老师开展教学研究活动，并进行针对性的指导。在平湖市内，我还是市青年骨干教师导师团的导师，共指导了（两期）40余名骨干教师，听课、研讨、论文指导等，我从不推辞！2016年开始，我又被教育局聘为平湖市小学数学学科名师工作室领衔人，负责领衔平湖市内的嘉兴市名师、嘉兴市学科带头人和平湖市名师数十人，我面对每一项指导任务都尽心尽力。在校内结对中，先后共带徒10余人，对学校内其他教师的指导，也是不分亲疏，悉心帮助。

就是在这样的互动经历中，受指导的青年骨干教师茁壮成长，而我也在这样的过程中与他们共成长！

（二）在成长中共收获

在和徒弟们一起研讨时，我经常用自己的实际行动去影响每一位徒弟。比如，徒弟要上一节课，我自己先去寻找、学习各种版本的电子课本、教学参考及相关的各种教学案例等。等到和徒弟研讨时，我对上课内容的熟悉程度和研究深度经常让他们感到震惊。我把怎样搞研究、怎样做学问的方法，毫无保留地传授给了徒弟们。为了有效利用现代媒体来辅助教学，我常常制作课件至深夜，甚至凌晨，令徒弟们暗暗折服。作为嘉兴市优秀教师、嘉兴市师德楷模，在日常工作中，我总是超额付出，无私奉献，全身心地投入，并把这样的工作态度和敬业精神传递给每一位徒弟，试图让他们明白，先学会做事，再学会做学问。

经过多年的努力，我先后指导、帮助2位教师成长为嘉兴市名教师，6位教师成长为嘉兴市学科带头人，数十位教师成长为平湖市名师，努力发挥着"浙派名师""省特级教师"的引领、辐射作用。

其实，在指导、帮助青年骨干教师专业成长的同时，我也在这种互勉、互助、互进的过程中不断地收获着，前进着。

写到这里，我不由得想起了冰心的一首小诗："成功的花，人们只惊羡她现时的明艳！然而当初她的芽儿，浸透了奋斗的泪泉，洒遍了牺牲的血雨。"这世上，从来没有随随便便的成功！唯有努力，才有希望！

"路曼曼其修远兮，吾将上下而求索。"我的教育之路还很长，我将继续"不忘初心，砥砺前行"。而这一切，都是为了圆我内心那个一直孜孜以求的教育之梦……

向美而生，执梦前行

——我的专业成长之路

冯国健

冯国健 1975年10月生。平湖市钟埭中心小学副校长，美术学科高级教师，浙江省第13批特级教师。曾获浙江省科研先进个人、浙江省师德先进个人等荣誉。127篇论文分别在地市级以上报刊发表或在评比中获奖，主编出版《芳草碧连天——叔同人文资源校本课程》（2006年11月，香港华夏文化艺术出版社）。

作为叔同故里——平湖的一个美育人，我以李叔同先生"凡事认真，勇猛精进"的人格精神，勉励自己要像李叔同先生一样"做一样，像一样"。无论是在哪所学校任教，不管担任何种工作，坚持干一行，爱一行，钻一行，认真做好每件事，尽到每个角色被赋予的责任，担当起育人的使命。怀着梦想，勇毅前行，成就美好。事了拂衣去，深藏身与名，回首时，桃李不言，下自成蹊。

一、潜心课堂研究，探索"全息·全人"的美术教育

英国学者沃克提出了关键事件的概念。当课堂成为教师成长中关键事件的时候，往往会影响教师对教学问题的深度思考。研究课、展示课等诸多的公开课不仅仅是和孩子们的对话，也是和教学内容的对话，更是和自己专业发展的深度对话。我珍惜每次公开课的教学机会，努力在这样的场域中实现对常态课堂的超越，构建有特质的课堂，探索"全息·全人"的美术教育。

（一）以研究课为关键事件，尝试全息理论的教学探索

如果没有特别的规定，每个人自主选择公开课教学内容时，都会有一种路径依赖，会不由自主地选择自己能驾驭的课题或教学内容，而不愿意去触碰陌生的领

域。当选择走出自我的舒适区，必然会有更多的挑战与困难，但在克服挑战的过程中，也有一定概率会发生关键事件。

2011年11月11日，在教育部"国培计划"安徽省农村中小学教师短期集中培训中，我执教了欣赏课"中国传世名作——从《富春山居图》说起"。选择这件传世名作，既是对"欣赏·评述"学习领域有效教学的探索，也是对美术教育要紧扣时代发展脉搏的现实回应。时任总理温家宝同志曾在全国两会答记者问时，动情地讲起了《富春山居图》分居两地的故事，发出了"画是如此，人何以堪"的感慨。这件中国十大传世名画之一的古画因其跌宕传奇的故事成了当时的时事热点。文化现象热吸引我去思考如何借助名作的传奇故事，引领孩子们走近这幅名画，如何让孩子们去感受黄公望山水画作品里的元人笔墨，探究中国山水画"天人合一"的思想等本质问题。

在特级教师朱敬东老师领衔的平湖美术教育团队集体研讨、打磨下，经过多轮试教、磨课，一节很有挑战性的欣赏课取得了较为理想的效果。浙师大李力加教授在博客中写道："冯老师的美术欣赏教学《富春山居图》，是一节相当有教学难度的课，但他的演绎还是有自己特点和深度的。"天妃小学翁勤林副校长说："我们的孩子太幸福了！你的课太有味道了！不是一节美术课，是一节美学课了！"

公开课教学的经历是辛苦的。课上完了，也开启了课堂教学研究的新步伐。《中国美术教育》编辑崔卫老师说："你为什么要上这节课？怎么上这节课的？我们的读者更关注、更喜欢你对这些问题的思考。你把这些想法写下来！"听了崔老师的话，带着对这些问题的深度思考，我开始了基于课堂教学的论文写作。因此而成的论文《"赏"有法"悦"无限——以〈富春山居图〉为例谈小学美术全息性欣赏教学》发表在《中国美术教育》，后受邀在浙江省中小学生艺术节科研论文研讨会上做了交流，并在全国第四届中小学生艺术展演活动艺术教育论文评选中荣获二等奖。

一幅画可以重构中国传世名作欣赏的课堂新样态，一节课能撰写一篇有深度的教学论文。这样的关键事件，还能怎样促进教师的专业研究呢？其实，这节课例的研磨是基于浙江省教科规划"农村青年教师专项"课题"以首页图版为介的美术传统艺术的全息教学策略研究"的前期实践，只不过选题从首页图版转向了传世名作，也在全息欣赏的策略研究中，开始了"全息·全人"的美术教育探索。

（二）以公开课为育人载体，探索"全息·全人"美术教育

"全息"最早源自光学。"一叶知秋""一花一世界"等词背后，反映的就是

"部分（子系统）与部分、部分与整体之间包含着相同的信息，或部分包含着整体的全部信息"的全息思想。美术课堂是学生发展的局部，可以通过一节课的主题、情境、过程、方法、评价等要素，联动学生美术学习的学科认知、学科思维、学科情感，促进核心素养培养，实现学生的全人发展。基于全息理论，我在各类公开课教学的场域中，积极探索灵动、多元的全息课堂样态，构建美术学科全人教育的可能。

2017年12月1日上午，"民族翰骨：潘天寿诞辰120周年纪念大展"开幕，下午我就在"千课万人"海峡两岸小学美术"理想课堂"研讨观摩会的现场走近潘天寿的艺术作品，引领学生欣赏思考："潘天寿爷爷的作品中为什么会有这样的霸悍味？这样的霸悍是怎么表现出来的？"学生从潘天寿作品中的一根线、一只鹰、一座山，探究线条、笔墨、构图中的霸悍味，理解潘天寿画作背后的文人风骨与艺术坚守。在"椅子的设计"中，赏圈椅、钱椅、云龙椅等聚焦中国元素创意再生的思维源点，指向设计的本质，学生创意实践的自豪感、自信心倍增；在"苗族银饰：穿在身上的史书"中，和贵阳的学生探究千年苗族银饰文明密码，追寻民族文化学习的意义与价值；在"平凡人——丰碑"中，学生用水墨人物的创作表达对身边平凡人的敬意。课后，特级教师、正高级教师章献明校长评价："大气！"

一节节公开课转化成为一个个以美润心、以美培元的教学契机，课堂成为撬动学生核心素养发展的全息元，在以美育人、以文化人的守正创新中，塑造学生的美好心灵，"培根铸魂、启智增慧"，实现美术教育全人思想的课堂变革。

二、聚焦课程研发，构建"全景·全域"的美育课程

美国教育学者小威廉姆·E.多尔在《后现代课程观》一书中写道："课程不再是跑道，而成为跑的过程自身。"教师与学生不再是被动的课程实施者和接受者，他们同时成了课程的有机组成部分，成了课程的开发者、创造者。"这意味着鼓励、要求教师和学生自由地通过相互作用发展他们自己的课程。"随着课程改革的深入，构建"全景·全域"的美育课程成了我专业发展的"助推器"。

（一）校本课程：探索"全景·全域"美育课程研发

课程研发中的全景，既是一种思维方式，也是构建课程框架的策略，需要将课程研发置于学生美育发展、学校内涵发展的构建视域中。全域指向区域、场域、领域等的全部。区域可以是一个学科组、一所学校或者是一个地区，而场域则是统整了空间、问题、情境的集合。

2003年，在担任了叔同实验小学教务科研处主任后，我就在思考："作为一所以李叔同先生命名的学校，我们如何利用李叔同的人文资源提供适合的课程，让学生了解、学习李叔同先生的人文精神，促进学生素养提升，实现学校内涵发展呢？"我从嘉兴市立项课题的研究出发，带领老师们根据自己的学科、爱好，开展李叔同人文资源校本课程开发。老师们边开发，边实践，以课堂为切入口，慢慢将叔同文化渗入每个学生心里，在全校区域内逐渐形成了一股浓厚的课程开发热潮。书法家李叔同、画家李叔同、文学家李叔同、音乐家李叔同……很快，14个课题相继问世。《芳草碧连天——叔同人文资源校本课程》以全景思维研究大师李叔同，多镜头聚焦李叔同人文资源，多连拍扫描李叔同人文精神的核心，多角度构建课程的传承创新链。

随着书稿的初步完成，为了提升课程质量，我及时联系了学校的校外辅导员——杭师大弘·丰研究中心主任陈星教授。陈教授作为国内研究弘一大师的权威，3次利用双休日约我前往杭州，当面指导、修改教材，还以电子邮件、电话等多种形式保持着密切的沟通、联系。几经修改，该书正式出版。后来，课题研究成果荣获了嘉兴市教科研成果二等奖，我还在弘一大师国际学术研讨会上做主题发言。2008年1月，论文《挖掘叔同人文资源，建设校本课程》发表于中文核心期刊《中国教育学刊》，见证着"全景·全域"校本课程的探索与实践之路。

（二）精品课程：形成"全景·全域"课程建设能力

在叔同实验小学这四年，我积累了课程开发经验。这样的历练，收获的不仅仅是获奖证书、课程教材，更多的是课程开发背后的教育逻辑、育人立场。从课程内容构架到课程目标设计，从课程实施到课程评价检测，提升的是教师的课程视野、课程意识、课程智慧。"全景·全域"的课程建设理念，提升了我教学思想的层次与高度，之后无论在哪个单位，总能站在教育的全局视角，统整学科、学校育人的目标向度，创生适合的精品课程，服务于学校、学生的高质量发展。

在林埭小学任教期间，我围绕嘉兴市课题"以龙文化的创新实践为载体的小学美术校本课程构建研究"，带领美术组老师基于学校办学理念，立足地域文化资源特色，从学科视域中构架艺术发展的传承联结与创新点。2020年，开设了浙江省之江汇同步课程"艺术品里的中国"，聚焦中国经典工艺作品，通过在线学习、网络博物馆学习，拓展课程学习场域，用多样化、创意性的艺术表现，增强学生对中华优秀传统文化的理解、传承，坚定文化自信，厚植家国情怀，获评"省级精品教学空间"。2022年，主持平湖市精品课程"钟溪·垄上行"，和钟埭小学的老师们围绕钟溪文化，全景式构架中华优秀传统文化培根铸魂的整合性、实践性课程。在"钟溪·垄上行"的学习中，钟溪文化成为增长学生知识、见识的最"鲜活"资源，跨学科学习成为增强学生文化认同的最"生动"学堂，多样化的学习成果成为涵养学生家国情怀的最"纯朴"表达。

基于地域文化、校情的课程研发实践，使我拥有了较强的课程研发能力，从而有幸被邀请参加浙江人民美术出版社美术教科书编写工作，协助浙师大朱敬东教授完成了"儿童链式美术创新课程丛书"的编写。课程开发不仅是一条师生幸福成长的跑道，更是助推教师专业发展的快速道。

三、深耕美术辅导，浸润"全情·全融"的美育实践

著名教育家蔡元培先生说："美育之目的在于陶冶活泼敏锐之性灵，养成高尚纯洁之人格。"因此，美育要"陶冶高尚情操，塑造美好心灵，增强文化自信"。在20多年的美育实践中，我重视美育活动氛围、情境营造，使学生全身心投入艺术活动，通过情感体验促进认知要素联结和素养融通，构建"全情·全融"的美育实施路径。

（一）乡村美育：尝试"全情·全融"的实践路径

中华文明根植于农耕文明，农耕文明源于乡村。乡村不仅有着丰富的物质资源，也积淀着深厚的人文资源。作为一名从农村长大的美术老师，我注重于乡村美育实践中激发学生的创作情感，浸润在乡情的创作中融通乡村文明的守正创新。

在林埭小学时，我利用庄桥坟遗址、平湖九彩龙等身边的家乡资源，组织学生就地取材，从路边捡拾碎瓦片后洗净，在瓦片上刻龙字、画龙的图案，再将这些雕刻、绘画完成的瓦片集中起来，在学校的大草坪上一起动手拼出一条巨龙的造型。当学生们完成"龙"的拼摆，跑到高处俯瞰时，都被自己的成果所震撼。在体验龙的磅礴气势中，地方文化传承的种子已然种下。为了拓展艺术创作形式，让学生体验更多的艺术创造魅力，学生们和父母一起收集废旧布条，跟着竹篾师傅学扎龙骨，和老师一起在龙骨上用布条编结九彩龙。布条编织的作品《龙舞九彩》，不但获得了在浙师大美术学院展览的机会，还刊登在《美术报》上，这更让学生们油然而生一种创作的自豪感、成功感。通过碎瓦片、布条、麦秸秆等学生身边熟悉的废旧材料再利用、再创作，美育实践将主题创作融合在地域文化链中，学生学得投入，学得有意义。

来到钟埭小学，我又尝试将农民画融入学生的美术创作。学生在樱花公园写生，创作他们心中的樱花小镇的美丽风景，学生的农民画作品陈列在钟埭农民画馆，在浙师大举办的非遗智造国际学术展览中展出，由平湖电视台做专题报道。同时，为了突破传统课堂局限，2021年5月，我组织老师们带着学生来到樱花小镇，以草坪为凳，以天空为板，利用现场资源开展教学，将课堂置于天地之间，学生用自己的具身体验来感受身边的一切美好，感受钟溪文化的魅力。在茶花公园、乡贤馆，学生们走近钟埭先贤，开展课程研学活动，使新居民子女深入了解钟溪文化，产生更多文化认同，从而坚定文化自信。

（二）场馆美育：探索"全情·全融"的未来样态

博物馆、美术馆等基于场馆的学习是未来美育实践的大课堂，是面向学生真实生活世界的全新学习场域，更是中华优秀传统文化的具体学习场景。我以学习者为中心来建构活化的课程资源、多元的学习方式，让学生站在课程的中央，站到场馆的中心，践行"全情·全融"的美育理想。

在国际博物馆日和中国文化遗产日，依托莫氏庄园、平湖博物馆等场馆资源，我们成功承办了嘉兴市美术名师场馆学习主题研训等活动，老师现场执教研讨课，为学生的美育实践提供机会、创造可能。陆同学在"莫氏庄园的雕刻艺术"一课后写道："巧夺天工的雕刻技术，赏心悦目的雕刻作品，中国文化，博大精深！"浙师大朱敬东教授点赞道："核心素养发展链接的是在场气象，蕴涵的是儿童气息，深化的是文化气息，拓展的是理解、批判和遐想！好样的！课堂是一场真正的儿童的经历！"

作为中国基础美术教育"平湖模式"的实践者、奋斗者，一路走来，李叔同先生"凡事认真，勇猛精进"的人格精神指引着我追梦、筑梦、圆梦之路。尹少淳、钱初熹、李力加、崔卫等教授的学术引领，提升了我执梦前行的视野，打开了我的美育格局；师父特级教师朱敬东领衔的平湖美术教育团队给予了我发展的平台、专业的支持，坚定了我的奋斗初心。感恩所有关心我发展的领导、同事，以及美术教育的同人，使我有幸成为平湖美术教育团队中走出来的第2位特级教师。

新美育，新征程，需要踔厉奋发，笃行不怠。"一轮明月耀天心"，向美而生，执梦前行永远在路上……

初心不忘，此生不负

张宠娟

张宠娟　1972年10月生。平湖市黄姑实验学校语文学科高级教师。曾获平湖市十佳班主任、嘉兴市优秀辅导员等荣誉。6篇论文分别在地市级以上报刊发表或在评比中获奖。

> 生活是自己的，你想它是什么样子，它就是什么样子。坚持着自己的初心，砥砺前行，你就是在过着属于自己的人生。
>
> ——题记

每个人的生活经历各不相同，但这些经历多多少少会影响到其今后所从事的职业。我，就是一个很好的例子。

一、心之所向，素履以往

入学前，我根本没有真正考虑过自己将来要从事什么样的职业，只是在跟着父母从事田间劳动的时候，觉得他们的生活太艰辛了，我要跳出"农门"，不要过这种"面朝黄土背朝天"的生活。

离入学年龄还差几个月时，我被父母托人送到离家最近的村小上学。

直到现在，我仍清晰地记得老师在办公室考我的情形。老师出了几道10以内的加减法，我都顺利地答出来了，但是当他问我会不会10以外的加减法时，我不太会做，就躲在大人的后面。那时的我觉得坐在办公桌前向学生提问题，是一件神气且有趣的事情。或许也就在那时，一颗要当老师的种子在内心萌芽了。

记得当时的校舍有前后两幢房子，我们常常在下课后绕着房子疯跑。有一次，我跟一个高年级的同学撞上了，眼角正好撞在了他的下巴上，皮破了，还有血不断地渗出来。班主任钱老师知道后，拿出自己的手绢帮我擦拭着，还将吓坏了的我抱在怀中，不断地安慰着我，至于说了些什么，现在早已忘记，但是那份温暖至今留在心中。是钱老师的关心打动了我，我觉得做老师就要像她那样关心、爱护学生，把学生当成自己的孩子。也就是从那一刻起，原先已经萌芽的种子便从温暖的土壤中破土而出。而今，眼角的疤痕还在，钱老师早已退休，但它时刻提醒我要做一个像钱老师一样的老师。

跟同龄人相比，我的经历或许坎坷了一些。三年的初中生活，让我体验到了"命运多舛"的真正含义。那段日子，双亲先后因病离开了我，原本幸福的四口之家只剩下了姐弟俩，原本生活还过得去，如今已家徒四壁，原本的家庭宠儿变成了孤儿。稍稍懂事的我觉得自己的天都要塌下来了，幸好还有疼爱我的祖父母及叔叔婶婶，还有关爱我的老师与关心我的同学，是他们用爱为我撑起了头顶的那片晴空，也更坚定了我的信念。初三毕业考，我的分数超出了中专录取线14分，当时可供选择的学校有很多，但我还是毅然决然地选择了师范，不仅仅为了心中原先的理想，更为那些关爱我的人，我要传递他们所给予我的那份爱。

我之所以能成为一名教师，得益于生命中那些与老师的美丽遇见。恩师们为我付出的点点滴滴，点亮了我职业生涯的底色，让我毫不犹豫地选择了教师这个职业。

回顾自己的成长经历，我觉得：人生中所经历的那些坎坷与挫折，对我们的成长而言并不是坏事，它们是一笔与众不同的财富，能锻炼我们的意志，磨砺我们的心性。每当工作中碰到困难时，我会对自己说：这是上苍在考验我。没有过不去的坎儿，只要你足够坚强，就一定会挺过去的。

二、心之所爱，未来可期

踏入工作岗位之后，我真正感受到了做班主任的与众不同：当孩子有困难时，他们总会在第一时间想到你；当孩子有高兴的事情时，他们总会及时与你分享……当然，每到期末阶段，你可能比别的老师更忙碌：写品德评语、评比三好学生、家访，等等。在与孩子们朝夕相处的过程中，我更体验到了学生时代绝对体验不到的快乐。

记得班中有这样一个孩子，父母都是残疾人，孩子表现得有点孤僻，学习习惯相当差。我虽用尽了各种办法：表扬、批评，找其爷爷帮忙督促，让小伙伴跟他交朋友，为他找竞争对手……可还是收效甚微。

一次偶然的机会，我发现了他对待值日生工作非常负责。那时我们恰好要进行写人的习作训练，为了让作文更加真实生动，我和孩子们一起寻找着素材。这天，正好轮到他值日，看到他认真扫地的样子，我想：这不正是他身上的闪光点吗？我为自己的疏忽而自责。我偷偷拍下了他扫地的视频。播放视频的时候，当同学们看到他俯下身子去清扫桌子底下的垃圾时，都不由自主地发出了赞叹声，尤其是在看到他拿着自己的三角尺去清理桌子与墙角之间的灰尘时，同学们不由自主地鼓起了掌。那一刻，他的脸红红的，眼睛亮亮的，噘着的小嘴也咧开了。在口语交际环节，有同学还补充了他平时许多热爱劳动的细节，我从他的脸上看到了羞涩，但更看到了一份自豪。苏格拉底说过："教育不是灌输，而是点燃火焰。一万次的灌输，不如一次真正的唤醒。"马克思也说："教育绝非单纯的文化传递，教育之为教育，正是在于它是一种人格心灵的唤醒。"我想，孩子的心灵也许在那一刻被唤醒了，心灵的火焰也许就在那一刻被点燃了，因为我发现那天孩子坐得特别端正，听得也特别认真。大部分同学都将他作为了自己习作的主角，在作文讲评时，他又成了大家称赞的对象。

后来，我发现他真的变了，书面作业不用我"苦苦相逼"了，口头作业也能顺利过关了。估摸他能做的作业就让他在实物投影仪下进行展示，这样就有意无意地督促他改正了开小差的不良习惯，同时也激发他的自信心，唤醒他的动力，激励他奋发前行。事实也证明了他不仅在学习上改变了许多，在为人处世上同样也改变了许多，那噘着的小嘴咧开了，那只顾着玩的小手能帮助同学了，与同学交流的话语也多了……同学们也更愿意和他相处了。

他的改变让我明白了教育是一种心理认可、心灵召唤。作为班主任，我们应该善于发现学生的优点，哪怕是最不起眼的优点，用适当的方式表明你发现了他的优点，并在适当的场合给予恰如其分的肯定和鼓励，发掘和放大他的闪光点，以唤起他心灵深处的内驱力，让其找到集体的归属感，这将会照亮孩子的成长之路。只要我们眼中有光，心中有爱，所有的美好都会如期而至。

还记得有这样一个单亲家庭的孩子：新冠疫情期间，因为使用手机的问题，相依为命的父子俩陷入了亲子矛盾之中，孩子一气之下离家出走了。无奈的父亲将求救电话打到了我这里。于是，我一边给孩子发短信、打电话，一边安抚家长，为其支着儿。当接到孩子家长"孩子已找到并回家"的电话时，当听到电话那头家长一再表示感激的话语时，我的内心则是不平静的。当下产生亲子矛盾的主要原因是沟通不够到位，作为教师，我们不仅要引导孩子更好地与父母沟通，同时也要指导家长如何跟孩子沟通，让大家都能顺利地跨越"代沟"，让亲子关系更加和谐、融洽。我想，这或许就是我在今后的工作中所要着重研究的内容之一了。

时代不同，孩子们身上出现的共性问题也不尽相同，对我们班主任而言，需要用热情和智慧去引领孩子健康成长。这是一次次挑战，但我愿意接受这样的挑战，因为每一次的挑战成功，就是一个孩子朝着正向转变的开始。守得云开见月明，静待花开终有时。

三、心之所获，快乐相随

一路走来，一路探索，我真正体验到了班主任工作的价值，内心的职业归属感更强了。虽然比别人多付出了一点，但所收获的远远大于付出，尤其是看着孩子在自己的帮助下有所进步，那种喜悦是无以言表的；当然，有时看到自己的付出见效并不大时，那份忧虑更是折磨着我，常会在夜深人静时思考对策。不管怎么说，这对我而言，都是一种独特的体验，丰富着我的内心与经历。

有孩子不知从哪里打听到了我的生日，在我走进教室时，为我送上生日祝福；中考、高考时，在群里道一声"祝福孩子取得理想的成绩，进入理想的学校"等祝福，家长们纷纷热情回复；中考、高考成绩出来了，有孩子急切地要求父母打电话或发短信给我，汇报自己的成绩；毕业了，有孩子迫不及待地到学校来看望我；孩子与父母间遇到不可调和的矛盾时，还是要请我这位曾经的班主任出来帮忙……这些都让我体验到了做班主任的幸福感。

看着以前教过的孩子工作了，成家了，我也发自内心地替他们高兴。听着一声声"张老师，我是你学生啊，你忘记了吗？我可没忘！"，看着一张张依稀还带着儿时神情的脸，感受着孩子的真情，我觉得所有的付出都是值得的。

2021年，我任教满30周年了。教师节那天，一对同是我学生的夫妻为我送来了祝福，他们还带着自己的女儿来看望我，这是一份特殊的祝福。记得两人结婚时，还特地托人给我送来了喜糖。看着幸福的一家子，我不禁回忆起了20多年前的那届学生。当时学校教室紧张，我们就被安排到了教学楼后面的低矮平房内。看着别的学生坐在宽敞明亮的教室，孩子们及家长内心有许多的不平衡。我一方面做好解释工作，告诉他们：环境是有影响的，但是并不是决定因素，从古到今，艰苦卓绝的环境反而造就了许多了不起的人物，重要的是我们的内心要足够强大，要有积极向上的心理。也就是从那一年开始，我带领孩子们开辟校园内的学农基地，开展各种各样的班队活动，并与习作教学相结合，让孩子们在活动中感悟成长，在习作中记录心路历程。随后，孩子们的习作屡屡发表于市级报刊上，多篇习作在市级获奖。而今聊起这些，他们还念念不忘，感触良多。

从另一个角度来讲，孩子们的进步也促使我不断反思。白天和孩子们打成一片，夜晚就静下心来学习。笔动之处，一些散文、随笔、案例、论文也就留下了，地市级征文、论文的获奖就是我成长的见证。

在为人师的这一万一千多个日日夜夜里，我内心珍藏了很多的感动：感动于当我遇到困难时，同事们向我伸来的一双双温暖的手；感动于课堂内外，孩子们的出色表现；感动于那酸甜苦辣咸的日子给我带来的回味与思考；感动于付出之后那沉甸甸的收获……

在以往的岁月里，我已真真切切地感受到了这份职业的美好，而我仍将一如既往地享受这份美好，感受这份幸福，因为这是一个值得我为之付出的太阳底下最光辉的职业。

四、心之所悟，且思且行

回顾自己的成长过程，虽有不幸，但更多的是幸运。一路前行，一路成长，一路反思，感慨万千。

（一）磨难是人生最好的礼物

一帆风顺的人生固然好，但是人生不如意事十之八九。对我们而言，人生中的不如意或许就是上苍送给我们的礼物，因为它能锻造我们的品质，磨炼我们的意志。就如老农碾压青苗，就是要让青苗扎牢根须，夯实基础，生活中的诸多艰难困苦又何尝不是如此呢？我想如果没有老天给我那些成长的坎坷，或许也就没有我日渐坚强的自我。

在面对生活及工作中各种困难的时候，不怨天尤人，淡定从容，以积极的心态来面对它们，正如泰戈尔所说："世界以痛吻我，我要报之以歌。"我知道：生活中的磨难反而会成就一个更好的自己，因为你所流的汗，受过的伤，跨过的坎，都会化成一缕光，照亮你的前行之路。遇到挫折时，我会时刻提醒自己：阳光总在风雨后。

（二）努力成为"重要他人"

正因为心中有了这份对职业的向往，也正因为在生活中遇到了那么多关爱我的人，才使我成了一名平凡而又光荣的人民教师。生命中的每一次遇见皆是缘分，我有幸遇见了，他们便都成了我生命成长中的"重要他人"。我只有不断地努力，将这份爱传递下去，才对得起他们，对得起自己的内心，也让自己成为所遇见的那些孩子成长过程中起积极影响作用的"重要他人"。"桃李不言，下自成蹊。"我们应该让自己一句温情的话语、一抹会心的微笑、一个轻轻的拥抱帮助孩子在心中种下希望，点燃生命之火，引领他们走向更美好的人生之路。

（三）牢记从教四字诀

育人需要大爱之心，也需要有效的方法。回顾自己的从教经历，"静、恒、勤、通"四字诀始终不敢轻忘。

静：在教育教学工作中，要做到"心静"，面对外界的诱惑，要始终做到静心教书，潜心育人，踏实工作。在处理跟孩子相关的日常纠纷时，要时刻"冷静"，要用自己的教育智慧来春风化雨。

恒：只有持之以恒，才能有所收获。我以"恒心"为前提，坚守初心，坚定信念，在认定的路上不断坚持，不断奋进，最终实现了自己的理想。工作后，我始终保持工作热情，心中常存对学生的关爱之情，无愧于"教师"这份职业。专业成长也是如此，只有将追求坚持到底，才会实现自己的人生目标。

勤：活到老，学到老。我们要勤于学习专业知识，勤于向身边有经验的同事学习，这样在处理教育教学问题时才能游刃有余。我们更要勤于观察，要及时发现并捕捉孩子身上的闪光点，唤醒其内驱力，激发他们的无限潜能，让他们向阳而生，逐光而行。当然，我们也要勤于思考，不断反思。总之，要"勤"字当头，这样才能悟得更深，进步得更快。

通：作为教师，善于"沟通"很重要。在与孩子交流的时候，我们要"蹲"下身来，学会换位思考，才能与孩子拥有共同的语言，才能更容易走进孩子的世界。与家长常沟通，只有家长和老师站在一起，携手同行，这样才能使我们的教育更加有效。我们要同时学会"通达"，只有先通情，后达理，才能让孩子真正感受到你的关心、你的爱护，让他们获得价值感和归属感。

我想，在孩子的心中，会留有班主任的一个位置。在孩子的成长路上，如果你对他们的人生曾经起过一些积极的推进作用，那么，所有的付出都是值得的！只要自己的辛勤耕耘换来荷香十里，我甘愿付出所有。说到底，我们终其一生所热爱的工作，就是一场不忘初心的马拉松，在坚持的途中会看到不一样的风景。

做靠谱的事，成有为的人

邵婷婷

邵婷婷 1980年2月生。平湖市广陈中心小学德育高级教师，平湖市第14、15批名师。曾获嘉兴市第3批班主任工作室主持人、嘉兴市"十佳班主任"等荣誉。6篇论文分别在地市级以上报刊发表或在评比中获奖。

坦白地说，我是一个"笨人"。笨哪儿了？一是嘴拙，总觉得自己反应太慢，比起人家舌灿莲花，我弱爆了；二是短见，总以为我只是乡村教师，外界那些高大上的教育观都与我无关，我一向热衷于当"井底蛙"。就这样，过了漫长的14年，我几乎没给自己积累点像样的业绩。

后来，在一次培训中，一位专家的话刺激到我了。他说：没有功劳，莫谈苦劳！我们习惯于这样说：没有功劳，还有苦劳！因此，当这句话被翻转表达的时候，引发了我内心强烈的不适感。平静后，我仔细"反刍"此话，觉得有道理：人不该以苦劳为荣，有贡献度才值得自豪。我突然意识到自己多年来忙得毫无方向感和成就感，在我过往的青春里，好像真没有多少值得去捡拾的"珍珠"。那一刻，我那"沉睡"多年的心似乎被这句话点醒了。

思虑良久后，我决定在德育方面突破一下。但由于我之前并没有主动学习过相关专业知识，心里没个底。果真是"书到用时方恨少"，我为自己胸无点墨感到惭愧！于是，我订阅了几款教育期刊，比如《中小学德育》《人民教育》《教育学术月刊》等，挤出晚上的时间，竭力"恶补"自己落下的"功课"。渐渐地，我萎缩的信心开始精神起来……我又买来些专业书籍，继续开启"充电"模式。当读到《中国著名班主任德育思想录》时，我非常认同陈晓华老师的观点：要做一个"灵魂在场"的班主任，才可能和学生有灵魂的相互托付。可是，我当时并不在班主任岗位上，而是在少先队总辅导员岗位上已8年。那时，我站在了要往前跨一步，还是往后退一步的"路口"。

2013年，我终于决定从学校中层岗位上自愿请辞，回到了班主任岗位上。因为我想回到原点，重新开启"灵魂在场"的新样态班主任工作之旅。

一、雅智共建，打造风雅文化

2014年，学校推行"营造和美教室，打造班级文化"工程。这方面我的能力及点子还是不错的。我带着孩子们用心投入，教室的每个角落都留下了我和孩子们的思维印迹。走进班级，除了漂亮整洁以外，会让人瞬间感受到一种文化的气息，因为我们打造的"和雅共美"主题班级文化，典雅而有格调：玻璃窗上是一排排手工制作的"雅扇"，门上有"雅致而归"的门联，黑板上有"风雅少年"主题作品，墙上有环保再生作品等。一间教室，一种文化，结合得如此相得益彰！从形式到内容，从外化到内化，我一步步地引发孩子们用文化促生智慧，希望他们在教室这个重要的学习场域里能被文化熏陶与浸润，能宁静致远。难能可贵的是在这个过程中，孩子和我的综合能力都得到了锻炼与提升。在那年全校班主任工作的论坛中，我的展示惊艳了同行。我因此获得了参加"平湖市班集体特色文化建设论坛"的机会，而令我难以置信的是：在那次比赛中，我居然获得了小学组第一名的佳绩。这意外之喜着实为我自己打了波"鸡血"，之后，我主动争取机会，连续参加了平湖市班会赛课、少先队活动展示课、综合实践活动展示等多项活动，均取得了亮眼的成绩。

二、学玩结合，开展动感活动

我知道孩子们除了要能静，更要能动。当他们走出教室，转换学习空间时，我需要给他们安排更有动感的活动，让他们"放飞"整个身心。于是"如何设计农村小学班级特色活动"成了我要研究的课题。我带着任务意识不断琢磨，发现校内的一草一木都可以成为独特资源。比如：当荠菜长满校园时，我设计了"荠菜包圆汇"活动。我带着孩子们去学习挖荠菜、做包圆，劳动成果还可以带回去和家人分享。当金桂飘香时，我又设计了"留住桂之香"系列活动，我们赏桂赞桂，做桂花糕，做香袋，那段时间，清新怡人的桂香总在我们的教室里萦绕，幸福而美好！

　　同时，我还联合了家长，进行班家同步活动。我发现用活动的形式把家长拉进孩子的成长中，效果相当好，家长非常乐意参与班级事务。这样既增进了亲子关系，也增强了我与家长的同盟关系，逐渐形成了"班家生态"的良性循环，从此，班里开展活动就更加顺风顺水了！

　　如此往复，我一步步帮孩子们延展学习的时间与空间，对接了他们真实的生活，必要时还请来"大神"（专职教师或专业人士）当"救兵"。我用这种释放孩子天性的"玩中学，学中玩"的教育理念，落实了跨学科的综合性学习，使得他们在"有意思的活动"中得到"有意义的教育"。正是这些系列化、序列化的体验活动点亮了童心，生动有效地把德育活动变得动感十足。渐渐地，孩子们在知识、见识、胆识上都有所提升，更加自信灵动。2016年我带了几个学生去参加平湖市德育论坛，孩子们从容大方的表现让台下的老师刮目相看。有同行对我说："真的看不出他们是来自乡下的孩子！"

　　"玩中天地大"！嘉兴电视台《阳光伙伴》和平湖电视台《红帆船》栏目曾8次展播了我班的活动，也常有人评价：做邵老师的学生真幸福！

　　好运接连而来。2016年年底，时任平湖市德育教研员刘金良找到我说，他关注到我做的班级活动挺有特色的，问我有没有信心代表平湖参加第二年的"南湖之春"德育论坛。当时，我心里忐忑，担心自己搞砸，所以没敢当场应下。没想到向学校汇报此事后，学校相当重视，校长不仅鼓励我珍惜这个难得的机会，还组建了德育团队帮助我。2017年4月，我在第19届"南湖之春"德育论坛上分享的内容赢得了专家的高度评价。

三、挖掘资源，开发乡土课程

　　有了以上的历练作为基础，我对班集体建设有了更多的想法。除了把常规工作做到位以外，我想尝试探索带有自我风格的德育实施路径。自2017年起，我边做事边摸索，相继自主开发了三个德育课程，分别为"'乡野情趣'四季班会课程""'四季微旅'乡土研学课程""非遗传承少儿钹子书课程"。课程的资源其实相当朴素，就是广陈区域内的乡村资源。为了挖掘"乡土特色"元素，我争取到了镇团委、科协、文化站、村委等部门的帮助，花两年时间带着全班学生走访了广陈镇的每一个村落及镇知名企业，把家乡的特色真真切切地了解、体验了一遍，让"爱家乡，知文化"的教育落地。获得素材后，再经过精心构思，又衍生创设了带有"农味、趣味、智味、德味"的活动课程。

我在与学生的互动中，不断引发孩子们对自然规律及自身成长规律的思考，激发他们对万事万物的好奇心，激发他们探索未知的兴趣。让孩子们借助农村特有的自然、人文资源开展活动，以接通生活，架通自然，联通思维，沟通家校，用最接地气的形式对接童心，以引领孩子们的精神成长，并获得乡土风味浓郁的美好体验，这就是我做这些课程的初衷。

这些课程的实践也收到良好的效果，三个课程均被评为"平湖市精品课程"，其中一个被评为"嘉兴市义务教育精品课程"。在此过程中，我跟进了教科研，撰写的多篇论文获县市省级奖项，连续三个课题被立为嘉兴市市级课题，个人也获得了"平湖市德育名师"及"嘉兴市十佳班主任"的称号。2019年12月，我还有幸参加了"长三角德育联盟论坛"，工作经验在会上进行了书面交流。

人家十年磨一剑，我是二十年才磨一剑。我这性子是慢了点儿，但慢火炖好汤，我还是庆幸慢人有慢福的啊！

四、躬身播爱，建立家人亲情

我真心对每个孩子好：哪个孩子没吃早饭，哪个孩子身体欠佳，哪个孩子父母很少照顾，哪个孩子家庭有困难，等等，都是我操心的日常事务。

小婷的爸爸得了种怪病——AL型系统性淀粉样变性，高额的医疗费使这个普通的家庭陷入了困境。我得知情况后，首先自己捐款，然后帮他们写材料发起"水滴筹"，为小婷爸筹得四万多元的医疗费，并为孩子申请到了"福彩暖万家·点亮梦想"资助项目。一年后，小婷爸还是没挺过病魔的侵害，离开了这个世界，好在这个懂事的女孩很坚强。至今，我们依然保持联系，获悉小婷生活安好，学业稳定，我感到欣慰！

从教23年来，像这样的故事不胜枚举。"赠人玫瑰，手有余香"这句话的真谛，我体悟得很深切！

五、美丽呈现，成就艺术人生

我是国家级方言保护发音人，国家级非遗项目"平湖钹子书"的辅导老师。2008年学校聘请平湖钹子书代表性传承人戎永鑫先生来校传授，安排我随班跟学，从此，我接手这项工作，已默默坚持了15年。2010年，我助力学校获评"浙江省非物质文化传习基地"——至今都是平湖唯一一个省级非遗传习基地。当年评审时，评委们感叹道："没想到，在这样一所极其普通的农村小学，能拿得出那么多第一手资料，真是不容易！"

15年来，我边学边研，按照"保精融新，多式传承"的原则，创编了十几个少儿钹子书节目，多次携学生登上了省市及国家级的舞台，为这一地方民间曲艺的传承和保护做出了一定的贡献，多家媒体也对此做过专访和报道。北京语言大学曾两次找我录制方言样本，并收录于浙江大学出版社出版的"浙江方言资源典藏"丛书中。2019年，嘉兴市音乐教研员倪佳来校调研，之后，在朋友圈里留下了这样的感言："向这位非音乐专业学科的邵老师致敬，她用一腔热情撑起了非遗基地并取得了硕果……她是嘉兴音乐教师的身范！"倪老师的高评我自知担不起，我只是感恩于她的看见与认可。为责任而坚守是我不变的工作态度！同年10月，承蒙倪佳老师厚爱，给了我一次参加"全国非遗基地学术论坛"的机会，我才有幸能进一步学习，在分论坛的发言得到了文化和旅游部民族民间文艺发展中心李松主任的肯定，他还与我就一线传承工作中的问题进行了探讨。

2021年4月，我的少儿钹子书节目登上了第22届"南湖之春"音乐专场的舞台，并展示了我十余年积淀的成果。我非常高兴，因为这既是我个人第二次登台"南湖之春"，也为学校争取了一份殊荣。我一直记得校长的话：校荣我荣，校兴我兴！这朴素的道理，我懂的！

六、学习榜样，走稳未来之路

我通过主动学习、主动参训，专业成长显著提高，个人也获得了一些荣誉。这一路上也得到了不少贵人相助，我都铭记于心。其中，大家熟知的搞航天教育的姚爱英老师对我的影响尤为深刻。我一直很感动于古稀之年的姚老师比我们年轻人更有干劲，她退休不退岗，30年如一日用航天精神去突破平凡，成就自我价值。正是那种为梦想而奔跑到底的精神力量，感召了很多人。2018年11月，我正式加入姚老师的工作室，成为她的学员。在之后的交流中，姚老师真的把我当"女儿"一样，跟我讲她的成长故事，还不时把她的工作经验倾囊相授！我非常钦佩姚老师对工作的敬业、执着、坚守，更感恩于她对我的支持与鼓励。她是恩师，是明灯，是值得我永远学习的榜样！

2020年11月，我被授予"嘉兴市第3批班主任工作室主持人"称号，并成立了"嘉兴市邵婷婷班主任工作室"。这是荣誉也是担当，我深感压力。姚爱英导师得知此消息后，亲自来我的工作室，"手把手"教我带团队的方法，以师徒传承的形式传递她的高能量，她希望我为嘉兴德育培养骨干班主任而努力。2022年9月，她又带我拜访了航天英雄杨利伟，虽然交流的时间非常短暂，但我已然感受到了他是那样的智慧、谦虚与平易近人。其实我何尝不知导师带我"见世面",是告诉我:每一个"高光时刻"的背后是无尽的付出。我将继续借导师的精神之光照亮我的攀登之路。

不问来处,不问归途,心之所向,素履以往。我一向承认自己并不是聪明人,我是用"以勤补拙"的笨办法做事的。我想凡事只要能下"笨功夫",再难的问题都可以像"剥萝卜皮"一样逐渐解决。正如国学大师钱穆说:"古往今来有大成就者,诀窍无他,都是能人肯下笨劲。"我相信,情怀所至处,无坚不可摧!未来,我还会下"笨功夫",用童心去感受美好,用好奇心去探索世界,用责任心去踏实做事,力求做到"事事有回应,件件有着落,凡事有交代"。做靠谱的事,成有为的人!

热爱：让偶然成当然

黄甡嫣

黄甡嫣　1992年3月生。平湖市林埭中心小学教导处副主任，语文学科一级教师。曾获平湖市优秀班主任、平湖市优秀团干部等荣誉。10篇论文分别在地市级以上报刊发表或在评比中获奖。

一、兜兜转转从师路

我出生在一个教师之家，从小在父母任教的学校里摸爬滚打：跟着大哥哥大姐姐在煤渣跑道上翻滚，在各班教室后门口"旁听"英语课，偷偷坐在报告厅最后一排假装认真开会……那时的我似乎从未想过长大以后要做什么，只是觉得，看着自己的父母站在那么多人面前给他们上课，可真是威风；看着他们被一群人围着，可真是幸福；看着他们一抽屉学生送来的贺卡与书信，真是令人羡慕，我的父母一定就是大家口中的"好老师"。

上了小学，遇到了形形色色的老师，但在我心里，最严厉、最可怕的老师就是我的父母——作业必须做到完美，字不好看就得重写；钢琴天天都得练，平时一两个小时，假期五六个小时；出去旅游可以，但得随身带上小本子，随时做好旅游记录，回家就得写游记；同学家是绝对不能去的；跟同学出去玩耍，是想都不用想的。怎么小时候我所看到的那个令大家都喜欢的"好老师"就变了呢？那时的我坚定信念——身为教师子女的我，坚决不做老师！

高考结束后，听父亲说，有个很是高级的专业叫做"对外汉语"，以后就是跟外国人打交道，教外国人说中文的。虽然很是排斥"成为老师"，但向来喜欢英文的我又对此蠢蠢欲动。在"做老师"与"不做老师"之间纠结了许久，最终被"教外国人"这个听着似乎就高人一等的词给打败，在志愿表上填下了"对外汉语"四个大字。于是，四年的大学生活在对"教外国人"的憧憬中一晃而过。直到临近毕业，都没教成外国人。大四实习选择了一家留学培训机构做助教，做着留学顾问的角色。那时的我，对人生依旧很迷茫，不确定自己的未来之路到底会通向何处。但我的内心还是不愿意踏上讲台，拒绝成为像自己父母一样严厉的老师。

临近大学毕业时，突然得知国家汉办正在招募新一批孔子学院的汉语志愿者。梦寐以求的"教外国人"机会就在眼前，我怎会轻易放弃？我没有丝毫犹豫，立马填好了报名表，满怀期待地提交了上去。当然，我的父母也对我这项决定全力支持。当顺利通过了国家汉办的重重考试，踏进泰国莫拉限府朱拉蓬公主学校的大门，我深深地对着校园吸了一口气。那时的我心里所想的，并不是"我终究成了一名教师"，而是"我终于有机会跟外国人打交道了"。

在泰国的10个月里，我所任教的是中学一年级到六年级的汉语。刚大学毕业的我，没有任何授课经验，徒有一身并不是很扎实的理论知识。所幸，学生都是选拔出来的优秀学生，学习能力强，学习态度也极为认真。他们喜爱汉语，喜欢中国文化。于是，在没有任何多媒体设备的教室里，我用手里小小的iPad带他们认汉字、欣赏中国的传统文化，带着他们说中国话、唱中文歌，甚至还教他们写毛笔字、打太极拳，孩子们特别喜欢我。我跟这群可爱的中学生朝夕相处，亦师亦友。那时的我突然觉得，原来做老师是这样的感觉——特别幸福，特别有成就感。

记得那时有个初中二年级的男孩子，他给自己取了个中文名叫"李刚"。虽然他是土生土长的泰国人，但他十分喜爱中国文化，从小自学中文。当我认识他时，他已经能用中文与我做简单的交流了。为了能更好地了解中国，学好汉字、讲好中文，他就像我的小跟班似的，只要不是在上课，就跟在我身后问"十万个为什么"。我也带他参加了各种级别的汉语演讲大赛，取得了不少的奖牌。我还从国内买了各种各样的富有中国特色的小玩意儿作为礼物送给他。有一次，他托着下巴，瞪着圆溜溜的眼睛问我："老师，你说我以后能不能也成为一名汉语老师？就像您一样厉害！""像我一样厉害？""对啊！您在我心里，就是最厉害的汉语老师！""那必须的！"我们俩都笑了。我的笑发自内心，原来只要认真付出，全心全意为学生、爱学生，就能换来如此高度的认可与肯定。突然，我有点爱上"老师"这个职业了。

回国后某年，李刚突然与我联系："老师，我现在在北京读研究生，我有机会做老师了!"看到这条消息,我的眼泪夺眶而出,原来,我不仅能得到学生的认可,还能影响他的人生轨迹。原来做老师,是这样一种感觉,涩涩的,又甜甜的。我似乎爱上了这份职业,这份从小就排斥的职业。兜兜转转,我依旧踏上了父母踏过的道路,一条从师之路。并且,李刚的成功,让我突然有了信心,我一定可以成为一个像我父母般优秀的人民教师。

二、心怀大爱为人师

在泰国任教一年回国后,正逢平湖市教师招聘,父母问我要不要去试试的时候,我立马答应了。他们很是好奇,从小就拒绝做老师的我,怎么突然就改变主意了?没错,在泰国从教的一年改变了我,在与学生相处的过程中,我感受到了一位老师对于孩子的影响有多大。当你把满腔热情奉献给学生,把他们当花朵般满心关爱,你便会得到同样的回报。当你得到了学生的认可,学生便会敬重你,崇拜你,无条件地信任你。你就将会成为学生心中存在一辈子的那一道光。

正式在国内踏入教师岗位时,我怀揣着一颗忐忑不安的心踏进了五年级的教室,准备迎接我的第一批学生。这跟在泰国时的感觉完全不一样,之前我只是个汉语老师,有课上课,没课就休息,除了课堂教学,就是跟他们参加学校里的各种活动,一起唱歌跳舞,一起游戏嬉笑。而现在,我要做班主任了,我要像一个妈妈一样,无微不至地照顾这群孩子的学习与生活。不仅如此,还有学科上的压力,得教好语文,让他们掌握基本的语文素养。我有了一丝惶恐,当初的自信荡然无存。我真的能胜任这份工作吗?

开学后我通过其他老师了解到,班里有一个十分特殊的孩子。教室一角那些红黑色的痕迹居然是他发脾气时自己用手砸墙留下的血迹。一开始,他每次发脾气我都感到很无奈,我不知道应该如何安抚他,也不知道如何去阻止他一次又一次的无理取闹。班里其他学生也劝我:"老师,别理他,他就是这么一个人,没人能管住他。"但我不甘心,我不信我"治"不了他。于是我通过家访、观察、找他聊天,终于得知,他的问题是由家庭造成的:自幼父母离婚,爸爸常年在外做生意,家里只剩下年迈的爷爷奶奶照顾他的生活起居。亲生妈妈很爱他,也很想关心他,可强势的奶奶却想尽一切方法让他们母子分离。长期得不到父爱母爱导致他焦虑孤独,不愿和同伴相处,情绪无法控制。我知道,想要改变他绝非易事。我开始思考,如何才能让他感受到我对他的关心和爱护,如何才能让他信任我,让我成为他生命中那个重要的他人,让我这道光照亮他那孤独寂寞的内心世界。

我试着花更多的时间与精力在他身上；我试着原谅他的各种小过错，放大他的小优点；我试着以大姐姐的姿态与他聊游戏、谈人生；我试着让他站在全班面前展现自己，赢得其他同学的阵阵掌声……我把自己的关心、爱心、耐心都加之于他。日复一日，他开始变得不再那样冷冰冰，他会在控制不住发脾气的时候含着眼泪看着我；他会在我走到他身边时收起原本用尽全力握着的拳头；他会在我外出培训的日子，时不时跑去办公室看看我回来了没；他总会对着我露出天真的笑容。连班里其他孩子都说："老师，你是第一个让他那么听话的人！你的一句话比谁都管用！"我知道，我成功了！

爱，真的可以融化坚冰，真的可以感化一个孩子。只有拿出一份沉甸甸的爱给孩子，让他知道在这个世界上他是多么的重要，是多么的值得被大家关心爱护，他才会把我们视作生命成长中能带给他积极能量的重要他人。

一个充满爱的老师对学生的影响是不可估量的。身为老师，我们是具有极大的力量的。我们能够让孩子们活得悲惨或愉快；我们可以是制造痛苦的工具，也可以是启发灵感的媒介；我们能让人丢脸，也能让人开心，能伤人，也可以救人。当我们内心有了温度，我们的语言才会有温度；语言有了温度，教育教学才会有温度；教育教学有了温度，孩子才会觉得安全，觉得温暖。做一个温暖而有爱的人，就是离"成功的老师"更近了一步。

三、兢兢业业铸师魂

如今，我不敢自诩是一名优秀的人民教师。但我有自信，我能将自己200%的爱心奉献给我所从事的这份职业，奉献给我一批又一批可爱的学生们。虽然我任教只有8年，只带过4届学生，但每当曾经的学生与我联系，曾经的家长同我聊天，我都觉得是那样的幸福！

去年，我换了学校，也基本无法再同曾经带过的学生见面，我担心他们是否还会记得曾经的那个"黄老师"。哪知，当偶然遇到他们的现任班主任，她拉着我的手激动地说："黄老师，你知道吗？你都不教他们三年了，他们居然嘴里还是念叨着你！当我去家访的时候，还有几位家长跟我提起曾经的黄老师，说你真的是个很有爱心的老师！"我笑得很开心，原来我一直都在他们心里。

回到家中，看到戴着老花镜看文件的父亲、醉心于世界名著的母亲，我突然发现能受到学生喜爱的他们是如此的伟大。30多年过去了，他们的学生早已为人父为人母，但他们依旧与学生们保持着联系，这些学生隔三岔五就找他俩聚餐喝茶。这份师生之间真挚的感情就是用他们对学生无私的爱换来的。现在想想，我小时候那个"绝对不做老师"的念头竟是如此可笑。果然，站在那么多人面前给他们讲课的老师，最是威风；被学生围着的老师，最是幸福；被学生一辈子记住的老师，最令人羡慕。

我知道，在我的骨子里，还是流淌着"教师的血液"，仿佛我天生就该从事教师这个职业，我果然印证了那句话——长大后，我就成了你。从一开始的拒绝排斥，到偶然获得的从教机会，再到现如今对这份事业的热爱，这何尝不是最好的选择！既然热爱，我必将全身心投入这份崇高的职业。

身为教师，教书固然重要，但根本却在于育人。能培育出一批又一批优秀学子的前提就是心怀大爱、甘于奉献、不求回报。只有在教师岗位上兢兢业业铸师魂，无私奉献行大爱，才能成为学生心中温暖而又明亮的光。

奉献一片红心，立志终身从教

周建荣

周建荣 1967年2月生，平湖市全塘中心小学副校长，体育学科正高级教师，浙江省第7批特级教师。曾获浙江省优秀共产党员等荣誉。120余篇论文在省级以上报刊发表，出版个人教育专著《一二年级体育锻炼标准之实践研究》（2021年6月，浙江工商大学出版社），主编出版《师范生专业实践导引》（2022年11月，辽宁师范大学出版社）。

"奉献一片红心，立志终身从教"是我坚守38年教学的誓言和初心。不管是在物资匮乏的20世纪80年代，还是在国家富强的新时代，从普通中师生到省级教学名师，我始终爱岗敬业，将学生放在第一位，对教育充满热爱，对体育满怀激情。

一、争做忠诚热情的"民师"

热爱教育、关爱学生且有理想的教师名之为"民师"。教师要忠诚于党和人民的教育事业，体育教师要让每一位学生在有兴趣的体育学习中获得体质进步，润物无声地培育学生的人格和意志，助推学生发展，做学生喜爱的好老师。

（一）锤炼专业本领

我是20世纪80年代浙江省第二届初中中专的师范毕业生，工作之初深切体会到成为一名教师的不容易，所以将体育教学作为自己生命的重要部分，立志要成为特级教师。由于在师范学校没有经过体育专科的学习，当时深感业务水平跟不上一流教学的需要，为此平时非常刻苦地钻研教学大纲和教材，虚心向本校有经验的教师请教，如向语文教师讨教语言表达，向美术教师讨教图画创作方式，向音乐教师讨教舞蹈伴奏等。1994年11月后，每到星期日，我常去特级教师吴先洲老师家里学习理论，学习动作，学习语言……

1995年10月，我有幸在省体育教学研讨会上结识浙江省体育教研员董玉泉，我的执着与刻苦让董老师非常感动。董老师对我在课堂教学、体育科研、田径训练等多方面进行了精心的指导。为了确保董老师的辅导顺利，我克服生活、工作上的许多困难，收获了自身的快速成长。

我抓住机会虚心请教，在向《中国学校体育》投稿时，论文多次得到赖天德教授的亲自指导。1997年3月我写了一篇《小学低年级体育课管理十法》，并手写纸质稿投递；经过赖教授修改整理，最终以《小学低年级体育课教学管理七法》为题发表在1997年6月的《中国学校体育》上，杂志社寄给我一封激励书信和30元稿费，勉励我继续研究教学并总结经验。

在赖天德、董玉泉等专家指导下，经过30多年的刻苦坚持，我锤炼专业风格，形成了自己个性化教育的教学范式——"乐教、乐学、乐练"。我热爱教学，对上课入迷，每当开设公开课时，都要经过多次的试教和试讲，有时晚上八九点钟还在操场上进行场地演练、动作示范、队列思考……即使现在，一节常态课也要琢磨好几天，探寻哪种方法最适合学生。

（二）关爱学生成长

20世纪80年代，学校组建田径队时，家长普遍不支持，担心影响文化课成绩。我就坚持白天上课训练，晚上无偿给学生补习文化课。为了让学生休息好，我将自己的学校宿舍安排给学生，自己则每天睡在教室里。90年代在双林庆同小学工作时，每年都有几位学生参加地市的运动会，学生离家比较远，我总是和学生吃住在一起，晚上辅导学生完成作业。2000年后，我担任副校长等职务，但是仍旧承担田径队的辅导训练工作。南浔实验小学的徐同学是一位跳高的好苗子，我一边督促她认真参加训练，一边鼓励她勤奋学习，几年下来她的体育和文化课成绩突飞猛进，被选拔为浙江省最年轻的奥运火炬手。在记者采访时，徐同学说："周老师不光关心体育成绩，更关心我们的文化课，每当有困难时，总是耐心帮助和开导，我永远不会忘记周老师的！"

我现在在全塘中心小学工作，坚持在一线上体育课。我任教的一年级的班级里有位许同学，由于先天遗传影响，任何一项学习总是落在后面。为了不让任何一个学生掉队，我总是将许同学带在身边，慢慢地启发、诱导和激励。对特殊儿童坚持送教上门，每月都要和同事一起到这些特殊学生的家里，给孩子讲故事，帮助练体力，让这些孩子也能受到良好的教育和关爱。

二、勇做拼搏进取的"明师"

专业精湛、教学有方且有本领的教师称之为"明师"。我边教学边思考，努力探索体育教学、训练和管理的方法和规律，力争明晰体育使命，明察教学规律，明断教学策略，明辨教学问题，实现用最小的代价取得最好的效果，让学生轻松愉快地学习。

（一）探索教学方式

30多年前，乡村小学的体育教育条件相当简陋。1986年在重兆乡中心小学工作时，学校体育教师只有我一人，没有任何体育器材，操场只有400多平方米。基于这种现状，我研究分组轮换的教学方式，保障学生有更多的时间来活动；开拓活动场地，到田野上练跑步，冬天到比较硬的空白田里练素质，同时着手解决体育器材缺乏的困难。我在学校支持下，积极向社会、企业筹集体育经费，利用星期日或晚上登门拜访乡办企业的厂长、经理们，有的厂最多跑了18次。重兆水泥厂当时严重亏损，厂长见我一次次地跑，非常过意不去，说："周老师，确实没有钱，只有水泥，你要吗？""要！"随后我分6次拉出了两吨水泥，放在码头上，等了两个小时，卖掉换得400元。重兆湖笔厂也没有现金，给我100元的国库券，到银行兑得人民币109元。经过集资，学校装备了体育器材，更重要的是锻炼了我坚忍不拔的意志和勇往直前的决心。

体育课不仅要增强体质，让学生拥有健康的身体，更要通过体育活动来培养人，所以我一直坚持融入其他学科的先进教法。如加强体育与音乐、美术的结合，陶冶学生的艺术情操；在体育课中及时增加数学感性知识，如长度、重量、速度等；运用"先学后教""小组合作学习""小先生制"等教学策略提升学生的学习力，如2021年12月，开设的公开课"单脚连续跳（水平一）"，开始部分以数学加减乘除计算集中学生注意力，以分发器材培育学生的团队意识，以小组合作培养人际交流能力，以搭建图案培养学生的艺术美感，等等；平时充分利用嘉兴的地方红色资源，将"红船精神"渗透到课堂之中，培育学生积极向上的精神品质；同时结合学校学生许多是来自全国各地的新居民的特点，教育学生努力学习、珍惜友谊，学会合作交流。

（二）甘付青春热血

做一名乡村教师是艰苦的。我克服众多困难，以校为家，上好体育课，带好训练队，取得了一项又一项的优异成绩，但是20多年体育训练下来，从未多拿过一分钱。组织上发现了我这位一线教师的优势，安排我做名师工作室总领衔人，承担科研指导员等工作，我放弃了所有的寒暑假，在课堂教学、科学研究、示范引领等方面投入无数的时间和精力，每年帮助教师修改论文400篇以上，指导课题30个以上，指导公开课20节以上。此外，无偿承担体育教师、学科名师等20多个研修班班主任，搭建教学、科研、课程实践平台，提升教师的教育实践和协同创新能力。

三、乐做造福一方的"名师"

甘为人梯、引领一方且有担当的教师誉之为"名师"。一位名师的价值在于造福一方，做出一流的教育成绩，同时去培养、带领学生和教师，使每一位学生和教师获得最优秀的发展，乃至卓越成长，从而提升整体教育水平。

（一）做出突出业绩

我精心设计每一节体育课，力图让学生学得轻松、愉快并有进步。近20年来曾50多次为省、市、县级领导和教师开设公开课、观摩课，曾多次受邀到北京、江苏、安徽等省市借班上课，所上教学课多次得到省市领导及与会专家的赞扬。坚持和学生平等相处，在我的教育和诱导下，学生都喜欢上体育课，国家体质健康标准合格率在99%以上。在省市体育比赛中，训练的运动员取得了优良成绩，近60次为学校争得锦旗或奖杯，其中获得团体冠军30多次，有多名运动员被输送到少体校或高一级体育特色班。

我从教38年来，除注重教师专业成长外，更关心教师的政治思想。2013年4月担任湖州市第一层次名师培养班班主任，我负责指导初中体育姚老师、小学数学余老师和小学科学沈老师，通过绘景明晰成长愿景、塑魂形成教学主张、强化课题导研、课程入研、课例展研等手段，激励形成教学风格。在2014年这三位教师全部被评为浙江省特级教师，现均已成为正高级教师。我善于在一线教学中发现优秀的教学苗子，好多优秀教师通过一节课、一篇论文被发现。在调研中我发现贾老师借助论文提升教学的闪光点，在组织的关心下，加以培养，目前贾老师已成为省特殊支持计划教学名师、正高级特级教师。

我还担任浙江省体育名师工作室导师和平湖市学科名师工作室总领衔人等专业职务，对管理架构、岗位职责、教研功能等进行研究设计，构建名师管理范式；对有潜力的教师总是给予无私指导，20多年来，帮助教师修改论文课题、组织教师培训，通过课例、课题、课程提升专业精神、专业技能和专业学习水平；经我培养的教师，有5位成为省级特殊支持计划的教学名师，有11位成为省特级教师，24位成为省教坛新秀，100多位成为地市级名教师、教学明星、教学能手、学科带头人、杰出人才等，100多位骨干教师经局党委提拔至校级领导岗位。

（二）提升研究品质

以研提教，教研相长。我撰写并发表的论文有100多篇，出版专著3部、地方教材3本，主持省级课题4项，参与省级课题研究20多项。研究成果《小学一二年级实施体育锻炼标准之实践研究》获浙江省教育科研成果奖二等奖、省基础教育教学成果奖二等奖和省中小学体育论文评比一等奖，并由专家组推荐给教育部、国家体育总局有关领导，在科学研究方面获省级及以上奖项14个。

作为嘉兴红船旁的体育教师，一直负有神圣庄重的历史使命，我努力工作以不负党和国家对我的多年培养，在体育教师培养和体育课堂实践中积极渗透"红船精神"教育，讲解"红船精神"理论，践行"红船精神"行动，培育师生高尚的思想品德，同时撰写系列专项论文，如《"红船精神"融入体育教育教学的学校实践》在《中国学校体育》发表。

由于组织关心，1996年6月被中共浙江省委授予"浙江省优秀共产党员"，2000年9月被省人民政府评为第七批浙江省小学体育特级教师，2021年9月被省人才办确定为省级高端人才。坚持扎根乡村体育教育，工作事迹曾先后被刊登在《奉献》《浙江教育报》等20多种报刊上，并在中央电视台《新闻联播》等十余个新闻节目播放；巡回演讲时，约有10万名教师、工人、公务员听取题为《奉献一片红心，立志终身从教》的事迹报告。

但我始终认为，成绩属于过去，未来必须从"心"开始：我是一位人民教师，我的责任是教育好每一位学生，培养好每一位教师，学做"大先生"，践行"为天地立心，为生民立命"的理想。如今国家已步入新时代，我也更加坚定"奉献一片红心"的誓言，不忘"立志终身从教"的初心，加入建设新时代学校体育的行列，争做嘉兴红船旁的"四有"好老师，为打造浙江省共同富裕示范区的优质教育而建功立业，为国家体育教育事业新时代新崛起做出一名体育特级教师的贡献！

人生三见

张启栋

张启栋 1981年11月生。平湖市钟溪学校副校长，语文学科一级教师，曾获平湖市"十佳班主任"提名奖、平湖市"最美教师"提名奖、平湖市师德先锋、平湖市优秀教师、平湖市优秀班主任等荣誉。6篇论文分别在地市级以上报刊发表或在评比中获奖。

如果把生命的过程当作是一种修行的话，教育便是一场遇见和觉醒的过程。觉醒的本质，就是回归孩童本真，领悟教育大道。

一、见自己：初心不忘

"知不知，尚矣；不知知，病也。"

一个人知道自己的无知，是明智的；不知道自身的无知，是愚昧的。认识自己，回归本心便是教育的基础。我的教育理念足够先进吗？我的教学水平足够高吗？我的班级管理能力足够强吗？我不断地追问自己，促使自己深度反思。

我是从2003年开始参加工作的。回望进入叔同时那个难忘的起点，我内心永存感激之情。那年的8月，骄阳似火，流金铄石。我记得我们这些刚入职叔同的小伙伴们身穿叔同蓝，在灼热的气浪和建筑灰尘里，一起流着如溪的汗水，一同前往叔同建筑工地。德高望重的王校长和我们这一帮小青年一道，头顶烈日，脚踏酷暑，冒高温，流热汗，钦佩之情油然而生。我始终记得王校长说："共同体味初始创业的艰辛！"这样的从业第一课，让我始终有足够的耐受力和意志力来面对接下来发生的所有可能。我认同这样的职业底色：初心不忘，本心坚守，将心注入，向光而行。

初办的叔同有一个城南论坛，这是学校创办伊始的精神家园。"启动幸福"是我在论坛上的网名，这里安放了我最初的青春。带着对教育的憧憬以及初为人师的激动，我开始行走在网络空间，启动追寻幸福之途。

我想起了钱锋、俞军、汤丽英、冯国健以及活跃在"城南论坛"里的小伙伴们，我们是那样愿意安静地为之付出。那是我们用心培育了两年多的教育花园，新教育就是在这里启航的。作为新手，我在这个教育论坛的沸池里，如饮甘醇，开始寻觅教育的本质。

每天下班后，我常伴着满天星斗，踏着一路夜色回家。当别人安享天伦之乐，或沉浸于觥筹交错时，我便独坐于书桌前，开始一天的回顾。学生的作业、翌日的课程都好似沿路百看不厌的风景。论坛、博客、网络、书籍，以及朋友贴心的留言，使我流连忘返，给予我智慧，给了我第二天面对学生的信心。在每一个寂静的夜里，我思索着与孩子们相处的点点滴滴，努力捕捉与学生交流时的某个细节和顿悟的灵感，并一一将它们记录下来。久而久之，我写下了60多万字的教育随笔、课堂反思和叙事随感，一个个教育案例在这样的随思里鲜活跳跃。彼时的我天真地以为，教育就该是这样的，教师勤奋，学生努力，好似一部开足马力的机器，向着目标狂奔……

我不停地耕耘着，也收获了成功。我以为见到了最好的自己，寻找到了教育的捷径，也在这样的收获里沉醉。我也逐渐被学校信任，成为大队辅导员，而且一直在毕业班这个"老六"的位置安然不动。这让我产生了一种魔幻的错觉，骄傲地以为，我用这样的行走方式做老师是正确的，至少很合规合矩吧！

然而我不知道的是，我离真正的好老师还很远很远……

二、见天地：顺应自然

"孔德之容，惟道是从。"

有大智慧的人，都是顺应自然，遵循人的本性做事。从见自己到见天地，是往上攀登的过程，是把自己的小我境界提到天地的大我境界中去。一个人，如果只懂得见自己，不知道天地的广阔、自然道法的玄妙，就会一意孤行，做出违背常理、偏离大道的事，最终让自己陷入困境。

有一件事情让我印象深刻。

那天，我还没走到教室，便听到不远处自己的班级里嘈杂无比。此时，一个脑袋从窗口探了出来，看到我之后，又马上缩了回去，紧接着我就听到一句大喊："张老师来了！"顿时，菜市场般热闹的教室安静了下来。几个原本跑出座位手舞足蹈的孩子在听到这一声呼喊后，纷纷溜了回去。另外那些正聚集在一起高谈阔论的，见势不妙，也都迅速缩回了自己的座位。

我前脚还没跨进教室，整个班级就已鸦雀无声，孩子们端端正正坐在座位上看着我。就在那一刻，我脑海里突然想起了小时候经常在战争片中听到的那句人人皆知的经典台词，"鬼子进村啦……"当然，孩子们没有说"鬼子进村了"，但他们的行动在告诉我——我就是那个进村子（班级）的"鬼子"。这是多么可怕的一个现实啊！

这一刻，深深刺痛了我的心。突然间，之前所有美好的陶醉戛然而止。这样的事实，这样的疼痛，让我疑惑，更让我彷徨。回想起入职以来这几年所做的一幕幕，我开始反思自己的教育教学。在阅读了《第56号教室的奇迹》后，我这样写道：

"透过那个惩罚艾力克斯的老师的一举一动，我分明看到了自己的影子……我看到了曾经的那个我，拿着相机拍摄趴在课桌上上课的学生，事后甚至还和其他老师就着照片高谈阔论；将学生上课开小差时偷偷写的纸条留起来，威胁说要等到家长会时，给他们的家长好好看看；拿出手机，把学生寝室里讲话的喧闹声音录下来，为的同样是告诫当事学生……"

越想越多，越想越觉得这哪还像我自己啊！我感觉自己快要崩溃了，背上直冒冷汗。这一刻，我告诉自己，原来我做错了！我和孩子之间有了深深的隔阂，正是这样的隔阂让孩子对我有了深深的惧怕。我忽然明白，一味严格要求甚至是采取高压政策，必将失去孩子的心。惩罚、压制，心生恐惧，这不是好的教育，而是教师的威权和对孩子天性的压抑，因而造成了孩子们对我的疏远和恐惧。表面看似风平浪静，实则底下暗流涌动。我扪心自问：这是孩子们需要的我吗？孩子们为什么会活在害怕、恐惧中呢？我所谓的努力付出和"我是为了你好"的道德绑架，是在做一个好老师吗？点醒我的，竟然就是这批孩子。

在《第56号教室的奇迹》这本书面前，我之前的教育手段被照得原形毕露。我被深深钉在了56号教室的奇迹里，我也把雷夫这个名字深深钉在了自己荒芜的心里。原来，一切事物发展的根本原因，不在于外部压力，而在于事物的内生动力。教育不是执行外部规则，而是帮助孩子们建立自己内生的秩序。

任何事物的变化发展都有规律，孩子的心理发展亦依据其自有规律运行。心理学表明，心理发展变化存在于行为、需求、认知三要素的辩证统一运动，行为受需求支配，需求以认知为基础，认知又决定着需求并指挥行动。严厉和呵斥根本无以改变孩子的认知与需求，更无法让他们体会到老师的亲近与关爱，从而心生抵触，产生抗拒，使得教育走向期待效果的反面。

反观我那些急功近利的压制手段，不顺应自然，不认识心理特点，不遵循成长规律，一味站在教师思维角度去诱导孩子，必定使其反陷深渊而不能自拔。只有遵循孩子的心理变化规律，才能在师生之间建立真正的爱的联系，才能让孩子们自由而高贵地生长。

有人说：心软能救世界。而我也明白了，教育技巧的全部奥秘就在于如何爱孩子。以前觉得生气，觉得他们讨厌，是因为我缺少应有的那份爱。我们有了爱，才会对孩子充满信心和耐心，才会相信每个孩子都能成功。我更应该去触摸孩子的灵魂，从心底里把他们当成自己的孩子一样来爱他们，并且把那种爱传达出来，让孩子能真切感受到。只有这样的以心换心，才能在因果联系中看清事物的变化，从而与孩子产生心灵的碰撞。

三、见众生：慈悲情怀

"圣人常善救人，故无弃人。"

圣贤擅长发现每个人的优点，不会放弃任何一个人，待人没有分别心，总是一视同仁。从见天地到见众生，是一个不断向下走的过程，是对世人报之以体谅与悲悯。教育就是在心灵圣地上的修行，众生面前，最朴素的不带任何功利的爱，就是教育的慈悲情怀。

我回想起了那些在我心中关乎生命之重、童年天性、平等教育的刻骨铭心的记忆。

我扪心自问：当孩子身体不适的时候，我们会心安理得、熟视无睹地任其坐在教室里煎熬地等待吗？有时候，孩子身体不适，自带了一些药片，需要开水冲泡。办公室里或许有现成烧开的热水，我们会热心地倒给他们吗？夏秋之交的天气变化无常，孩子们经常是短裤长袖混穿。对于那些体质差的孩子，仅仅是一声善意的提醒，我们会去唠叨吗？

新居民的孩子，家长工作忙碌从而对孩子无暇顾及。大冬天的早晨，站在校门口啃着昨晚留下的冷早餐；送外卖的家长掐着时间，飞一般接送孩子，生怕耽误了送餐时间。有孩子大冬天穿了双凉鞋来上学，原来他唯一的球鞋洗了还没干……看着孩子羞涩的表情和质朴的眼神，还有为了生计奔波的家长，我心酸而又无奈。

当我们怀有一颗慈悲之心的时候，一定会察觉到孩子不一样的变化，一定会看到孩子的优点和长处。慈悲是人性的善良和内心的柔软，能抚慰孩子的伤痛和家长的焦虑。虽然我以为改变够多了，但在我的内心深处，还在不断滋长另一种力量，那就是，为孩子，尽绵绵之力，改变在教育现实里的行走方式。

于是，我便努力让自己潜心修行，不断唤醒自我，不断看见使命，引领孩子走向光明，看见爱，感觉爱，传递爱。有了慈悲，便有了孩子们的爱己爱人。"石榴籽课程"让孩子们懂得手足相亲，守望相助，像石榴籽一样紧紧抱在一起。"小候鸟课堂"让孩子们在假期中有了最美的相遇和团聚的幸福。上学时，姐姐会细心地照顾着弟弟快乐进校门；放学时，孩子们会有礼貌地热情挥手相互道别。

善良是天性，慈悲是大爱，孩子的生命需要经典智慧给予力量，方能建立远大而无私的梦想，成就美好而有深度的人生。这些看起来平凡的、不起眼的工作，都需要坚韧不拔地去做，这样才有美好的教育责任和担当，也是教育道之所在。

党的十九大报告指出，要"努力让每个孩子都能享有公平而有质量的教育"。这是一种使命担当，更需要我们去关注孩子心灵的颜色，细腻呵护他们如瓷的内心，建立真正的爱的联系。我用系列活动来唤醒孩子内心的成长动力，丰润童真深处那个最柔软的部分，努力实现"救赎—改变—奇迹"的转化。

这些年来的一幕幕细节，串起了我的温暖记忆。那些来了又毕业了的孩子们，一次次在QQ好友的留言里闪烁着。

朱同学：张老师，我心中一直有种莫名的感动，这或许是您对我们的爱让我所体会到的吧。我一想起这个，眼泪就无法控制地涌上眼眶……

郭同学：不是每个老师都是那么体贴学生的，不是每个老师都是知道我们的一切烦恼的，不是每个老师都像张老师你一样，会懂得我们的烦恼。

有时，我会想象和那些业已飞出校门的孩子对话的场景，电脑的这端是我，那端是我的孩子们，我们在这个云网络的时代，因为爱的联系而变成了整体。我们彼此撼动了心灵里那个最柔软的部分，我想我们彼此的心早就已经联结成了一片心湖，这难道不是教育的奇迹吗？

原来，教育就是打通心途，教室能够链接心灵。无论走到哪里，我都不会忘记为什么而出发。我会对每个孩子这样说也这样做：孩子，我只是想对你好一点。我会对每一个老师呼喊：努力让每个孩子都能享有公平的教育。

1952年诺贝尔和平奖获得者，人称"非洲圣人"的施韦泽曾经说过："人不能只为他自己而活。我们必须认知：所有的生命都是珍贵的，而我们和所有的生命是结合在一起的。"

所以，我将用一支教育的竹篙，向孩子的心灵深处漫溯……从见自己到见天地，再到见众生，我愿一路追寻最美的教育风景，终其一生，不忘初心，也绝不放弃对教育的追求！

扎根特教，躬耕一线守初心

吴亚玲

吴亚玲 1979年4月生。平湖市培智学校科研室主任，生活语文学科高级教师，嘉兴市第6批名师。曾获浙江省教坛新秀、浙江省师德楷模等荣誉。38篇论文分别在地市级以上报刊发表或在评比中获奖。

时光匆匆，转眼间在这三尺讲台上已走过了26个春秋。细数往昔的成长岁月，不禁感叹：生活原来给了我们那么多感动。然而，更多的日子要耐得住清贫，耐得住烦琐和劳碌。

一、特殊的学校，特别的情怀

脑海中还清晰地记得那是1997年8月，作为当时平湖市第一个就读于浙江省温岭师范学校特殊教育专业的学生，我毕业了。怀揣着青春的梦想，我来到了附设在平湖市实验小学的平湖市培智学校，成了该校首个特教专业毕业的老师。过了一学期，学校因故改成了包班制（两个班合并成了一个班），我便成了培智学校里唯一的老师。尽管有在特师三年的专业教育与思想熏陶，但我还是震惊了：这是一个怎样的班级呀！虽只有14个孩子，却有着四五个不同的年段层次；最小的七八岁，最大的有十五六岁，个头比我还大；智残程度也不同，中度的、重度的，有几个还患有多重残疾，最严重的连吃饭、大小便也不行，更别说读书写字了。我既要教语文、数学，还要教常识、体育、音乐、美工等，课堂上，常常是这个年级刚教完，还没喘一口气，就接着拿起另一个年级的课本，讲完了还要给不会写字的学生一个字一个字地把笔。常常是一节课刚下课，还没来得及喝口水，下一节课又要开始了。因为在学校话讲得太多，回到家里只想好好睡一觉。

寒来暑往，这样的包班制生活，一干就是十年。十年间，我除了怀孕、产假，没有请过一天的假期。我的学生们在这个温暖的大家庭里团结友爱，自强自立，通过自己的努力，取得了优异的成绩。已踏上工作岗位多年的小钱同学曾在省特奥会上荣获游泳项目双冠军；小徐同学曾被评为平湖市"自强不息好少年"，并考取了浙江省华强中等职业学校，我所包班任教的平湖市培智学校也多次获得"平湖市特殊教育先进集体""平湖市扶残助残先进集体""平湖市助残志愿服务示范站"等称号。

人生总是如此有意思，那些原本看似不太起眼的生活恰恰给予了我们许多意想不到的乐趣和意义。回顾这十年，我想说：我给孩子们点亮了一盏灯，孩子们又何尝不是为我点亮了一盏灯呢！是他们，给了我自信，激发了我无穷的工作热情和灵感；是他们，给了我责任感，让我学会用广博、宽厚的师爱去包容所有的孩子；是他们，让我知道我的事业只有起点，没有终点……

二、特殊的学生，倾情的教育

培智学校的学生，在常人眼里或许是非常另类的，有的人甚至都不敢靠近他们。那是因为他们有的目光迟钝、长相怪异，有的自控能力差，会"莫名其妙"地哈哈大笑或大声尖叫。学生小A就是这样一个有行为问题的特殊孩子。小A当时入学不到一个月，是从普通班转来的新生，受不得一点刺激，小小年纪却发起脾气来就翻桌子打人。针对这样的情况，我知道简单的批评教育是没有用的，得寻找问题的根源。通过家访，我了解到父母亲对小A这个孩子都失望至极。父亲喜欢酗酒，脾气暴躁，动不动就会打他；母亲平时工作很忙，没时间管也不愿管他。都说家庭是孩子成长的摇篮，家长是孩子的第一任老师，我一方面积极和家长沟通，多交流小A在校的优秀表现，给家长树立信心，一方面无微不至地关心他。小A胃口很大，学校的午餐常不够吃，我就经常把自己的菜夹一些给他，还坐在旁边和他一起吃，让别的学生都羡慕不已；小A做作业不主动，我一有时间就辅导他做功课，还让他当小组长；指甲长了都是泥，我就拿来指甲钳给他剪干净……在学校里，他感受到了从未有过的温暖和鼓励，渐渐地，他变得自信活泼、好学上进了，乱发脾气的现象也越来越少，他的父母也在我的影响下慢慢转变了对他的态度。后来小A因各方面表现都不错，小学毕业顺利地升入了一所优秀的初中。之后每年的教师节，他总不忘给我寄贺卡来。

小A的改变让我明白了，教育就是一种心理认可。记得有这样一句话：谁热爱孩子，就能赢得孩子的心。是的，在你赏识孩子、接纳孩子的同时，孩子也在接纳你，信任你，喜欢你。我在心底里从未歧视过他们，放弃过他们。我们自己的孩子小时候不也做过许多淘气的事情吗？为什么我们从不生气讨厌？因为我们爱他们。所以，只要你真心诚意地爱学生，你就能看到希望，出现奇迹。

每一个特殊孩子，都是一个独特的个体，他们的内心像是座玻璃迷宫，比一般孩子更为凌乱、复杂与脆弱，而教育特殊孩子，更没有什么现成的经验可以照搬照用。特殊教育的实践告诉我，对待特殊孩子光有爱是不够的，还要有爱的智慧与能力。

小B是我从教生涯中碰到的第一个孤独症（即常说的自闭症）学生。对于孤独症，虽然之前也学习过一些资料，但是因为没有亲身接触过，心里还是有些茫然的。小B个子高高的，初次见面，给我的印象是个很乖巧听话的小男孩，患有较为严重的言语障碍，除了能交流几个简单的字词外，其他需求主要靠书写来表达。开学第二周，我便领教了他的"厉害"。那天和往常一样，午饭后，我带孩子们到操场上散步，没走多远，小B突然向我冲过来，使劲抓住我的双手乱抓，我当时毫无防备，整个人都蒙了，我本能地将他推开，可小B不依不饶，又冲了过来。正在慌乱之时，隔壁班级的两位老师也带着学生过来散步，见状忙把小B拉开，小B又去抓他们的手，最后，我们三个伤痕累累地将他带到保安师傅那里。小B慢慢地冷静下来了，但是我对他的反常行为百思不得其解，便和他妈妈取得了联系。没多久，小B妈妈便急匆匆地赶到学校，了解了事情的经过。我们都很纳闷，这么一个安静又肯听指令的孩子，怎么突然之间就变得会攻击他人了呢？接下来的一天中午，临近午餐时分，小B貌似又要出现乱发脾气的现象，这次我有所防备，一手拿着教鞭，一手打电话给他妈妈。再一次和小B妈妈沟通后，我们似乎找到了问题的原因所在。小B因为对食物特别敏感挑剔，在这之前的学前康复中心训练时，中午都是回家吃饭的，家长也会准备他喜欢的食物。现在换了新的学校，家长想试着让他适应全日制教学，还特意将他平时爱吃的面包、巧克力带来学校当午餐用——怪不得两次突发状况都出现在午餐时间呢！可从来没有攻击倾向的孩子为什么突然之间会攻击他人呢？想必是紧张焦虑所致的本能性行为。孩子在刚刚入学时，对学校的老师、同学甚至周围的环境与作息制度等等都是陌生的，难免出现孤独、紧张等焦虑情绪，孤独症孩子的行为举止相对而言更加孤僻、刻板、难适应，加之不会用言语表达内心的想法，他们在痛苦不堪的时候，唯有采取向他人攻击的方式或以自虐行为发泄内心的不满情绪。找到了问题的根源后，在接下来的一段时间，我让小B中午暂由家长接回家去用餐，以缓解他的焦虑情绪；此外，针对他爱学习的特点，我尽可能地多抽时间给予他一对一的辅导，彼此建立起相互信任依赖的情感，尽快让小B适应新学校的学习和生活。这样持续一段时间后，我们再开始尝试给他全日制的教学，将回家用餐改为家长送餐来学校吃，后来一点一点开始吃学校的营养午餐，最后小B成功地度过了这个幼小转衔期，从这以后，小B再没有发生过类似的攻击他人的现象。

好的教育实践从来就不是个人孤立的活动，而永远是发生在人与人之间，共同分享、相互激励，并最终在人与人的相互关系之间彼此成全的活动。很喜欢这样一段话：我陪你懂事稳步成长，你陪我趣味逆龄生长，千万美好的诗句，都不及你可爱的模样！

三、特殊的事业，特别的人生

在我工作的第22个年头，我有幸被评为第6批嘉兴市名师。回首过往，我觉得名师的成长需经历以下几个过程：

第一，爱教育，铸师魂。教师成长主要靠对教育的热爱，对教育事业的理解、对学生的感情，来自一种信仰、一种追求。正如特级教师江生老师说的："一根筋到底，爱教育，爱自己的学科，既然做了，不喜欢也要做到底。"在我看来，爱心比理念更重要，当一名特教教师，尤是如此。关爱每一个残疾孩子，尊重他们的人格，关心他们的成长与进步，像爱自己的孩子一样爱学生，宽容学生的每一个错误。因为爱会产生智慧，而爱与智慧会改变人生。

第二，愿吃苦，甘寂寞。愿意吃别人不愿意吃的苦，乐于花别人不愿意花的时间，勇于下别人不愿意下的苦功，板凳甘坐十年冷。教师的成长要靠长期的、扎实的实践，要把自己的工作当成一生的事业，用生命、心灵和智慧来经营自己的教育事业。从做小学问开始，不断地向老师、向书本、向社会学习，形成自己对教育的理解和追求。这些年来，无论是在城镇，还是在农村"卫星班"交流，无论是包班制还是任学科教师、搭班老师，我始终踏踏实实、认认真真地做好每一件事，上好每一堂课，带好每一个学生。不积跬步，无以至千里；不积小流，无以成江海。做任何事，都要学会从细小处做起，在日积月累中实现自我超越。

第三，做科研，促成长。作为教师，必须用有效的方法把学生的注意力吸引到课堂，让学生投入学习，融入课堂的氛围。这就必须在教学方法、内容、水平上不断创新。这些创新靠的是科研。没有科研，就没有创新！要创新，就要不断地学习，学习新的理论，学习先进的教育思想和观点，不断更新自己的知识，使之上升为理论，使自己快速地成长，才能适应时代发展的教育需要，才能更好地为孩子提供更专业的教育。科研给了我另一双眼睛，让我更深入地看到教育实践中的发生，从而寻求改良之路。

面对一张张稚嫩的面孔，我深深懂得，他们是一个个鲜活的生命，是有思想、有个性的生命。我更深深懂得，理解学生，热爱学生，走近学生，去感受他们的快乐，分担他们的忧愁，欣赏他们的歌声，解读他们的心灵，是我一辈子的事业！特殊的职业，成就了我特别的事业与人生，我快乐着他们的快乐，幸福着他们的幸福。

做像"花儿"一样的老师

朱元盛

朱元盛 1996年7月生。平湖市百花幼儿园保教副主任兼总务副主任，学前教育二级教师。曾获平湖市教育系统优秀共产党员等荣誉。多篇论文在地市级以上报刊发表或在评比中获奖。

回想起2016年大学毕业的那个夏天，初出茅庐的我信心满满，想要努力打拼，创造出自己的一番天地。万万没想到，我在一次次笔试、面试中处处碰壁。一个任职五年班长的家伙竟然找不到工作！死要面子的我独自一人灰溜溜地"逃"到嘉兴，在一个极度缺人的小镇幼儿园开始安稳地做一名配班老师。和同事挤在出租屋里，耳边没有父母的唠叨，熬夜追剧开黑游戏……我承认逃避现实的欢愉可以带来短暂的快乐，然而紧接着就是无数夜晚的扪心自问：就这样摆烂了吗？梦想呢？不去追求了吗？

一、学做一竿翠竹，常怀"咬定青山不放松"的坚韧力量

三毛说过："使我一次又一次成长的动力，都是当年我所反抗、所不肯承担的逆缘和逆境。"上坡之路最难攀登，于人生也是如此。第二年，我又拿起笔，给自己制订计划——每天至少做一套考卷，培养"题感"；整理错题本，定期抽查；两点一线，除了上班、吃饭和睡觉，我一直在刷题，我一直在学习。成长从来都不是唾手可得的，必须有全力以赴的努力，才能静待花开。我太急切地想要一个答案了，想要风光的岗位，想要瞬间的博学，想要意气风发，想要闪着金光走进喜欢的

工作单位，但命运告诉我，操之过急，只会败北。每一份公示名单上都没有出现我的名字！

我坐在书桌前，无止境地发呆，心就像是在水面上，上上下下地沉浮，躁动不安。比起手里的错题本，窗外的景色更能吸引我的目光，看傍晚的落日余晖，看晴日的云卷云舒，看风起的飞沙走石。我像是活在井底的蛙，每日感叹井的深不可测，尝试出逃却毫无章法，白白地耗尽自己的生命。妈妈递来餐巾纸，爸爸劝我明年继续努力，可明日复明日，还有多少个下一次？

想出去透透气，家人提议去爬山。眼看就要登顶了，我却已是满头大汗，露珠般的汗珠由脸颊滚落，胸口也好像猛地塞进了大团棉花，透不出气来，心跳得怦怦响，似乎一张口，那颗热乎乎的心就会一下子从口里跳出来。后来，那难言的窒息感在苦苦坚持下消失了，我感受到前所未有的畅快。我很庆幸没在山腰处放弃，庆幸我始终记得要登上顶峰的初心。"世上没有真正的绝望，只有被思想困住的囚徒。"从来不曾真正明白这句话的意义，但今天，我似乎懂了。

我做了一个刚开始认为十分艰难的决定——以临时代课老师的身份孤注一掷地回平湖！收拾好情绪，捡起早已被遗忘的船桨，扬帆起航，驶向大海的彼岸。第三年，我突破重围以总成绩第一拿到了心目中的职位。第四年，产后复出，迎接挑战，担任班主任一职。第五年，提升自我，积极竞岗，担任教研组组长一职。第六年，勇挑重担，严于律己，担任中层干部一职。

每一朵花的绽放必然要从种子开始，再种植、生根、浇水，直至成长、开花。鲜花一路顽强生长，经风雨洗礼而最终绽放，也像极了我们人的一生。如果说成长有六个字，前面三个是"不害怕"，后面还有三个，便是"不后悔"。时光从不语，却在过程中给到全部答案。每个人所达到的高度都是靠自己努力去争取的，背后付出很多不为人知的艰辛。就如同那在冬天凌寒独立的蜡梅一般，不怕下"苦功夫"，不惧迎"蜕变苦"，最终经一番彻骨寒，得一番扑鼻香。

二、学做一朵蒲公英，常怀"此心安处是吾乡"的沉心静气

常言道："唯有埋头，才能出头。"九层之台，始于垒土，我们要一步一个脚印，有强大的耐心和恒心，而不是一心只想着丰收，却忘了辛勤耕耘。

教师的理想并不只是在三尺讲台上，在后勤处同样有一方热土，有一片蓝天。总务就是幼儿园的"小管家"——补给防疫物资，抽查食品安全，定期检查维修；财务就是幼儿园的"小钱袋"——核对幼儿伙食账单，报销教师培训发票，进行园内招标采购等。可谈起学校后勤工作，很多人用一个"忙"字概括了全部。忙得不

亦乐乎，忙得焦头烂额，忙得心烦意乱，忙得夜不能寐……然而，作为一名后勤人员能做到忙而不乱吗？往往很难，愈忙愈乱，愈乱愈急，愈急愈乱。

确实，后勤的工作节奏和工作强度远远不如专任教师。这些是进入这个大环境之前就有的心理准备，但我真正走马上任后还是有些不适应。预算决算，采购调剂，公开招标，一桩桩、一件件与教学业务毫不相干的事务在脑袋里窜来窜去。上午在行政服务中心沟通社保，下午在银行校对汇款信息，晚上加班整理资产登记，第二天还要预约供应商签订合同……我努力回想这忙碌的一天，结果发现了一个扎心的事实：成天的加班加点，而我熟悉的只是那些日复一日的操作流程，但工作却永远有新花样，永远做不完。我没时间思考学习，没时间总结反思，没时间抬头看路，没时间规划未来，甚至没时间写点什么，我只是一个疲于奔命，被工作推着走的人。

想起在入职谈话时园领导曾这样对我说过："人事安排上的确并非最合理的状态，您现在身兼多职，吃苦是吃苦，劳累也是劳累，但是只要全力以赴、假以时日终会品尝到吃苦之后的甘甜。"当时的我并未有太深的体会。如今，看着一同进单位的老师获得一张张获奖证书，我心里羡慕得发酸，但拿起笔又犹豫了，不过短短半年，教育教学的理论知识竟已跟不上时代。我又皱起了眉头，后勤工作真的适合我吗？

后勤事务看似烦琐、细小，但都是为了更好地服务于教育教学工作，后勤是幼儿、家长、老师们最坚实的后盾。豁然开朗后，我多了些思考：面对问题，冷静思考，客观分析；面对学习，做好时间管理，不断汲取新知；面对焦虑，多问自己这项工作的本质是什么，要求是什么，准备如何开展，看清事情的多维切面。不知不觉，作为后勤"小白"的我也已经工作了半年有余，虽然很多时候工作的确有些"苦"，但是只要内心不"自苦"，必能在一次次任务的"通关"中收获成长的那份"甜"。想与工作共成长，便是要像木棉一般，即便经历风霜，依然选择驻足，摒弃浮躁，剔除急躁，真正把心沉下来。

三、学做一枝迎春，常怀"化作春泥更护花"的奉献精神

孙中山曾说："吾心信其可行，则移山填海之难，终有成功之日。"一个人的信念感，决定了心中的种子能否破土而出，历经风吹雨打长成大树。每个年轻人在刚步入职场时都有种种理想，小到撰写的材料是否能够得到认可，大到未来的道路是否能够付出与收获相平衡，但在理想"发芽"、自身成长的过程中，好高骛远、眼高手低、不切实际也是年轻人实实在在的"拦路虎"。

在青蓝师徒结对工程中第一次做师父的我，在人际交往上又达到了一个新境界，也更进一步理解到高级教师的胸怀应该比大海还要宽广，应该能够容纳年轻人的天马行空，能够包容各种各样的个性与风格。在工作中，有些年轻人往往不屑于做小事，认为成长速度慢，我就会把我的故事告诉他，往往正是材料收集整理、方案打磨实施这些小事成了最终实现成长蓝图的一块块"拼图"。

更甚者，很多人有个误区，总以为超越了谁，压倒了谁，就是成功。然而事实上，一个真正的强者，不是看他摆平了多少人，而要看他帮助了多少人，凝聚了多少人，影响了多少人，成就了多少人！未来的世界，一定属于一群有正能量、以诚待人、懂感恩的人，他们是善良的，是乐于分享的，是快乐的！

上学时遇到一位好老师，是人生的一大幸事。工作时遇到一位好的师父，也是人生的一大幸事。当比我更年轻的教师讲述内心迷茫，对职业生涯规划无从下手时，我会告诉他：你现在是谁并不重要，重要的是你将来想变成谁。种子所要做的就是吸收养分，一步步靠近硕果满枝的那一天。当有教师抱怨竭尽全力，付出与回报不成正比时，我告诉他：当你开始努力的时候，你会觉得自己已经拼尽全力，但当你全力以赴的时候，你会觉得自己还不够努力。当骨干教师抒发心中郁结时，我告诉他：梦想不是日日升起的暖阳，也不是随处可见的小花，它仁爱但严苛，睿智却吝啬，只会照耀那些拼尽全力、坚持到最后的勇者。

"与智者同行，你会不同凡响；与高人为伍，你能登上巅峰。"原本这句最让我看不懂的话，在小心翼翼地揣摩和摸索下变得如此鲜活。我相信与勤奋的人在一起，我们绝不会懒惰；和积极的人在一起，我们绝不会消沉。就像迎春花一样，虽不如月季颜色娇艳，也不比玫瑰香气浓郁，但它有自己的无畏，既喜安静，又敢于盛开；既喜热烈，又甘于寂寞；以身凌寒，引发众芳。

追风赶月莫停留，平芜尽处是春山。前途越是广阔，就越需要我们去开拓。梦想越是伟大，就越需要我们去拼搏。每一颗种子，都曾与黄土共融，暗自汲取能量，终得岁物丰成。每一位茁壮成长的青年教师，都是一本有关力争上游的人物传记，一个专注拼搏的闪耀灵魂。

以梦为马，礼赞成长；全力以赴，乘光逐梦！青年教师更应该在这个广阔的舞台上，立志做新时代的"四有"好老师，如山谷幽兰自芬芳，冬雪红梅照晴川，溪畔翠竹生碧绿，晚来雏菊耐银霜。为之不厌，诲人不倦，不驰于空想，不骛于虚声，一步一个脚印，寻梦而行，一路追光，力争为飞速发展的学前教育添上新荣光！

让未来的你观照现在的自己

冯晓英

冯晓英 1977年5月生。平湖市林埭中心幼儿园园长，学前教育高级教师，嘉兴市第6、7批名师。曾获嘉兴市教坛新秀、嘉兴市教育科研先进个人等荣誉。36篇论文分别在地市级以上报刊发表或在评比中获奖。

成为一个孩子王，已经足足27个年头了。

还记得第一周上班，满耳噪声，头痛欲裂，嗓子哑到几近失声；也记得带着第一批孩子围坐在草地上讲故事，夕阳西下，诗意无尽……有情绪低落，也有开心喜悦；有自我怀疑，也有自信满怀；有职业倦怠，也有高光时刻……但无论处在怎样的状态，我始终庆幸：在已经过去的27年，我一直努力学习和工作着，它也许不是一条笔直向上的直线，但始终是一条螺旋式上升的曲线。

时至今日，回望来路，蓦然发现有两句话影响我至深：第一句话——机会是给有准备的人的，它陪伴我向阳度过尚未产生职业信仰、内心迷茫的青年时代；第二句话——如果遇见十年前的自己，你会对他/她说什么？这句话在无法实现进一步跨越的十年，给予我静默前行的力量，只为成就更好的自己。

一、小荷微露尖角，机遇就在前方转角处

1996年8月，我走进新华路上的童话城堡——百花艺术幼儿园，正式开启我的幼教之路。随后用了近十年的时间，我从一个新手教师成长为平湖市名师。刚踏上工作岗位时，我虽然有"我要做一个优秀的老师"的志向，但内心是迷茫的。然而

我始终记得"机会是给有准备的人的",就这样有目标、有方向,并坚持目标和方向,努力积蓄力量,在三个转角迎来了自己的机遇,收获了自己的成长。

（一）第一个转角：一篇论文+一个活动

最初,很认真地写了几篇论文,可得到的评价是：像散文,似随笔,冯晓英不会写论文。当时真的很沮丧。沮丧的并非写不好论文,而是我付出了努力却没有用。工作第五年——2001年暑假,我在家里对着一大摞杂志和论文集跟自己说："今年一定要写出像样的论文,把不会写论文的标签撕掉。"

先读优秀的论文,揣摩研究方向、组织结构,知道了什么是好论文；学习理论并融合自身实践,让论文有高立意；梳理案例、构思框架,斟词酌句写好论文。如此闭门苦思写下的论文《让幼儿成为学习小主人的实践与探索》获得了2002年平湖市论文评选一等奖,从此我有了信心：我可以写好论文。

随后,三年一次的平湖市教坛新秀评选拉开帷幕。论文的获奖让我有机会参赛,虽然每个幼儿园只有1个参赛名额,而我才工作满5年。但是,撰写论文的过程让我悟到：结果远没有思考和进步的过程重要。我告诉自己：好好上好园内选拔课,借机提升执教能力。

依然放一大摞教案书、杂志在案头,将还很小的女儿哄睡,一个人在厨房的餐桌上铺上报纸,把灯拉低,打开一本又一本书学习,寻找灵感,思考并完善……

一篇论文加上一个活动,我做好了充分的积累。这个时候,能不能参加平湖市教坛新秀评选已经不重要,我借这次机会获得了自我提升,内心的收获已经很充盈,我触摸到了职业的幸福。但是,很快,属于我的转角来临。这一年,每个幼儿园有两个推荐名额,于是我顺利被推荐。比赛内容是诗歌教学,我所抽到班级的孩子思维活跃,与我的带班、教学风格很吻合,活动时配合默契……于是,我被评为平湖市教坛新秀,并于同年获评嘉兴市教坛新秀。

如果因为推荐名额只有一个就放弃努力,那么当两个推荐名额来临时也没有机会,这应该就是给予有准备的人的奖赏。荣誉是显性的收获,而在努力的过程中,心无旁骛向着自己的理想"做一个优秀的老师"的目标行进时,属于内心的坚韧和坚定,才是无形的成长。

（二）第二个转角：一篇论文+一个活动

第二个转角还是一篇论文加一个活动,也许因为我们是老师,在一个老师的工作中,最重要的就是教学活动以及教学经验、教学思想的表达。

这时是我迈入工作的第九年，写论文于我而言不难，难的是如何写一篇高质量的论文。从第一篇论文获一等奖到此时，我已经又获了三个二等奖。因此，写论文时我是以争取获平湖市一等奖的要求来写的。写之前我看了大量的一等奖获奖论文：眼界高了，出手才能高。

论文的题目是《主题背景下的数学活动》，这是我第一篇关于数学的论文，也让我从对语言的关注延展到数学。2005年12月，园内教研组组长示范课，我勇敢尝试了数学领域的教学展示，并收获成功。

原本这是很普通的事，可写数学论文和执教数学活动却为我赢来了一个机会。因为有了平湖市一等奖的数学论文和园内数学示范课，2007年5月，我被推荐代表平湖市参加嘉兴市的数学课堂比武。从语言领域跨越到数学领域，我经历了一节课上67分钟的窘境。在团队陪伴反复磨课的半个多月里，经过反复推敲，我改变了语言的表达方式，将语言的生动形象和数学的简练精准融于一体，最终获得嘉兴市优质课评比一等奖。

这是一个突如其来的机会——在我还没有准备充分的时候。面对67分钟时长的课，面对语言表达习惯的局限，我在办公室犹如困兽。但是坚韧，让我突破了狭隘，从语言到数学，我把视线投放到了更宽广的领域，并明确和坚定了自己的理想，从做一名优秀的老师到成为一位名师。

（三）第三个转角：一本好书+一次演讲

2007年暑假，园领导对我说："暑假里写一篇演讲稿，准备参加演讲。"而这次演讲的不同之处就在于内容是推荐一本书。暑假在家，我随手翻阅，看到了何常明的《用好时间做对事》。不曾预料，就是这样，我又在转角遇到机遇。而这个机遇不仅仅带来了荣誉，更改变了我的工作和生活。

阅读书籍之后，我结合自己的实际写了演讲稿。因为要去嘉兴参加比赛，平湖市机关党工委对此要求颇高。当时的党工委朱书记把关演讲稿，他不仅给了我极大的帮助，并且使我养成了修改文章的好习惯。这是我修改次数最多的一次写作，改了读，读了改，如果是我自由作文，肯定不会修改那么多次。但我每改一稿，朱书记就帮我修改一稿，在修改的过程中，我深切体会到了语言文字的妙不可言：一遍比一遍好，越来越有修改的欲望。这次修改的美好体验，直接的收获是演讲获得嘉兴市一等奖；间接的收获是我把它延伸到了我的论文中，当年几经修改的论文再次获得平湖市一等奖。

但是，真正奇妙的是，它令我的工作和生活悄无声息地发生了变化。

书中的"痛苦—快乐"原则，让我知道——要快乐，就行动；"宰杀大象"——把所有的工作切分成许多个小块，然后规定自己什么时候完成哪个小块，目标小，任务小，量也小，完成时间快，体会到快乐也快；"机械启动""我只要一步就好"这些方法提高了我的工作效率，让我的工作更有计划，时间更为宽裕。生活和工作因此书都变得有节奏、愉快起来。这一次经历，真正改变了我的思维方式，让我逐渐走向成熟。

二、十年静水流深，只为更好的自己

2007年8月，我被评为平湖市第8批名师，开启了向嘉兴市学科带头人努力的新阶段。但是，我没有想到，这一个目标的实现用了整整十年。如果说，我从教的最初十年验证了"机会是给有准备的人"这句话，那么为实现嘉兴市学科带头人而努力的十年，却告诉我——你准备了、努力了，也不一定就有瓜熟蒂落的结果。

但幸运的我，在2007年年末看见了影响我至深的第二句话："如果遇见十年前的自己，你会对她说什么？"2007年的我想对1997年的我说——你很棒，请继续努力，未来可期！但2017年的我会对2007年的我说些什么呢？我接收到内心走出局限，去往更广阔空间、更大平台锻炼自己的召唤。2009年，我离开工作了13年的百花艺术幼儿园，历经三次主动选择，在民办、街道、乡镇三个不同的幼儿园，实现着自我的历练，只为成就更好的自己。

（一）第一次选择：在新建民办园找到专业的自信

2009年6月，百花艺术幼儿园沈慧微园长接受邀请，出任新的民办园——小博士幼儿园的园长。当时我正在思考怎样去往更广阔的教育世界，于是看到了小博士能够给予我的平台和空间，选择跟随沈园长一起去小博士做一名拓荒者，专心自己想做的教育教学和教科研工作，站到一个新的平台去学习和锻炼。

在小博士的两年，我从零开始，站在管理者的岗位，以引领者的姿态，和一群刚参加工作的年轻教师共同成长。

围绕集体教学提质的"一课三研活动"，我和青年教师勇于思考和求变：教材的分析和处理、幼儿的经验和兴趣、年龄段的学习特点和问题的设计……老师们飞速成长，我也在此过程中完成了自己教学风格的凝练，在此期间再次获得嘉兴市优质课一等奖，并登上"南湖之春"的舞台。

围绕《幼儿教育》《学前教育》等杂志开展的"每月幼教核心期刊阅读"活动

开展阅读，更结合自己的思考和实践撰写交流文章。每月学习，每月交流，我们以集体的智慧阅读杂志，实现了观点、理念乃至思想的碰撞。而我作为组织者和引领者，要比别人读得更多，想得更多，做得更多，收获也更多。回看那一年的12篇文章、12期交流，我收获了理论上的积淀、科研上的突破，那两年基于实践而成文的两篇论文均获嘉兴市一等奖。

初到一个岗位的迷茫、面对新的园所一片空白的彷徨，都在自己对于未来5年、10年的遥想中消弭。我听见未来的自己说：打开新领域的大门，不断延展生命的广度，提升生命的高度。那是激情四射的两年，我们的内心有涌动的热爱，有使不完的劲；那是思维的火花频繁绽放的两年，我们的大脑里有层出不穷的点子，有不会枯竭的创意。在这个更大的平台上，我收获了一群志同道合的小伙伴，顺利完成了从一线教师到业务管理的跨越，并且有了专业的自信。

（二）第二次选择：在优质街道园提升专业的高度

2011年，沈慧微园长即将退休，我又一次面临选择：是留在小博士幼儿园还是回归百花艺术幼儿园？这一次我依然选择了挑战自我，参加当年教育局组织的副园长竞聘，并来到平湖经济开发区中心幼儿园担任副园长，仍专心于教育教学和教科研工作。

在平湖经济开发区中心幼儿园的三年，面对与小博士幼儿园迥异的园情、师情，我潜心调研、用心思考，逐渐寻找到适合教师队伍现状、幼儿园优质发展的研训之路，和不同年龄段的老师共同成长。

我们建立了"协作学研"共同体。这是专门针对经开幼儿园的教师群体而量身定制的。3年内职初教师、20年以上教龄农村教师、平湖市名师……怎样通过研训让这些教师都实现自我的成长呢？我想到了"协作学研"共同体——让有着相似特长和相同兴趣的老师组成一个与之相匹配的教研共同体，不同年龄段的老师在共同参与自己感兴趣的教育教学实践和理论研究中营造一种协作文化，实现"互助共享"和"共同成长"。

在协作学研的过程中，我们研究了五大领域，优化了一日作息，探寻了幼儿园陶玩课程……不同年龄段的老师的教育教学能力、教学科研能力都得到了极大提升。而在这个优质的平台，在和老师们的良性互动中，我也在飞速成长：3次获嘉兴市、平湖市优质课一等奖；4次执教嘉兴市公开课，5次执教平湖市公开课；与协作学研相关的3篇论文均获嘉兴市一等奖，2篇文章发表在《浙江教育·教师周刊》

《嘉兴教育学院学报》。

因为不间断地学习和思考，我敏锐地抓住了学前教育的灵魂——游戏精神，并开展了"基于游戏精神的活动区活动的实践与研究"，让老师们更早感知到了儿童的力量，幼儿园各班的区域活动更为开放和自主。而我因此开展的专题研究，成了自己职业生涯中的第一个省级课题，相关论文发表在广东省幼教核心期刊《教育导刊》上。

在此期间，我加入了彭小元特级教师工作室，开展了数学探索区的研究。因为有"基于游戏精神的活动区活动的实践与研究"作为基础，开发了经典案例"大班数学探索区《给积木穿衣服》"，两次登上省级舞台发言。

当遭遇园所特色与理想追寻两难的取舍时，我总是静下心来与未来的自己对话：成就别人，就是成就自我；寻求专业的高度，一切都会豁然开朗。这三年，由于在更优的平台上的全方位历练，我成长为业务园长队伍的排头兵，提升了我的专业素养。

（三）第三次选择：在新建乡镇园耕耘专业的深度

2014年8月，校级领导换届，我又面临新的选择。经历了更大的平台、更优的平台，我开始思考更适合自己的平台。未来的自己说：你想追寻的教育理想是什么？承载你教育理想的平台在哪里？于是，我来到刚刚搬入新园舍的林埭镇中心幼儿园，开始了"以游戏为基本活动"的教育追寻：

以鹰架搭建式案例研训，借鉴新西兰"学习故事"理念，观察并跟进游戏案例的撰写，积极分享和研讨案例……我和老师们一起看见儿童自我发展的力量，学会观察游戏。

以游戏后交流、游戏表征的实践，带老师们在观察的同时倾听幼儿的心声，借助游戏表征和孩子一起反思游戏，不断增进对幼儿游戏的理解。

以项目、方案教学的解读研训，引领教师走进生成课程，以教研组为单位实践"主题微课程"，实现理念向行动的转化。

以游戏链的课题实践，深研游戏观察、交流互动、支持策略，以游戏的链式推进、生成发展，持续推进游戏的课程化。

等等等等。

在游戏研究的过程中，我们收获了教育部颁布的全国优秀游戏案例奖，5篇关于游戏的文章发表在《幼儿教育》杂志，而我本人3次在省级平台上介绍我们的游戏特色。

面对搬入新园舍的乡镇教师，回应他们在焕然一新的环境中渴求发展的需求，我们在游戏的路上和孩子一起撒欢。我总是仿佛看见未来的自己在静静微笑着对我额首。游戏成了属于林幼的特色办园名片，挖掘了我的专业深度。

2017年8月，在经历了第8、11、12、13四届平湖市名师之后，我获评嘉兴市第12批学科带头人。十年深耕，在静水流深的岁月里，坚持内心的专业执着，我，一直在做更好的自己。

三、不忘教育初心，抵达理想教育的彼岸

与此同时，我踏上了园长的岗位。但我始终谨记我是一名教师，我最喜欢的称呼是"冯老师"，我听见未来的自己在说："专业的成长，是一个教师的生命线！"我仍然在努力实现专业成长的道路上。而走过了十年静水流深，接踵而来的收获让我又想起了第一句话"机会是给有准备的人的"。时隔十年，我对"有准备"这三个字有了新的认识。

2019年，嘉兴市第6批中小学名教师评选拉开帷幕，评选的条件设置得更高了，而持续努力的我符合申报条件。同年12月，通过面试，我被评为嘉兴市第6批中小学名教师。从嘉兴市学科带头人到嘉兴市名师，中间隔了两年。

2020年9月，我第四次获得嘉兴市优质课一等奖，并终于有机会站上省级赛课平台，获得浙江省教学评比二等奖。从2007年到2020年，我用13年时间去实现了一个期待已久的跨越。虽然结果有遗憾，但是，努力不停歇！

孔子曰：四十而不惑。我好像也在经历生命中的不惑，迎来教师生涯的不惑。同龄的人偶尔在说：快要退休了……我看着未来的自己，总觉得还有很多可能有待我去挖掘和实现。如果把我的职业生涯分成三段，那么第三段才刚刚开始。就让我带着不惑的心，逐渐回归教育的原点，守望在孩子和老师的中间吧！

学无止境，要向专业的更高处攀登。我会不忘教育初心，努力抵达心中理想教育的彼岸！

心中有灯，让青春绽放光彩

邵红燕

邵红燕　1989年8月生。平湖市乍浦镇天妃幼儿园保教副主任，学前教育一级教师。曾获嘉兴港区教卫工会优秀职工、平湖市优秀班主任、平湖市孝敬教育先进工作者等荣誉。13篇论文分别在地市级以上报刊发表或在评比中获奖。

　　　成长是跌跌撞撞还依然向前的勇气；成长是历经磨难却心怀感恩的沉着；成长是经历失败还傲然挺立的霸气；成长是面对困难却坦然微笑的信心。

　　时光倥偬，转瞬之间，进入学前教育行业已经12年。从一名学前教育专业的大学生，到一名一线的学前教育教师，这十来年间憧憬也有彷徨，有欣喜也有困惑。检视自己走过的教育之路，我为自己勾画了一条专业化成长的路径：读书、实践、研究、反思。在这样一条专业化成长的路上，我时时保持着追问的状态，从此以后我的教育之旅便有了新意。

一、初见的懵懂，遇见职业的幸福感——做一名有温度的老师

　　2011年，我大学毕业，踏上工作岗位。那时，心里的感觉是多么的美好，无数次幻想着自己成为一名"孩子王"时的快乐情景，那时的激动心情无法言语。当我第一次走进教室，我既渴望又害怕，面对一群可爱的孩子，面对一张张可爱的小脸——他们天真无邪，我以为这就是我一直所向往的童心世界。可是，当我真正走近他们时，才发现原来现实与理想的距离是那样的遥远。早上总会在门口上演孩子

和家长的"生死离别",一把鼻涕一把泪；到了午饭时间饭菜掉满地；而到了午睡时间，那就像"杀猪"的现场，孩子们的哭闹声与我的想象差别甚大，当时心里产生了疑惑：我喜欢这个职业吗？直到我走近一名叫菲菲的小女孩，她改变了我的想法。

菲菲是一位可爱的小女孩，由于入园的焦虑她不在学校吃一口东西，一到餐点、午饭时间，她就搬着小椅子坐在桌子边上扭着头默默地发呆。接连好几天，连哄带骗一口东西也喂不进去，看得我心里好是着急。通过与家长沟通，知道原来菲菲在家都是奶奶喂饭，奶奶还有一个坏习惯——喜欢一口奶一口饭骗着喂进去。通过家园合作，家里试着改变，我们也试着走近她。早晨的一句问候、午餐前的美食推荐、午餐时的用心陪伴，安慰她，鼓励她，肯定她，当她张开嘴巴吃下我喂的那一口饭的时候我激动万分，一直悬着的心总算落了地。就这样我和她之间越走越近，孩子喜欢上了我，同样也爱上了幼儿园。当孩子在潜移默化中感受到爱，她也将学会去表达自己的喜欢。从那以后她喜欢和我聊天，喜欢和我一起做游戏，喜欢和我一起快乐地学习……天使的微笑，如同冬日里的暖阳让我的心瞬间温暖。

菲菲的改变让我感受到了爱是相互的，当你真心对待孩子时，他们会用他们的方式来回应你，这也让我收获了第一份职业的幸福感，更在我的心里种下了一颗有爱的种子——做一名有温度的老师。我感受到了我的工作虽然平凡，没有那么多的轰轰烈烈，没有那么多的惊天动地，却被这一个个天使般的孩童感动着、温暖着，他们的一句问候、一个微笑、一个拥抱、一点进步，就是我前行的动力。

二、实践的豁然，收获工作的快乐感——做一名爱阅读的老师

教师最本职的工作就是教书育人，课堂是我的教育阵地。课前认真备课，内容具体详细，教学活动设计丰富。这一年令我感触最深的是教育改革中教材的改变——《幼儿数学操作材料》。新教材的选用让我摸不着头脑，经常会为怎么教而烦恼，心里总有一种在误人子弟的感觉。当时也掀起了一股学习《学前儿童数学学习与发展核心经验》的热潮，促使我用更多的时间去关注这方面经验的获取。记得当时刚好有数学领域的教学比武，基于这一契机我利用团队的力量来夯实自己关于数学领域的教学能力，从教材的解读、教具的制作、幼儿学习方式的思考、教学中师幼的互动与回应等方面进行了一遍又一遍的磨课，在这一次次的磨炼中我似乎也找到了些许"门道"。这次的经历对我日常的教学起到了很大的帮助，让我找到了有效的方法——阅读与实践，在举一反三中不断拓展思路。

专业书籍的引领与对教材的认真解读让我找着了方向，反思与钻研消去了我心中的迷茫与羞愧。在日常教学过程中，孩子们的能理解、会运用，让我找寻到了教育的快乐感与成就感。我努力让自己养成勤奋好学、刻苦钻研的习惯，让学习变成内需以促进自己的专业成长。

三、深入地读写，体会付出的喜悦感——做一名敢研究的老师

教育科研是引领教师专业成长的关键。幼儿园教师能唱能跳、能画能做，但对幼儿园老师来说，最难的或许就是将自己的实践经历梳理成科研成果了，征文、论文、课题，一提起笔就会有一种无从下手的感觉，以前的我就是那其中的一个。每天的工作忙忙碌碌：带领幼儿进行主题教学活动，组织幼儿进行个别化学习，陪伴孩子进行户外活动……但到要拿出成果的时候，总会有一种束手无策的感觉，不知道如何去梳理。有一天前辈的一句话点拨到了我："课题就是你在教学中遇到的困惑，用你的实践去解决它；论文就是把你做的梳理出来。"这虽然是一句大白话，但似乎就是那么回事，于是我每年都会把自己做的教学实践进行梳理，一篇实践性的论文就出炉了——有实践、有思考更是自己对教学经验的一种梳理。论文获奖的喜讯让我尝到了甜头，也更加有了积极思考与写作的动力。虽然每次的课题方案总会让我一个头两个大，但在多次的经历后，我发现大量阅读与之相关的书是非常重要的，从阅读中激发思考，打开写作的灵感，站在巨人的肩膀上会让我们少走许多弯路。

教育科研永远在路上，虽然阅读、实践、梳理是一个漫长又痛苦的过程，但在收获科研成果的途中也在不断压实自己的专业功底，不断更新自己的教育观念。

四、慢慢地品味，感受成长的节奏——让青春绽放光彩

（一）享受职业，收获快乐——让爱常在

有人说，"心在"是我们能够活在当下感受幸福的前提，而对幼儿的观察是能够把我们浮躁的心安在当下的"法宝"。初入职的我常常被孩子的一颦一笑、一举一动深深吸引，会被他们强烈的好奇心和求知欲以及认真专注、忘我投入的状态所打动，不知不觉地沉浸在与他们在一起的"此时此刻"，为孩子们的一个个"哇"时刻所惊喜赞叹。当与一个个小生命建立起了这样的连接时，这让我的内心变得柔软、温暖，而爱和幸福就开始自然地流淌，孩子们在游戏中、课堂里的快乐与投入激发了我的教育热情，敬畏之心的升起让我对这份能够陪伴这些充满力量的、拥有无限可能的生命的工作产生了一种发自内心的自豪。

（二）多元学习，沉淀智慧——耐心对话

曾听到过这样一段话："当你的才华还撑不起你的野心时，你就应该静下心来学习；当你的能力还驾驭不了你的目标时，你就应该沉下心来历练；梦想，不是浮躁，而是沉淀和积累，只有拼出来的美丽，没有等出来的辉煌。机会永远是留给最渴望的那个人的。学会与内心深处的你对话，问问自己，想要怎样的人生，静心学习，耐心沉淀。"阅读就是最好的方法，每当遇到困惑的时候，我总喜欢在书里寻找答案。当你沉下心来耐心地与书中的观点进行对话，书中的智慧会瞬间打开你的思路，豁然开朗的愉悦只有经历了才能深有体会。有了知识的储备，我在教育实践、教学研讨、交流互动中为组里老师指路领航时收获的喜悦，或在交流论坛后得到同行肯定的掌声时的喜悦，便成为下一次努力的动力。耐心与书本对话，让我滤除了生活中的浮躁，在寂静中体会人生的滋味；耐心与书本对话，让我生活在了更广阔的时间和空间，体验到了无限的可能。

（三）科研引领，助力成长——更新观念

课题研究使教师对教育情景更加敏感。教师们识别自己所处的情景和遇到的问题，不断优化策略，改进教育行为，促使自己生成属于个人的教育智慧。课题、论文等是教育工作、教育实践的转化和升华；是梳理思路、总结得失的提炼过程，是自我完善、自我发展的淬炼成长。随着课题的不断深入展开，我在研究的路上渐入佳境，在"学习—实践—反思"这三者之间循环游走，让学习变成内需，回到本真的状态看待自己日常教学中的点点滴滴，从而反思自己的教学行为。反思让我以研究的心态对待教学中的每一个细节，在不断的自我追问中，对自己的教学进行反思，不断更新教学观念，提升教学水平并形成自己的创造性见解，使自己成为教学和教学研究的主人，提高教学工作的自主性和目的性。当梳理成果时，我也会顿悟教学中的困惑。

感谢机遇，让我有机会步入教育这个阵营，得以实现属于自己的光彩人生，能够把青春倾注于所爱的教育事业上，倾注于每一个孩子身上。我庆幸，庆幸自己走进了每一处都开放着鲜花的世界。在这个世界里，我将快乐地奉献着，我也快乐地收获着：收获着职业的幸福感，收获着工作的快乐感，收获着付出的喜悦感！心中有灯，让青春绽放光彩！

管理篇

提升教师职业幸福感的对策与思考

姜 涛

姜 涛 1980年10月生。浙江省平湖中学校长，地理学科高级教师，嘉兴市第5批名师。曾获嘉兴市教坛新秀、嘉兴市"红船育人先锋"等荣誉。18篇论文分别在地市级以上报刊发表或在评比中获奖。参与编写出版《步步高大一轮复习讲义 地理》（2021年，浙江大学出版社）。

调动教师教育教学工作的积极性是学校教师发展的重要目标，从学校管理角度讲，教师工作积极性与学校文化、教师发展、教师精神等密切相关。结合本校八十多年的办学历史，本文围绕教师的专业发展，谈谈提升教师职业幸福感的策略与思考。

一、精神与机制：营造积极向上的校园文化

（一）勇猛精进的平中精神

校园文化是学校的灵魂，学校的办学思想、办学理念一旦成为全校师生共同的信念，它就会体现在每一个师生的价值取向上。平湖中学走过了84年的风雨历程，在长期的办学实践中积淀了深厚的文化，提炼出了"厚德树人，勇猛精进"的平中精神，这成为学校继往开来、追求卓越的精神推动力。所以，传承"勇猛精进"的平中精神，是引领校园文化的基础。

马斯洛的"需求层次理论"强调自我实现需求的重要性，"勇猛精进"的平中精神则正是激发教师不断追求更高层次人生需求的精神引领。激发教师积极性，不可缺少精神引领，所谓"精神无价"。学校以"名师引领墙""党员旗帜墙"为教师

们筑牢实体精神阵地；以"勇猛精进的平中人"系列微信推送，筑牢精神阵地，激发教师的责任意识；同时开展"勇猛精进的平中人"年度人物评选，让平中精神引领每个平中人的价值观，成为平中教师的标志形象，进而从思想上消除教师消极和懈怠的问题。

（二）公平公正的激励机制

激励是通过激发、驱动、强化、刺激、感化、鼓励人，使人有一股内在动力，朝着所期望的目标前进的行为。公平公正的激励机制有助于提升教师的积极性、工作潜能和内部凝聚力，激发教师内在的创新性和意志力，让教师在付出与合理的回报中感受到自我价值得到肯定的喜悦感，也使其体悟到个人幸福感的获得离不开自身的努力。这种良性循环机制是激励教师成长的重要"法宝"。

因此，我校在教学管理制度、经济效益制度等方面力争公平公正，使教师在竞争上岗、晋升职务、评审职称、进修深造等方面都能获得公正的对待。同时，我校在对教师工作绩效进行科学评价时，也充分利用不同形式的激励方式，尤其注意物质激励和精神激励并重，既建立和完善"效率优先，兼顾公平"的薪酬分配机制和竞争激励机制，也以科学精神为基础、以人文精神为导向，使广大教师个人的需要、兴趣、价值、尊严及合法权益得到尊重，从而激发教师的使命感、责任感。

公平激励需要每个教师都有主人翁意识，全体教师与学校共命运、同发展。比如我校每年召开教职工代表大会、教师参与评价和考核学校各项制度等，此种参与式激励方法可以让教师真真切切地有主人翁的感受。又如采取"亮光"制度，对在大型考试、高考中取得优异成绩的教师进行汇总表彰，在给予物质奖励的同时，让教师在"闪亮登台"中受到激励，同时也为其他教师树立起榜样。

（三）团结互助的人文关怀

从心理学的角度来讲，有一份自己钟爱的事业或身处一个充满吸引力的团体是一个人能全身心地投入与奉献的关键。学校努力创造一个互相支持、共同提高的工作氛围，由此教师之间既能形成一定的竞争动力，又能不断增强彼此之间的凝聚力。我校每年开展校园春晚、教师节庆祝活动、亲子活动等形式多样的文娱活动，成立健身操、足球、桥牌等各类社团，开展羽毛球、乒乓球、排球等体育活动，为老师们过集体生日，让教师走出"教室—办公—家庭"三点一线式生活，让教师身体更健康、生活更丰富、视野更开阔，从而调动教师工作积极性。

学校坚持以人为本的管理理念，给予教师家人般的关爱。对教职员工坚持"六必访",即婚庆必访、丧事必访、产假必访、患病必访、纠纷必访、特殊困难必访;每年安排指定医院进行全面的体检;深化实施"暖心"工程,通过"家访""看望"等工作,深入了解教职员工的困难,为教师排忧解难;开展退休教师"最后一课",为教师们留住杏坛生涯的身影。总之,管理中坚持以人为本,才能够使教师认识到自己的优点和不足,意识到自己与群体的差异,从而激发工作积极性。

二、分层与互助:提升专业成长的发展路径

教师的积极性主要体现在专业成长的积极性。我校在教师的专业成长方面,通过制订教师目标规划、搭建教师发展平台、鼓励教师个性发展等措施,提升教师的专业积极性。

(一)目标规划,寻找专业发展方向

制订个人目标规划,可以增强对专业发展的把握能力和控制能力,有助于教师自我价值的实现与超越,有助于激发教师的工作积极性和创造性。我校教师的目标规划分短、中、长三种类型,是在已有成绩基础上确立一年、三年和五年发展目标。"已有成绩"代表教师的过去,也是制订目标规划的基础。目标规划首先要有针对性,如对新青年教师来说,第一年的目标就是站稳课堂,三年的目标就是能胜任高中三年的教学工作,而五年的目标就是成为教学能手;对于有经验的骨干教师来说,他的目标就不仅仅是课堂教学,而应该从教育教学经验的积累、专业课程的开发以及教育科研等方面来规划;而对于有更高追求的名师来说,则可以从专业阅读、教育教学特色的梳理以及科研成果的推广等方面来进行规划。教师目标规划的制订不仅要有针对性,也要有可操作性,即通过自身的努力能够达成。这样的目标规划才能真正发挥教师的主动性,并让教师不断超越自己。

(二)分层研修,搭建专业发展平台

制订教师目标规划是为教师的专业发展提供了方向和动力,但学校还需要搭建促进教师专业发展的各类平台,给教师更多展示、交流的机会。在这方面,我校根据不同教师的专业需求,以分层研修的方式来促进不同层次教师的发展。

1.新青教师的师徒结对

这个层面的研修平台主要针对教龄在3年以内的新教师,通过自主选择,与同一年级同一学科中有经验的老师结成师徒关系。作为师父的老师以自己良好的师德、模范的言行和严谨的教学治学精神去感染新青教师,帮助新青教师确立敬业爱岗、教书育人的师德意识;指导和协助新青教师学习课程标准、考试说明,熟悉并

钻研教材，帮助和督促新青教师备好、上好每一堂课，做好传帮带工作。而作为徒弟的老师，则虚心向师父及其他有经验的老师学习。徒弟在拜师期间要求备详案，教龄3年及以内的教师每学期听课不少于40节；每学期向全校开汇报课一次，尝试撰写教育教学案例，命制相关学段的试卷，并请指导老师点评。师徒结对的目标是让教龄在3年内的新青教师成为学校的合格教师。

2. 新锐教师与骨干教师学习团队

新锐骨干教师是指教龄在3年以上、30年以内的教师。这个群体年富力强，是学校最有活力的教师群体。根据教龄，新锐骨干教师又分为新锐教师（教龄在10年以内）和骨干教师（教龄在10年以上）两个群体。

新锐教师与学校的名师或资深教师通过双向选择进行长期师徒结对。与新青教师的一年内的短期师徒结对相比，长期师徒结对更注重学科思想、教育教学风格、教科研方法等全方位的传承与发展，致力于使新锐教师通过5年的学习与实践，成为校级教学能手或校级名师。

骨干教师的学习则以团队自主研修的方式进行。根据每位教师的专业特长和兴趣爱好，分为班级管理、课堂教学、教育科研和学校管理4个团队开展研修活动，学校配备相关的名师、名校长进行指导，有制订团队研修计划、同伴互助、名师工作室培养、行政管理跟岗式培养以及期末考核等方式。

新锐教师与骨干教师的分层研修，短期师徒结对、长期师徒结对以及校级名师工作室的成立，盘活了学校教师的优质资源，极大地调动了学校教师专业发展的积极性。近五年来，他们中有1位被为省级特级教师、正高级教师，14位被评为嘉兴市级名师或学科带头人，20位被评为平湖市级名师，另有8位青年教师走上学校行政中层管理岗位。

（三）鼓励教师专业引领、个性发展

鼓励教师发挥特长是激发教师积极性的另一个有效方法。教师的特长包括专业能力特长和个性爱好特长，这些特长是学校的重要教育教学资源，值得挖掘、鼓励、宣传。

1. 专业引领

2022学年的学校发展规划明确提出"实现创新发展，立优塑力、辐射引领"的目标，鼓励专业引领成为学校教师专业发展的工作重点。一方面教师进行自我诊断、自我提炼，提升学术的引领力；另一方面学校也将创造条件，帮助教师提升学术品位，推广学术成果。2022年，陆志龙老师被评为首届浙江省中小学思政课教师年度人物，张强老师被评为省特级教师；张强老师应邀出席浙师大2022年新生开学典礼并作为校友代表寄言学弟学妹，金中老师应北京曹雪芹学会的邀请给来自全国各地的高中语文教师代表做《红楼梦》整本书阅读教学的经验介绍。学校为了落实新课程教学理念，提高课堂教学效率，拟出版各学科"教学评一致性"论文集，目的之一也是推出学校教师的教科研成果，发挥学校在新课程实施过程中的引领作用。

2. 个性发展

学校重视发挥教师的个性特长，引导教师结合个性特长开发、开设校本课程。截至2021年，近十年内，我校教师开发了6门省级精品课程或网络推荐课程、48门嘉兴市级精品课程。其中在校图书馆工作的卢大立老师擅长新诗创作，出版了两部诗集，他开发的"新诗写作起步"被评为省首届精品课程，同时也给平中学子种下了诗歌的种子。金中老师结合红学研读的经验，开发的"走进红楼世界"被评为省第三批精品课程，创建的"平湖红学馆"成为学校及当地普及红学的重要场所。张杰老师是一名生物老师，一直关注当地的鸟类资源，他开发的"校园观鸟指南"校本课程吸引了众多学生加入鸟类保护的行列之中。这些教师结合自身的兴趣爱好开发校本课程，极大地调动了教师参加课程开发的积极性，这也是校本课程的最大特色。

除此之外，学校工会、团委、妇委会结合学校教师的身心发展需求，成立了教师足球队、篮球队、羽毛球队、健美操队和健步走队等，教师在伏案工作之余，联络同好，开展各类健身活动，不仅锻炼了身体，提高了工作效率，而且增进了与同事的感情，享受了团队体育活动带来的快乐。

三、思考与愿景：尊重教师的专业精神

教师职业是一种专业性较强的创造性劳动，调动教师积极性的最核心要素就是尊重教师的专业精神，真正发挥教师的主人翁态度。这里我提出三点愿景。

（一）提升教师的价值认同

学校师德教育的本质是引发教师对教育教学职业的热爱与敬畏之感。只有热爱本职工作，教师才能发挥其主观能动性，满怀热情地投入教育教学实践。热爱教育就是喜欢学生，喜欢学生的成长或者喜欢通过自己的努力让学生变得更有知识、更有能力或更健康——这种喜欢要胜过各种利益的考量。

（二）发挥教师的主体作用

著名学者石中英认为，教师要"在教育教学目标设定、内容和方法选择、学生学业评价以及教育教学过程管理等活动中具有话语权，能够通过各种方式——直接的或间接的、独自的或联合的——发挥主体作用"。因此学校管理部门应考虑如何平衡"管理"与"自主"的关系，以做到既能规范教师日常的教育教学行为，也能让教师有自我管理、自我教育的主人翁意识。

（三）激发教师的高级需求

学校管理不能没有制度、没有纪律，要给教师一定的限制性指导，但管理者也一定要意识到管理变革的方向，那就是要尊重教师，尊重个性，给予教师自主成长的空间，激发他们实现一个更远大的目标，让他们在"自我实现"的过程中变得更强大、更有价值。

以数字化改革重塑教师积极性调动机制

周爱民

周爱民 1978年5月生。平湖市当湖高级中学校长，地理学科高级教师，嘉兴市第11批学科带头人，浙江省浙派名校长培养人选。曾获浙江省教坛新秀等荣誉。多篇论文在地市级以上报刊发表或在评比中获奖。

教师工作积极性是现代学校治理变革的第一动力。从管理学和心理学学科交叉视角来研究教师工作积极性问题的"激励理论"认为：需求是动机的基础，是推动人的行为活动的原动力，即需求形成动机，动机产生行为。学校应尽量满足教师在生活与工作中的合理需求，当这些需求被满足时，教师会形成强烈的归属感。教师归属感有利于提高教师积极性，有利于教师专业素养的发展提升，有利于促进学校的发展。所以了解需求、尊重需求、满足需求是学校提升教师工作积极性的重要举措。

教育数字化改革是综合运用数字化技术、数字化思维、数字化认知，对教育治理的体制机制、组织架构、方式流程、手段工具等进行全方位、系统性重塑的过程。通过数字化改革，精准收集并了解教师的生活需求与工作需求，精准推送保障性服务与引领性服务，满足教师的合理需求，将极大提高教师的归属感，从而提高教师的工作积极性。

一、推食堂点菜制，送教师一份一日三餐的保障

每个行业从业者的积极性都是以物质生活为基础，安居才能乐业，无忧才能专

心。人的每个阶段都会有一个占主导地位的需求，只有先满足了基本层次的需求，人才会产生更高层级的需求。现在大部分学校教师的早、中餐，甚至晚餐都在学校食堂用。如果学校能解决好教师及家属的就餐问题、食材采购问题，就能够大大解决他们的后顾之忧，让教师能够安心在学校工作。

为此，笔者所在学校主动收集教师就餐与购物需求，这些需求包括希望食堂菜品定期更新，提供特色小炒，帮忙解决子女早餐，保障上午最后一节课后的菜品数量，帮忙解决下班买菜难、购物难的问题等。针对上述需求，学校召开专题研讨会，认真研判，创新思维，并通过数字化改革的方式，重塑了食堂服务体系，在学校办公平台中推出了"餐食预订"模块，模块含有餐食预留、小炒预订、生鲜水果、零食饮料、推荐菜单等功能，满足了教师们提出的就餐与购物需求。通过数字化改革，餐食预订模块把食堂与教师紧密地联系起来，让双方的需求与服务突破时空限制，实时并精准地实现互联，提高了食堂的服务效率和教师的工作效率，有效解决了教师的后顾之忧。

只有无后顾之忧，才能全力以赴。基本层次的需求其实也是人们工作的底线性需求，因为没有太多现实物质需要羁绊的教师，更有机会树立起远大的人生目标。"民以食为天"的古语从另一个角度阐释了"最底线的也是最基本的"这个朴素道理。

二、推弹性工作制，送教师一份内心深处的安稳

学校管理是一门大学问，要懂得张弛有度，应知道收放自如。校长千万不要把教师当成"囚徒"或者"动物"，不能以规范管理、提高效益的名义，对教师进行"囚禁管理"，或者进行"圈养管理"。当教师劳动是一种自由自主的活动时，教师劳动才是真正的人的劳动，才能表现出人的全部类本性，教师才能产生强烈的职业积极性。因此，学校要积极创设温馨和谐的管理氛围、自由自主的工作环境。

笔者所在学校对教师上下班迟到、早退现象进行了长期跟踪与分析，其中接送子女上下学与家属生病需照顾是挤占教工上班时间的主要原因。既要规范上下班管理，又要对有实际困难的教工给予一定照顾，这是许多校长需要面对的难题。笔者所在学校通过人脸识别系统，精准掌握教师的在校时间，通过当天错时、本周置换、跨月统筹等方式给予特殊教工弹性上下班服务。精准的数字化考勤既保证了教师的上下班时间，也帮有实际困难的教工解决了生活中的困难，得了教师们的欢迎。上述举措，提升了教师的生活幸福感与工作满意度。精准的数字化考勤让教师

在为劳动纪律约束的同时，感受到了人文关怀。量化管理的目的不是将人变成数字，而是将数字变成有温度的精准管理。

著有《诗性正义》一书的学者玛莎曾说：要警惕用经济学的简化模式管理一切。教育的功利主义者会将管理手段当成管理目的，其效果往往适得其反。数字化是一种手段，是为更好的人文管理提供精准定位与决策的载体。收集与汇总教师上下班管理的数据，不是把人当成数字来管理，不是不考虑个人内心需求的正当性与情感的复杂性，而是更精准地摸清情况，为更具有针对性地解决教师的后顾之忧提供有效办法，"不令而行"，达到教师自觉提升工作积极性的效果。

三、推生日聚餐制，送教师一份特殊日子的关怀

美国教育家内尔·诺丁斯基于"人本主张"提出关怀理论，其核心就是要重视群体中的个体差异，基于个体的需求和价值构建一种关怀与信任的关系，形成情感互动与行动响应。

在日常管理中，学校管理者首先要带头从心底里做到关怀人、爱护人、尊重人，努力把学校建设成为良性互动的、和谐的、具有"亲情味"的大家庭。建立起良好的人际关系，感情和谐融洽，人们就会心情愉快舒畅，彼此间就会产生积极的影响。笔者所在学校，抓住机会给予教师具有"亲情味"的关怀，教师生日时、教师退休时、教师节时、春节时，学校都会以不同方式向教师表达关爱。如教师生日时，学校会给予每个教师独特的祝福语，比如："×老师您好：今天是您45岁生日，您已参加工作9531天，在学校奉献了8436天。蔷薇开，浅夏来，愿您浪漫如夏花。生辰到，天上又多了一片属于您的星辰，愿您如这蔷薇一般年年绽放，如星辰一般经久不衰。"这个祝福语是独一无二的，是专属于这位老师的。此外，学校还会为本月生日的教师提供一份精致的生日餐，让其体验到学校大家庭的关怀与祝福，提升幸福感。每个教工退休时，学校都会通过一定仪式表示衷心的祝贺与祝愿；每一位新教师入职，学校都会在全体教工大会上做热情的介绍与欢迎；每个教师节都会通过一定的方式表彰在各个方面取得成绩的教师，并给全体教师送上祝福。

教师职业积极性的基础就是教师爱这份工作、爱这所学校。学校大家庭式的温暖有利于教师主人翁意识的自觉强化，有利于工作积极性的自觉提升。

四、推"学生画像"制，送教师一份教育成果的成就

成就感是教师主动工作、积极上进的不竭动力，可以使教师体会到自己的工作价值，而教师工作的首要价值是促进学生健康而全面地发展。北京十一学校将"学

生的成长是教师最大的成就，是学校最大的成功"列为学校三条重要价值观的第一条。但学生的全面发展较难量化，如何及时地、以可视化的方式展现学生的发展成果是学校需要解决的重要课题。建设一个涵盖学生德智体美劳各个方面发展的数字化"学生画像"，让教师通过电脑、平板、手机等媒介快速查阅并感知到自己工作的价值与成就，是学校给教师提供成就感的重要举措。

为此笔者所在学校积极建设"学生画像"系统。该系统通过智能硬件的无感采集、数据表格的导入以及家长、教师、同学的多元评价等方式采集海量数据，生动且全面地描绘"学生画像"。画像可以帮助教师更加全面地了解学生的基本情况、成长轨迹、综合成绩。当教师看到"学生画像"中各个指标的进步时，就能拥有像园丁播下种子后，看到小苗茁壮成长般的喜悦。徐特立曾说过："教书是一种很愉快的事业，你越教就越热爱自己的事业。当你看到教出来的学生一批批走向生活，为社会做出贡献时，你会多么高兴啊！"身为教师，当学生学业取得进步、道德获得成长、个性得到发展，教师就体验到了职业的最大幸福，这是教师行业所独有的幸福。

五、推"教师画像"制，送教师一份自我发展的喜悦

自我发展需求是教师职业发展中的高级需求，这种需求对教师的工作具有极大的激励作用，激励作用的水平直接影响教师的动机水平，并影响着教师的身心健康、专业成长速度、主观幸福感、自我效能感，最终影响着教育教学的质量。因而，学校管理者应尽可能多创造教师成长平台，让教师能够不断取得自我发展成就，以维持教师动机水平。

大数据、人工智能与智能感知等高端技术使常态化、伴随式收集与刻画教师全息画像，即数字化改革为"教师画像"的形成提供了可能性。笔者所在学校一直致力于将教师的各类工作数据进行汇总，为教师提供一套完整的"教师画像"。"教师画像"主要聚焦在教师教育成果、教师课堂教学、教师教研活动、教师职业发展四个领域，能精准刻画教师的个人特点、教学水平、研究兴趣、学术圈层和发展轨迹。"教师画像"不断引导教师对比个人"教师画像"与心目中的"理想画像"的共性和差异，就如同"照镜子"，不仅能够帮助教师找到个人的不足，找到改进的目标，也有助于教师发现个人的优势，找到最佳发展方向。同时，教师也可以通过横向对比自己与同校、同层级教师的"现实画像"，来增强自我认识和自我激励。如某教师在查看自己科研成果的时候，通过与其他教师的横向对比，发现自己在论

文发表领域有明显的优势，这个优势会强化教师的成就感，并激励教师在这个领域继续努力，取得更大的成功。

帕尔默在《教学勇气》一书中说过："好的教育源自教师的自身认同和自身完整。"教师需要不断观察自我，不断发现自我。"教师画像"综合呈现了教师工作中的各类成绩，这些成绩是教师自我价值实现的具体实证。只有职业倦怠，没有专业倦怠，教师获得了自我发展的喜悦，自然生发出不断上进的内驱力。

学生进步与教师自我发展所蕴含的目标追求其实就是马斯洛关于人的需求理论中的自我实现（含自我超越）层次需求。它激励教师主动挑战，以学生的成长需求刺激教师更新角色定位，并高标准、严要求地完成工作目标。教师在一系列更高层次的教育实践中得到锻炼，远离职业倦怠困境，获得专业素养与教育能力的快速成长，自我迭代更新为可以持续引领学生成长的卓越教师。让教师在学校变革框架内寻找属于自己的幸福教育生活，在服务学生高质量发展的同时提升教师自身的专业水平，这是提高学校治理能力的一个重要价值取向，也是提高教师工作积极性的重要路径。

教师工作积极性的激发是一项长期而复杂的工程。本文以数字化改革为手段，重塑学校治理体系，满足教师不同层次的需求，从而调动教师的工作积极性。这只是调动教师工作积极性众多变量中的一个。如何系统性地调动教师工作积极性，需要我们在理论和实践中进行长期而深入的思考和探索。

梯度相融，混合驱动

——中职学校精准性校本研训激发
教师工作积极性的路径探究

姚 雁

姚 雁 1982年12月生。平湖市职业中专校长，心理健康学科高级教师，浙江省中职德育学科教研大组理事，嘉兴市第3批名校长。曾获浙江省中小学教坛新秀、浙江省师德楷模等荣誉。58篇论文分别在地市级以上报刊发表或在评比中获奖，主编出版浙江省实验教材《心理健康》（2020年8月，浙江教育出版社）。

教师是一种特殊职业，一方面它被社会高度聚焦，承担着道德制高点的压力，另一方面它又具备职业的基本特性：社会性、规范性、技术性与时代性以及功利性。教师的社会性体现在师生关系的构建；教师的规范性体现在教学制度体系的建设；教师的技术性与时代性体现在教师的专业化成长与新时代元素的介入；教师的功利性体现在作为职业教师，必然审视付出与回报的对等与否。在日常学校管理中，我们尝试把个人的功利性与职业的社会性结合起来，将教师的专业成长作为进一步提升教师工作积极性的手段，创设精准性校本研训载体，促使职业活动及其职业生涯更具有生命力和意义。

中共中央、国务院在《关于全面深化新时代教师队伍建设改革的意见》中指出："百年大计，教育为本；教育大计，教师为本"，要"造就党和人民满意的高素质专业化创新型教师队伍"。《浙江省教师队伍建设"十四五"规划（2021—2025年）》中也明确指出："建成一支能模范履行教书育人使命的高素质创新型教师队伍，充分适应并引领浙江省高质量教育体系，引领正确教育理念，展示教师队伍建设的浙江实践、浙江样本、浙江经验"。国家"十四五"期间，全面提升教师队伍素质，加快中职教育发展，适应社会对中职人才的需要，改革中职教育人才培养模式成为当前中职教师队伍建设的重点话题。为此，我们需要创设路径，促使中职教师成长为"师德为先、学生为本、能力并重、终身学习"的现代化创新型教师。

一、当前中职教师的工作积极性现状及其原因分析

21世纪初，我国职业教育出现了扩张式的跨越式发展高潮，一部分中职学校升格为高职院校，大量的中职学校通过资源重组，建立起规模较大的职教中心，由此出现了师资的急剧补充。当时大量引入的新教师，如今相当部分已成为学校教育教学的骨干力量，但是基于教师职业专业发展的规律，这一"异常"的教师结构，当前活力不足，也隐藏着潜在的动力不强等深层次问题。以平湖市职业中等专业学校为例，在2002年至2004年，学校经历了学生数量的飞速增长，进而出现了师资的继续增长，曾经连续三年，招聘教师量每年达60多人，目前这些教师已成为学校的主体力量。但由于师生比要求的变化，以及受教师编制数的限制，学校近五年来新教师的入职率不到2%。师资队伍的中老年化倾向已经凸显，从而也影响到教师工作积极性。

（一）专业提升意识弱化，职业倦怠感强烈

人过中年的教师对于自身的专业提升需求往往开始减弱，创新改革意识急剧弱化，满足于完成日常教学等常规任务。当一个人长期从事某项工作，又无法体会到其变化和从中获得新鲜感时，职业倦怠更容易产生。但是与此相比，职业教育当前正处于"国家重视、省市支持"的飞速发展时期，中职学校处于可持续发展的关键期，众多的改革举措相继出台，如果专业提升意识不强，就会对改革不理解、不深入，从而出现被动做等情况，形成"职业惰性"。

（二）自我"躺平"意识强化，职业焦虑感强烈

随着年龄的推移，教师的教龄在增长，但如果没有改革求变意识，那就永远只能停留在原有的水准上。看到曾经的"徒弟"在教学业务上超过了自己，看着年龄比自己小的晚辈"职称"走在了自己前面，他们或多或少会有"焦虑感"。

但是很多教师找不准产生"职业焦虑感"的深层次原因，找不到奋进内驱力不强的深层次因素。很多教师希望学校能安排减量轻质的工作，或者在多次努力失败后，选择"躺平"的生活姿态。

故而，如何提高活力，增强动力，是目前中职学校教师队伍建设的重要课题。

有效的校本研训不仅是提高教师专业能力的重要途径，也是提高教师工作动力的有效手段。

二、职业教育的发展需要激发教师内驱力的精准校本研训

目前我国已经进入了新的发展阶段，中职教育的基础性地位得以确立并不断强化，产业升级和经济结构调整不断加快，新的产业或行业不断产生，产业结构多变，行业的复杂性、多样性使工作岗位频繁变迁。同时各行各业对技术技能人才的需求越来越紧迫，对人才的规格提出了更高的要求。教育服务于人的终身发展，而职业教育突出的"职业性"决定其肩负着服务"职业人"终身发展的使命。职业生涯的规划、职业技能的强化、创新思维的培育、"岗课赛证"的教学模式是现代职业人发展的关键核心要素。这也为中职教师提升内涵赋予了新的内容。

终身学习是当代教师必须树立的理念。在对教师的校本化研训过程中，我们需要有效激发教师的学习动机、培养其良好的学习行为，以充分发挥其坚强的意志力，促使研训达到预期的成效。

（一）当前中职校本研训在激发教师内驱力方面存在的显性问题

纵观目前我省中等职业学校教师培养培育的现状，主要存在以下几个方面的问题：

1. 问题导向不明，校本培训需求针对性不强

当前中职教师的各级培训不可谓不多，校本培训每学期也按规定至少要开展 1~2 次，但每次培训前缺少面向教师的需求调研，更多的校本培训均以学校为出发点，以学校希望教师达到的目标为培训标的，设计严重单向化，忽视了教师的实际需求，从而导致校本培训缺少问题导向，针对性不明显。

2. 任务导向不清，校本培训系统逻辑性不强

每次培训都不应该是一个孤立的个体，应该要形成一条逻辑脉络体系。以一学期的校本培训为例，应该要设置学期培训方案，明确学期培训目标，制定学期培训任务，设计单元化培训内容，促使每次培训目标高度聚焦，使培训效果更佳。

3. 名师引领不足，校本培训职业特色性不足

学校的名优特教师应该是教师中的佼佼者，并对本校的教师情况有更深的了解。但是现有的培训更关注外请专家，导致很多培训看上去高大上，实则和学校贴合度不高，职业特色性难以发挥。

（二）精准式校本研训需要达成的理想化成效

顾名思义，校本培训是指以学校为单位，面向教师的培训方式，内容以学校需求和教学方针为中心，目的是提高教师的业务水平和教育教学能力。精准式的校本研训，应该努力达成如下指标：

其一，针对不同需求的教师，层级式精确设计培训内容。每个教师所处的职业生涯阶段是不一样的，意味着其专业培训的需求也是有差异的。我们的校本研训要根据学校规划的培训思路和目标，创设不同的培训形式和内容，促使教师更为有效地接受。

其二，根据职教教师的发展，模块化精准划分培训团队。《浙江省职业教育"十四五"发展规划（2021—2025年）》明确提出要"打造一批职业教育领军人才和顶尖团队"，说明当前职业教育师资培养要更多地有融合、合作意识，打通校内外、专业间的壁垒，以团队为建设单位，提升教师的专业素养。

其三，遵循教师成长的规律，领航式精准设定培训导师。校内名优特教师是学校的宝贵财富，校本培训需要充分调动名优特教师的主动性和能动性，运用他们的特色和特长，结合学校对教师的成长需求，有意识地设定培训导师，达成培训的"即事即地，随时随地"，以有效化解"工学矛盾"。

校本培训如果没有明确的对标教师，就无法真正解决教师在专业成长中的困惑和困难，如此教师既享受不到培训的过程性愉悦，又感受不到培训的结果性快乐，从而也就无法有效激发其内在驱动力，提升工作积极性。

为此，我校以基础性定位为背景，充分发挥名优特教师的引领作用，以不同层级教师的培训需求为导向，以中高职一体化课程改革为路径，开展融合学校、企业、高校三方的中职教师培养路径，是有一定的新颖性、必要性和可操作性的。

三、中职学校"梯度相融，混合驱动"精准性校本研训激发教师工作积极性的实施路径

教育部在《中等职业学校教师专业标准（试行）》中提出："中等职业学校教师是履行中等职业学校教育教学工作职责的专业人员，要经过系统的培养与培训，具有良好的职业道德，掌握系统的专业知识和专业技能。""在教学和育人过程中，把专业理论与职业实践相结合、职业教育理论与教育实践相结合；遵循职业教育规律和技术技能人才成长规律，提升教育教学专业化水平；坚持实践、反思、再实践、再反思，不断提高专业能力。""学习专业知识、职业教育理论与职业技能，学

习和吸收国内外先进职业教育理念与经验；参与职业实践活动，了解产业发展、行业需求和职业岗位变化，不断跟进技术进步和工艺更新；优化知识结构和能力结构，提高文化素养和职业素养；具有终身学习与持续发展的意识和能力，做终身学习的典范。"

为此，学校创设了"梯度相融，混合驱动"校本培训模式，其中"梯度相融"是指实施教师的分类研修、阶梯式培养；"混合驱动"是指运用名师、任务、团队的多重驱动促使教师自我研习意识的形成，通过培训过程、成果、成效的多重驱动来促发教师工作的积极行为。

该校本研训模式进一步提升了教师的融通学科教学能力、专业认知能力、企业实操能力，搭建了众多展示平台，教师的职业信心增强，感受到职业价值，自我效能感得以不断增强。

（一）不同类型教师校本培训内容的精确选择

教师的成长受主客观等条件的影响，主观因素是教师自我成长的愿景和内驱力，客观因素则是教师的年龄、资历等。因人施策，分类规划，才可切实提升培训实效，有机提高全体专兼职教师的整体教育教学水平。根据当前国家对职业教育的发展要求，学校有机组建融合高校教师、学生家长、企业师傅共同参与的兼职教师队伍，切实开展中高职一体共同教研、家校协同共同研修、校企协作共同育人等工作。

1. 五步四阶段，螺旋式培养青年教师的综合素养

青年教师是学校教师队伍的一个重要组成部分，是学校事业发展的期望，是学校可持续发展的后备力量，青年教师的思想政治素质、业务水平直接关系学校的生存和发展。为了加快教育现代化进程，推进青年教师的专业化发展水平，建设一支高质量的、能适应职业教育快速发展与改革创新之需的高素质骨干队伍，学校深化制订了"五步四阶段"青年教师培养计划，通过入职期、适应期、发展期、提高期、飞跃期等五个步骤的培训，逐步引导青年教师在课堂教学、班级管理、科研水平、产教能力方面的有序成长，激发其对成为名优特教师的向往，形成积极的教师职业成长规划。

同时学校也出台了《平湖市职业中专85后青年教师成长积分制实施办法（试行）》，以积分的形式，对每位青年教师每学期的教学工作、班主任工作、其他工作、教育实绩开展量化考核，并将其作为各级各类评优评奖、职称评审、干部选拔等的重要参考依据。

2.名师优机制，平台式激励骨干教师发挥引领作用

学校制定了《平湖市职业中专关于开展名优教师梯队式培养的实施方案》，设置了校级名师（技术能手）培养工程、平湖市级名师（首席技师）培养工程、嘉兴市学科带头人培养工程、嘉兴市名师培养工程、嘉兴市领军人才培养工程、嘉兴市教育名家及以上名优特教师培养工程，鼓励更多的教师向更高的教师发展目标冲刺。

为了有效发挥校内名优特教师的引领作用，积极优化内部治理，提倡要形成话语权威的"学术权力"，营造专业治校氛围。通过设立"特级教师工作室"，每学期开展名师开课、名师讲堂等活动，进一步强化名优教师的引领辐射能力，凸显名优教师的需求感、价值感，从而在激发教师内在工作积极性方面发挥着引领作用。

3.跨域促叠融，协作式构建异质教师发展团队

不同性质的教师共同参与教育教学是职业教育的特色之一。学校组建了高校教师、学生家长、企业师傅等共同参与的一体化专兼职教师队伍，平时定期开展中高职教师一体化教研，以达成中高职的互融互通；开展家校协同一体化研修，设立家长读书会、家长学堂、家长驻校等机制，有效提升家长的育人水平；开展校企协作一体化育人，搭建协作式教学、企业导师进课堂等平台，显性提高教师的技术技能水平，增强教师的自信心。

（二）不同领域教师校本研训过程的精准互通

职业教育是开放性的教育，教师也必须有宽广的视野。以往的校本培训中存在着纵横领域狭窄的问题。为此，思考构建"横向专业突破，纵向界别突破"的新型校本研训，校内形成文化课与专业课教师知识共享、不同专业教师能力分享的跨专业、跨学科培训模式，校外形成跨学段、跨领域专兼职教师的互通式培训模式，营造人人都是培训导师、人人都是培训学员的氛围。

首先，设置知识共享机制，促使文化课、专业课教师知识互通。校本研训设置了文化课教师专业知识能力提升的培训渠道、专业课教师文化知识素养提升的培训渠道，进一步促使文化课、专业课教师之间知识共享，提升中职课程的"职业"属性。

其次，设置能力共享机制，促使跨专业教师能力互通。校本研训提供了教师跨专业学习的渠道和载体，促使教师完善自身能力结构，能更好地适应职业教育的教学工作。

（三）不同需求教师校本研训成效的"多重驱动"

精准校本研训最终创设的目标是教师通过培训后能明显感受到自身的成长和进步，如技能的掌握、比赛的实践，甚至导师资源的积累等。为此学校搭建展示平台，促使教师进一步感受培训过程的显性累积、培训成果的显性呈现、培训成效的显性增长，以促使其自我内驱力的强烈迸发，最终使其工作积极性持续不衰。

首先，搭建校级展示平台，激发教师培训获得感。学校每学期期末设计教育教学展示，由本学期参加了校本培训及市级以上培训的教师展示其在教师比赛、日常教学中的业绩，为其他教师提供范例，增强教师参加培训后的获得感。

其次，增设市级拓展平台，强化教师研修信心感。学校也积极推荐骨干教师参与平湖市级以上的各级各类展示及教材开发、资源建设等团队，进一步增强教师参与研修的自信心。

国家大计，教育为本；教育大计，教师为本。教师作为学校管理工作的主要群体，如何进一步提升其工作积极性是学校管理者需要不断思考的命题。我校结合学校发展实际，提出了"梯度相融，混合驱动"的中职学校精准性校本研训来激发教师工作积极性的实践路径，极大激发了教师的自我荣誉感和自我价值感，对促使其保有长久持续的工作积极性，起到了较为明显的作用。

任务驱动式"项目创建"推进
教师工作积极性的实践探索

龚跃明

龚跃明 1970年6月生。平湖技师学院院长，机械专业高级教师，浙江省技工院校省级专业带头人。曾获平湖市优秀共产党员、浙江省黄炎培职业教育杰出校长等荣誉。7篇论文分别在地市级以上报刊发表或在评比中获奖，主编教材《就业训练与指导》（2021年7月，北京理工大学出版社）。

调动教师的工作积极性，既是提高学校工作效率的关键，也是衡量学校领导管理水平的重要标志。我校自2014年起，鉴于校区搬迁、规模扩大、教师年轻化等现实情况，坚持以"项目创建"为抓手，采用任务驱动的方式，积极构建学校发展共同体，有效地调动了教师的工作积极性。

一、基于学校转型嬗变前的问题分析

我校创建于1979年，2013年迁建至平湖经济技术开发区。2014年，学校虽已迁建，办学条件也有所改善，但学校规模小、生源基础差、师资队伍弱，教师成就感不足，对学校的归属感不强，教师的工作积极性不高，总体来讲在区域内是一所被边缘化的学校。

随着学校规模的扩大，师资队伍结构产生断层，新教师又不断加盟，面对此种情况下如何调动教师队伍的工作积极性的问题，我们提出了以"项目创建"引领教师专业成长的整体策略。

二、基于学校策略制定的理论依据

学校是指教育者有计划、有组织地对受教育者进行系统教育活动的组织机构，其中教育者是由一群具有共同或相似特质（教育背景、教育能力、教育理想等）的成员构成的一个群体。

美国心理学家库尔特·勒温在群体动力学说中指出：群体绝不是各个互不相干的个体的集合，而是有着联系的个体间的一组关系，群体中各成员之间相互作用和影响，引起群体变化而改变其个体要比直接改变个体容易得多。学校的师资队伍就是一个相互紧密联系着的群体，群体必须在达标与树标的追求中，才能保持对其成员产生长期的吸引作用，形成强烈的"校荣我荣"式凝聚力与主人翁意识。

战略管理学鼻祖伊戈尔·安索夫指出：加强战略管理，通过环境分析，预测未来变化，做出全局性的谋划，才能避免经营的盲目性。因此，学校应该根据战略需要进行资源配置，统一战略目标，发挥协同效应。据此，我们确立了以抓学校团队建设推动教师个体发展的工作思路，以及以学校项目创建推动教师工作积极性、激发群体凝聚力的工作策略，最终有效促进学校的发展。

将美国管理学家泰勒提出的任务管理法这一源自企业的管理模式，移用到学校管理上，则是在"任务"即问题动机的驱动下，凸显对目标实现的实在性，提升完成任务后的满足感，从而使教师更为积极地进行自主探索和互动协作。如果说目标管理属于战略性思路，任务驱动则属于其手段或载体，它可以使目标管理法的内容更为具体可感，落实也更为积极有效。

三、学校"项目创建"推进教师群体工作积极性的实践探索

（一）目标导向，引领价值取向

基于战略管理理论，为凝聚全校力量，激发教师的工作积极性和主动性，学校相继设立了递进式的学校发展战略目标。如2015—2016年，我们提出了创建高级技工学校的发展目标；2017—2019年，提出了创建技师学院的发展目标；2020—2021年，提出了争创嘉兴市文明单位的目标；2022—2025年，学校又提出"争创省一流技师学院、全国文明校园"的发展目标。

在学校创建目标的设定上，我们坚持"最近发展区"的理念，结合学校发展规划，与国家发展战略相一致，且要求项目在1~2年内能取得成效，使项目具有必要性、可行性、可检验性。项目确定时，可以是上级要求的创建项目，也可以是自我发展设立的创建项目。如创建技师学院是市政府的战略要求，而创建高级技工学校

是我校根据总目标分解的前行子目标。成功创建技师学院后，我校又自加压力，提出了创建省一流技师学院的发展目标。

创建不断递进，发展永无止境，教师的工作积极性激发也就具有了不停息与可持续性特征。通过一个个学校发展目标的设立，唱响学校发展主旋律；通过一个个项目的建设，汇聚学校发展原动力；通过一个个项目的成功创建，增强学校凝聚力，推进学校与教师共同发展。

（二）任务驱动，激发队伍活力

基于群体动力学理论，群体目标是产生凝聚力的重要因素之一，个体受群体目标的吸引，并内化为自己的追求，这样就会产生强烈的依赖与归属心理。当目标具有挑战性，可望最充分表现自身价值时，这种吸引作用就更大。要调动教师工作积极性，必须将学校的群体目标与教师的个体目标相统一，通过具体显性的任务驱动，使教师在参与实实在在的项目创建实践中，提升能力，锻炼才干，收获成功，实现螺旋式的专业成长。

1. 专家引领

为确保项目创建工作的科学性和有效性，学校成立项目创建专家指导委员会，引领制订项目实施方案与教师成长目标，帮助建立差异化的建设团队，促进项目创建和教师专业成长。学校聘请省内外知名教授、技能大师在校设立工作室，与教师结对，带徒传艺，在项目创建过程中，不断提升教师的教学和管理能力。通过与专家的交流对话、资源共享、专业引领，增强教师在项目创建过程中的成功体验，进而进一步激发工作积极性，同时，也避免项目建设过程缺乏科学指导和陪伴引领，导致束手无策而不能有效调动教师工作积极性。

2. 项目分解

学校的创建目标，是一个引领学校发展的总目标，只有当将它分解成一个个具体的、可操作的小目标，才能实现事事有人干、人人有事干。如对技师学院创建工作，学校制订创建工作方案，成立了创建工作领导小组和工作小组，针对评估细则中1000分的考核内容进行逐个分解，逐个落实，特别是师资队伍指标，将学历、职称、技能等级和一体化教学水平创建转化成每位教师的职业规划，使每位教师明确未来几年的奋斗目标和努力方向。在高水平专业群建设工作中，学校形成了20个子项目，分解到各个教研组的每位教师，确保任务到人、责任到人。学校成立了项目创建办公室，实行挂牌作战，定期考核，由于任务清晰、考核明确，极大地激发了教师的工作积极性。

3. 任务驱动

学校以项目创建为统领，搭建一系列师资培养的发展平台。如为推进中德联合办学，学校连续5个暑假开展了专题式师德培训。正是在学校整体创建项目的引领下，教师们将学校目标与个体目标有机统一，才会主动放弃休息，投入专业提升。建设平湖市高技能人才公共实训基地这一项目，历时5年，从企业调研、方案设计、方案论证、设备采购、设备安装、设备验收、文化设计到实训资源开发，每一间实训室任务到人、责任到人，全方位全流程参与，实现了教师专业能力的快速提升。当教师们看到一个个项目在自己团队的努力下得到实现，这种成功的体验是任何外在激励所无法替代的。教师们也在建设过程中实现了自身的华丽蝶变。多名教师成为实训基地建设的专家，多次应邀参与省内外实训基地的建设规划工作。

目标分解后的任务驱动，使教师们对工作更具兴趣，也激发了他们对工作质量的追求欲，从而有效提升了工作积极性。当然，任务驱动并不是一个单向的任务发放过程，而是一个交互式的任务分配过程。在这个过程中，必须以人为中心，体现以人为本。

（三）制度保障，促进专业成长

为加强项目创建推动的持续性和有效性，提升教师参与项目的积极性，学校设立项目创建专项绩效奖励。为提升激励的有效性，实现从"要我建"到"我要建"的转变，学校采用建设项目校内公开招标的形式，合理引入校内竞争机制，并将项目创建纳入年度绩效考核与职称自主评审。同时，学校定期召开教代会、教师座谈会，不断修订考核办法，让教师明明白白做事、清清楚楚考核，在实践过程中实现良性推进。

为进一步推进教师的专业成长，学校设立匠心教师论坛，提供教师专业发展讲坛，在思想碰撞中提升自我；建立大师工作室，在专业研讨中促进教师专业成长。

四、任务驱动式"项目创建"管理策略实践的成效与思考

我校通过一系列任务驱动式项目创建激发教师工作积极性，实现了学校与教师个体的同步成长。

（一）项目创建，实现学校快速发展

学校项目创建是学校班子对学校发展的一种战略思考，也是对全体教职工的一种持续性方向引领，体现了一所学校积极向上的精神面貌。创建了不一定成功，但

不创建一定不成功。所以，创建既是一种目标，也是一种手段与载体。通过项目创建，可集中学校力量、争取集中社会资源办大事，也可以有效减少不和谐的声音，提振教职工的精气神。

通过多年的努力，学校创建项目相继达成，并获评国家技能人才培育突出贡献单位、国家级高技能人才公共实训基地、浙江省文明校园等荣誉称号。学校的办学规模迅速扩大，办学实力得到提升，办学经验得到了《人民日报》等主流媒体的报道与肯定。学校已成为平湖招商引资的"金名片"、平湖技能人才培养的"主阵地"，也从一所边缘化的学校一跃成为全省学习的样板。

（二）项目创建，提升教师需求层次

马斯洛把人的需求从低到高分成了不同的层级：生理的需求、安全的需求、归属感和爱的需求、尊重需求和自我实现的需求等。学校通过系列性、递进式项目的成功创建，使教师实现了内在的、较高层次的需求，进一步激发了工作积极性。

省市领导的批示和表扬，使教师在全省各类活动中得到了重视和认可，实现了尊重的需求。如在2022年暑期进行的一流技师学院和高水平专业群培训会议上，我被推选为校长培训班副班长，金永存主任在专业群培训班中被推选为班长。

（三）团队协作，促进教师专业成长

苏联教育家马卡连柯的集体教育理论认为，无论哪个教师都不能单独地进行工作。如果有5个能力较弱的教师团结在一个集体里，受着一种思想、一种原则、一种作风鼓舞，能齐心一致地工作的话，就比10个各随己愿的优良教师要好得多。可见学校集体的重要性。

正是由于团队项目的创建，成员间互学互鉴、互助共进，调动了师资队伍的工作积极性，一大批教师不断成长。如本土培养的毕业生顾晓明老师在"双元制"项目的推动下，喜获全国技术能手、浙江工匠等荣誉称号，在他的专业引领下，组内教研氛围浓厚，形成你追我赶的氛围，相继出现3个全国技术能手、2名省教学能力大赛一等奖获得者。

近年来，学校通过项目创建统一了思想，凝集了力量，通过项目任务的驱动、团队化的协作与显性化的考核，使教师们在忙碌中收获成功，促进了自我的专业成长，有效地提升了教师的工作积极性，推动了学校的可持续发展。

调动教师工作积极性当做好"加减乘除法"

丁海中

丁海中 1973年12月生。平湖市文涛中学校长，科学学科高级教师，嘉兴市第4批名校长培养人选、浙派名校长培养人选。曾获平湖市十佳校长、浙江省春蚕奖等荣誉。8篇论文分别在地市级以上报刊发表或在评比中获奖。

教育部《义务教育学校校长专业标准》中规定校长的工作涵盖规划学校发展、营造育人文化、领导课程教学、引领教师成长、优化内部管理和调适外部环境等六大方面。在学校管理中，要想将这六大方面工作落实到位，我认为校长必须把重点工作放在协调各方关系、充分调动教师工作的积极性上。如果没有教师的积极性，即使有良好的校园环境、先进的教学设备、充足的办学经费，也无法发挥出学校应有的效能。那么，怎样调动教师的工作积极性呢？重点要解决好这三个问题：想不想干，会不会干和干得如何。想不想干，指向动力问题；会不会干，指向方法问题；干得如何，指向评价问题。学校管理者不能寄希望于通过某个方面、某个节点的努力就能把问题一下子全部解决好，而是需要通盘考虑，多管齐下，持续发力。

在多年的学校管理实践中，我亲身经历了一个个真实的管理故事，这些鲜活的案例促使我不断反思并优化自己的管理实践。如何调动教师的工作积极性，我认为作为校长应当做好"加减乘除"四则运算。

一、聚焦资源配置，在服务保障上做"加"法

俗话说，兵马未动，粮草先行。作为校长，关键是能"看见"和"懂得"——

"看见"是一种用心的关注,"懂得"是要清楚老师们的需求。工作环境是影响教职工工作效率的重要因素,学校从资源配置出发,切实改善办公条件,给老师们创造良好的工作环境,在服务保障上做"加"法。

2019年7月4日我赴文涛中学任校长,从农村来到城区,办学规模也由小变大,而文涛中学又是由东湖中学分设而来,心情因此有点复杂。我告诫自己,只能成功,不能失败。学校创建,核心要素是人,这个道理不难懂。如何建立感情?我想,必须为老师们干点实事,而且要从最容易改变的地方入手。当我走在校园里时,偶然间听到一位老师在和其他同事说:"唉,这么热的天,又得搬办公室了……"我瞬间明白新学年新岗位,班主任、任课老师是得再搬个家。作为学校领导能做什么呢?让后勤人员帮忙?但是他们也有自己的工作,明显不妥。我突然想,是不是能安装个电梯呢?开学以后,每天看到送餐的工作人员费力地运送各班的大量饭菜,看到伤了腿脚的同学拄着拐杖上下楼梯,看到那位坐在轮椅上身残志坚的小同学,这一幕幕更让我坚定了最初的那个念头,于是我向上级部门递交了申请报告。没承想,由于疫情等因素影响,这个愿望直到2022年才得以实现。

在资源的配置上,作为学校文化建设主推者的校长,更应该把校园文化作为教育的窗口来打造,把校园文化作为教育理念的符号来诠释。校园文化入眼很容易,走心很难,切忌"求多不求精,求量不求质"。马克思说:"人创造环境,环境也创造人。"这句话告诉我们:要建成有利于提升文化品位的校园环境,促进学校环境外在美与师生品质内在美的高度统一。

秉承着这样的理念,文涛中学立校三年来,先后建成芳草园、成蹊园、空中花园、迎宾大道、银杏长廊、笃行楼庭院、校内外停车场、"逃"宝之家分类垃圾房、电脑机房、科创教室、美术专用教室、文化展示厅、叔同艺术工作室、校园电视台等,改造食堂、报告厅、图书馆、体育馆、录播教室、雨污水管道、各类会议室等,安装双电源、校园路灯、教室空调、纱窗、智慧灯光、报告厅电子屏、一叶河护栏等,致力于让校园里的每一张图片、每一句话、每一尊雕塑,都成为学校独一无二的形象解读,让每一条路、每一栋楼、每一处景观的命名,都蕴含着无限的教育解读。

在三年的发展与建设中,我和管理团队一起,用心倾听,用脚步丈量,改造方案反复认证,工程质量重点关注,给广大教师创造了干净、整洁、优美的工作环境,让老师们潜心教书、静心育人。

二、聚焦科技赋能，在关键领域上做"减"法

苏霍姆林斯基认为："问题首先在于如何保证教师自由支配的时间，它对于不断丰富教师的精神世界，像空气对于人的健康一样必不可少。教师没有自由支配的时间，这对于学校是真正的威胁。"

"双减"政策推进后，老师们普遍面临着教学转型、课后服务、家校关系等方面的新挑战。因此，学校从科技赋能出发，为教师创造条件，让老师们尽可能拥有可支配的时间和空间，在关键领域上做"减"法。

一是巡视日志常态化。学校执行行政人员巡视日志制度。巡视日志具备五大特征：灵活、即时、高效、协作与留痕。巡视重在发现问题、反馈问题、解决问题，巡视贵在带头担当、落在实处、总结提高。正常情况下，行政人员每天至少巡视校园1次，巡视结束后须第一时间上传日志，各条线、处室主动认领问题，并及时做有效处理。

二是教学诊断精准化。以往教师讲解典型错题需要对一个个学生进行统计，这样的方式费时费力。而通过精准教学平台，用数据支撑课堂教学，教师可以用大数据和智能技术因材施教，有针对性地讲解练习，同时，校本题库自然建成，极大地提高了教师的工作效率。

三是教育成果可视化。每学期末学校要统计每位师生的荣誉和成果，但是也经常存在同样的数据需要反复统计填报的情况，耗费了老师们大量的工作时间。因此，我校基于钉钉平台设计了师生成果统计表单，可以简化流程，方便汇总，随时提取。

四是信息统计实时化。以往师生的信息统计（例如新生校服信息采集等）都是通过纸质登记上报，这样的方式统计量大，效率低。而通过钉钉表单功能，老师们只需花极短的时间就可以完成任务，免去手动填写、层层上报、逐个统计的麻烦。

五是维修服务便捷化。为了给全校师生提供更加便捷、高效的报修服务，学校建设了设备设施的报修服务平台。原先需要打电话跟总务处反映，如今在线上就可以快捷地实时报修，这不仅提高了总务部门维修处理的效率，更推动了学校管理的智能化。

六是用餐菜单定制化。学校搭建了线上订餐系统，在最大限度满足教职工个性化用餐的基础上，也可以更加精准地准备食材，减少浪费，同时提高售菜的速度。接下来，学校的专用教室也将实现智能化管理。

三、聚焦专业引领，在履职能力上做"乘"法

办学目标确立后，排在学校发展前四位的关键要素依次是：教师、课程、资源、机制。四大要素彼此关联：教师是课程的设计者、研发者与实施者；课程是学校改变的关键；资源配置是课程实施的物质保障；良好的运行机制才能激发教师良好的职业状态和生命状态。

课程，作为育人的重要载体，自然要成为一所学校集中力量去做的核心工作之一。学校从专业引领出发，扎实开展拓展课程，给老师们发挥特长搭建舞台，在履职能力上做"乘"法。

（一）厕所内门带来的课程启蒙

回想起来，树立教师的课程意识还真是一件不太容易的事情。机缘巧合，恰恰是通过一件小事的处理，启蒙了大家对学校课程价值的认识。

很早以前，我经常发现学校厕所内的小门上满是涂鸦，有些甚至已没有了门，师生上个厕所特别不方便。我问总务处为什么会这样，回答说"擦了也白擦，装了也白装"，因为总有一些"熊孩子"把厕所内的小门当玩具，在上面荡秋千，把小门当白板，在上面随意涂画。

我和后勤线约定，分头搞定一件事：开学前他们把厕所门处理好，我请教学线协同老师们开发拓展课程。此时，正值拓展性课程要求刚部署。自此，学校每周开设4节拓展课程，孩子们很快被舞龙、漫画、素描、古筝、电子琴、象棋、创客实验、植物栽培等迷住。学校里有了更好玩的课程，哪个孩子还会和厕所门较劲呢！

叶澜教授说："每天的工作过程有成功、创造和发现的喜悦，教师的职业生涯才会成为重要的生命体验，才能感受到生命的欢乐和享受。"

（二）"科普达人"吴永其老师的成长历程

我在林埭中学任职校长时，吴永其老师在生化实验员岗位上，之后他从一名普通教师逐步成长为高级教师、高级实验师、"嘉兴市十大科普达人"、浙江省优秀科技辅导员。一次偶然的谈话，我了解到吴老师对业余无线电、PCB（印刷电路板）设计、3D打印等领域比较感兴趣，他先后考取了A类和B类业余无线电操作证书。2011学年，作为校长的我积极引导吴老师结合学校的科技教育特色开设拓展课程。而后几年，学校先后建设了特斯拉实验室、生态实验室、无线电工作室等创客空间，为教师的个人发展提供平台支撑。吴老师开发的校本课程"初级创客""特斯拉的世界"获"平湖市精品课程"，其指导的学生多人次在省市级科创类比赛中获

奖。近年来，吴老师积极参与全市性的科普活动，先后参加了天宫课堂网络直播地面暖场授课，平湖市科普中心、龙乡公益坊、儿童梦想中心、各乡镇党群服务中心的公益课堂，其对外的科普讲座和科技制作培训达50多次，惠及1000余人。

校长要把引导、帮助教师实现专业发展、专业理想作为重中之重，根据不同岗位的特点，提出不同的发展要求，搭建不一样的平台，激发每一位教师的工作热情，做到人尽其才，才尽其用，人事相宜。

（三）文涛音乐组的华丽蜕变

音乐组有三位老师，她们开设了"声韵·halfhour合唱团""舞韵·青春律社""乐韵·穿透力乐队"拓展课程。每周坚持4课时的训练时间。台上一分钟，台下十年功。功夫不负有心人，学校合唱队、舞蹈队、器乐队在平湖市中小学校园文化艺术节比赛中屡获金奖。2020年舞蹈队精心排练的舞蹈《燃》被嘉兴市教育局推荐，成功入选浙江省中小学生艺术节展演，一举获得金奖，三位老师荣获"省优秀指导教师"称号。2021年舞蹈《燃》又成功入选中央电视台公益节目《大手牵小手·我在红船旁成长》的录制，该节目在央视少儿频道《大手牵小手》栏目播出。在全市教研活动中，我校音乐教师做了关于团队文化建设的经验介绍。2022年暑假，三位老师主动请缨，赴上海参加"第二届上海市学校合唱指挥教师培训班"。成绩的取得，离不开她们对专业的热爱和执着追求。她们发展了学校，也成就了自己。

教师看到的世界越大，对学生的研究越多维；接触的人物越杰出，对教育的思考越深刻；对资源的链接越多，对学生的助力越强大。

三年来，为了促进教师的专业发展，学校创设了教师多维成长平台，主要有青年教师"3+2"旭日工程、名师（骨干教师）教学开放日活动、教学开放周活动、课堂教学评比、推门听课制度、青年教师预约听课制度、精品课程开发、学科命题能力比赛、学科水平能力测试、科学教师实验技能展演、课题立项与成果思辨活动、班主任工作论坛、青年班主任技能大赛、家长开放周活动、城乡教育互助工程、跨地区教育共同体活动等，大力提高教师专业素养，提升教师的成长力。

与此同时，学校建立了"芳草·向阳"课程体系。"热血排球""舞韵·青春律社"等拓展性课程先后登上央视舞台。国家级非物质文化遗产空竹技艺第四代传承人梁曙光老师，围绕"空竹文化"精心设计课程内容，将空竹这一国家级非遗引入课堂，满足学生个性化发展需求。学校炫舞空竹社团，在2022年中国保定国际空竹艺术节上荣获团体金奖，在2022年浙江省民俗体育精英赛中获团体一等奖。

逐年提升的办学品质，改变了孩子们对学校的认知和对学习的体验，也让老师们尝到了受人尊敬的教育带来的职业荣耀感。

四、聚焦机制建设，在突出问题上做"除"法

白居易说："仁圣之本，在乎制度而已。"只有用良好的制度来约束人们，才能有良好的秩序。那么，如何完善制度建设呢？下面通过三个具体问题来阐述。

（一）遇到个别教师提出减轻工作量时该如何处理？

具体应：前设制度→书面报告→调查分析→制订≥2个方案→面对面沟通→确定方案→提出要求。

首先我们要预计到会有这种情况，所以应该建有相应的制度。

其次，每学年末学校教师要向校务办提交几份表格：①《平湖市"县管校聘"岗位竞聘意向登记表》，说明：参加本校应聘的教师需服从学校工作安排。②《文涛中学＿＿学年教师个人工作岗位意向表》，说明：有特殊意愿的请在备注栏内注明。③《文涛中学＿＿学年教师减轻工作量申请表》，说明：不在一线上课或虽上课但课时量不足的人员，根据"以岗定薪、岗变薪变"原则确定绩效待遇。请长假的视为已申请减轻工作量。产假等按上级规定执行。

针对工作量明显未满额的情况，有需求的老师每学年都需要书面提交教师减轻工作量申请表。因为有时学校掌握的情况也不够清楚，也有可能教师个人的想法在改变，所以不能约定俗成或者理所当然。当然，提交了申请学校也会视具体情况做出安排，不一定会满足要求，这里就有个调查分析的过程。

如果学校同意教师的申请，一般要准备2个方案让这位老师选择，当然这2个方案学校都是可接受的。有时可能也会感觉学校没有什么工作可以选择，那就附带一项其他工作。让老师做选择，他的心态会好很多，会感受到学校的关心。

一旦老师做出选择，一定不忘对其提一些要求。在职称评定、评优评先等问题上必须采取限制性规定，比如对教学工作量、班主任工作、科研成果、指导青年教师等方面提出硬性要求，对达不到要求的教师实行一票否决，用刚性规定的约束力督促教师在专业素养上自觉寻求发展。

（二）遇到教学成绩不理想的教师该怎么办？

每所学校都可能存在这样的老师——教学成绩不理想，有的是工作态度问题，有的是工作能力问题，还有的可能是身体问题、年龄问题，等等。我们的管理目标是这类人要越来越少。

具体应：做出任课安排→学生、家长意见反馈→指出教学课堂的问题→专家指导→及时肯定。

可能存在个别老师没有自知之明，自我感觉良好，或是自摆老资格，或是躺平思想，表现得很"佛系"的情况。可采取的做法有：

一是安排任课时，同备课组至少有一位教学能力突出的教师，让其感受到差距；或者安排一位年龄相仿甚至比他小，而教学能力又比他强的教师，让其有可比性。

二是善于利用好学生、家长反馈的意见。一般的老师对家长的意见还是很敏感的。

三是抓住合适的时机指出教学中存在的问题，如在推门听课、常规检查、巡课过程中发现的问题，可及时反馈。

四是邀请教研员、名师等专家上门指导。

五是发现有进步、有变化，及时给予肯定。

学校也会有一部分教师的自我价值已经实现，此时就应把他们的个人目标上升到学校的共同目标上来，用"学校危机"激活其动力，用"重要岗位"调动其积极性。

（三）遇到个别教师反映中午是不是属于下班时间该如何应答？

首先我们要弄清楚他来校长办公室说这个问题的用意是什么。这么简单的道理他肯定懂，那是不是故意想让新到岗校长为难，刷刷存在感？明白了原因，此时也就不用急着和他理论、较真了。

具体应：交流倾听→认同肯定→问题影响性分析→转移话题→反思。

沟通是激励教师工作热情的法宝，沟通的重点不是说，而是听，并表现出足够的感同身受。这里面最关键的一步是转移话题，寻找"切入点"，并对他说过的话事后仔细考虑一下。这个事情的成功解决肯定不能依靠制度，否则将掉入他预设的陷阱。那有没有更好的办法呢？

有，是文化。在良好的机制下，全体教师会在实践中共同创造出学校的优良文化，随着学校的发展、教师的成长，文化的引领力量会越来越凸显，从而化解制度解决不了的各种问题。

有时对个别教师的冒犯不妨装装"糊涂"，要能容人之短，用人所长，"高帽子"即使不真也照样塑造人。当然，惩戒是不得不为的反面激励方式，没有规矩不成方圆，随和并非任何时候都有意义。

不科学的评价容易导致教师产生显著的消极情感体验，从而影响到工作积极性。学校管理者要善于发挥教师评价机制功能，在教职工聘任、教师交流、职务晋升、岗位设置、评先评优、任课安排、绩效考核等方面力求做到公平、公正、公认。

经过三年的逐步完善，学校已建立"1个总体方案+11项具体制度+1则解读说明+1份考核分工"的多元成长型绩效评价体系。

我始终认为，管理是一种智慧，更是一种情怀。作为管理者，解决教职工的一个困境，可能会转变其人生态度；一次非常规的表扬，可能会激励其一生；一个不经意的暖心举动，可能会赢得人心一片。

质量是立校之本，管理是兴校之基。学校通过"加减乘除法"：聚焦资源配置，在服务保障上做"加"法；聚焦科技赋能，在关键领域上做"减"法；聚焦专业引领，在履职能力上做"乘"法；聚焦机制建设，在突出问题上做"除"法，力求解决"想不想干""会不会干""干得如何"三个大问题，努力实现教师对学校有归属感，对管理有认同感，对岗位有成就感，最大程度提升教师的工作积极性。目标在前，责任在肩，我校将进一步凝聚力量、发挥潜能，守教育初心、担筑梦使命，全力推动学校教育事业的新发展，为打响"优学平湖"品牌贡献文涛力量！

自信·赋能·认同

——三管齐下，激活教师工作内驱力

吴育峰

吴育峰 1978年8月生。平湖市新埭中学校长，科学学科高级教师，平湖市第14批名师。曾获平湖市优秀教师、平湖市教育系统优秀共产党员等荣誉。8篇论文分别在地市级以上报刊发表或在评比中获奖。

教师是学校教育力量中最活跃的因素，学校精细化的管理目标和高品质的发展需要通过教师的努力才能实现。创建一支有理想信念、有道德情操、有扎实学识、有仁爱之心的教师队伍是学校发展的大计。如何最大限度地调动教师在工作中的积极性与创造性，让教师成为学校发展的设计者、推动者和实践者，是目前学校普遍面临的挑战。解决这一问题，需要创新管理体制，完善激励机制，使"制度刚性"与"文化柔性"相结合，以历史积淀激发教师的自豪感和归属感，以人文化施策铸就教师的责任感和使命感，以高质量供给提升教师的喜悦感和成就感，让教师成为学校发展的"设计师"与"推动者"，发掘学校发展原动力，助推学校走向内生式发展。

一、文化自信：以历史积淀激发教师的自豪感和归属感

校园文化是一种精神力量，它支撑着师生的健康成长与全面发展，它影响着师生的思想塑造、心灵陶冶和个性发展。因此，积极向上的校园文化能够给教师带来

归属感，激发教师对学校的认同感，从而形成集体凝聚力和向心力，提升教师的积极性和主动性，形成学校活力，实现学校可持续发展。

（一）学校的历史文化生发教师的爱校情怀

新埭中学创办于1956年，当时名为"平湖市县第四初级中学"；1970年开始招收高中新生，更名为"平湖县新埭中学"；1999年至2000年期间秀溪中学、南桥中学分别合并过来，学校规模不断扩大；2023年成功创建嘉兴市第二批"新优质学校"，学校走向高质量发展新征程。近70年的发展历程沉淀为厚重的校史文化，将新埭的悠久历史、文教传统与学校的创办历程、特色发展融合展现，不仅触发历史见证者和经历者的情感共鸣，而且让后来者对学校萌生认同感与自豪感，从而埋下爱校的种子。这样一种由历史文化积淀生发的归属感，给予教师一份参与、创新的坚定信念。

（二）学校的发展蓝图融入泖水的特色文化

在学校规划顶层设计时，教师提出"礼善"一词，为重构校园文化打开了新思路。在新埭镇，泖水文化是灵魂，陆子文化是精髓。从泖水文化和陆子文化中汲取精神养分，确立"知书达礼、善行天下"的"礼善"文化内核与精神引领，并将"礼善"文化融入学校管理、课程建设、育人方式、教学改进、环境建设等各项工作，进一步发挥文化的凝聚力量和引领作用，以高度的情感认知来开启教师的主动参与模式。教师们的发展愿景与学校的发展规划相融合，并得以逐步实现，教师的主人翁意识与工作积极性、主动性得到更充分的激发。

（三）民主的治校方式革新学校的制度文化

学校通过让每一位教职工自拟岗位说明书，加深教师对本职工作职责的认知和理解；让教职工为学校的每一幢楼宇和每一条道路命名，增强教师的参与感；成立绩效分配管委会，使分配制度的完善实现由校长办公室到管委会的权力过渡；制定"教坛老将"激励措施，激发老教师队伍的工作热情……种种举措，将"自上而下"的单向模式变为"自下而上，民主集中"的双向模式。学校营造"人人都是制度建设者""人人都是制度践行者""人人都是制度维护者"的制度文化，教师们用智慧和热情，积极参与学校民主治理，增强责任意识，进一步凝聚学校发展合力。

探寻学校文化的"基因密码"，绘制学校发展的"个性蓝图"，从而激发教师对学校文化的自信心，提升教师对学校管理的认同感，增强教师对学校发展的参与感，更好地发挥教师的主人翁精神，进一步完善更有价值的校园文化体系。

二、管理赋能：以人文化施策铸就教师的责任感和使命感

人文化管理的核心在于培养每个人心中"不需要别人提醒的自觉"，我们坚持采用以尊重、信任、理解、赏识、激励、互助等人性化的管理手段，构建具有亲和力、感召力、凝聚力、向心力的人文生态环境，从而唤醒教师的责任感和使命感，为实现不同阶段的奋斗目标而不懈努力。

（一）严谨的师德师风管理，打造敢于担当的教育铁军

通过开展师德师风大讨论，促进了教师师德师风建设与管理，明确了教师的责任与义务，增强了教师教书育人的责任感；通过开展兴校兴师大展望、岗位优化大调整，明晰了发展方向和岗位职责所带来的使命感。师德师风管理从"传达宣讲"到"思维思辨"，从"被动接受"到"主动担当"，从"突显个体"到"团队意识"，学校的校级领导、中层干部、教研组长、班主任、网格长、名优教师等走在前列，引领示范，上传下达，把教师们的坚定信念转化为学校的整体行动，把教师个人岗位的发展转化为教育铁军的担当。全校上下齐心，精神焕发，有效推进了学校的持续发展。学校荣获2019—2021年度嘉兴市校本研修先进集体、2019—2020年度平湖市教育科研先进集体、2019—2020年度平湖市校本研修先进集体、平湖市校本研修考核优秀单位。

（二）正向的教师评价管理，形成精彩成长的价值导向

评价的目的是坚持问题导向，以评促建，进一步激发学校活力，激活教师动力，激发学生学力，进而打造和谐、健康、向上的教育生态。作为管理者，根据学校的实际情况，用正向的教师评价导向来推动学校深化评价机制改革，制定小目标、多鼓励、找优点等评价机制。对教师教学质量的评价，把规范的教学行为、和谐的师生关系作为切入点；评优评先根据组别进行分配，按照组内推荐、民主评议的原则，让正向自主的评价给予教师们更多的希望、更好的憧憬，激活教师积极向上的内驱力；校园美丽教师的评选让教师身上的闪光点、感动点、进步点都有机会成为学习的榜样。在各项正向管理的推动下，教师的教育执行力得到了提升，教师的教学严谨性得到了改善，教师的工作积极性得到了明显提高。学校在年度考核中连续两年被评为平湖市优秀学校。

（三）个性化的教师发展管理，助推争先创优的工作激情

学校的发展离不开教师自身的成长，根据教师发展的不同阶段要采取不同的培养策略：青年教师实行任务型驱动发展，名优教师实行个性化定制服务，教坛老将

实行差异化目标设定，管理团队实行"双培三推"制度。在培养过程中，教师们通过各自目标的达成度、家长的满意度、学校的认可度来审视这个阶段自我的教育教学行为，从而准确定位自身的不足，明确前行的基础与发展的前景。学校通过个性化的管理，使不同类型的教师有了与学校发展相同的目标，从而积极地建立个体、团队和学校的未来形象，坚定教师对教育工作的信念，激发自身的工作动力和创造力。近年来，15名党员教师成为教学骨干，7名教学骨干成为县市级名师。

综上，学校以人文化管理赋能学校发展，促进学校管理文化重构；以严谨的师德师风管理，坚定立德树人的价值追求；以正向发展评价管理，激活教师发展的内驱动力；以个性化教师队伍管理，凝聚学校发展的强大合力。

三、能力认同：以高质量供给提升教师的愉悦感和成就感

"一个教育系统的质量不可能超越它的教师的质量。"高质量的教育需要更高素质的教师。教师能力发展的力量来源于教师的自我教育与高质量的供给。学校需紧跟时代发展的步伐，紧密贴合教师发展的需求，开展多维度、全范围、系统化的能力培养，最大限度地协助教师突破能力瓶颈。

（一）用集团办学引领教师素养的整体提升

集团办学的优势在于资源共享、辐射引领。学校组织教师参加集团内青年教师说课比赛、班主任基本功大赛、优质课评比，营造互促互学的氛围；让教师浸润在集团名师工作室、名班主任工作室，自觉提升教育教学能力；集团利用寒暑假组织党员干部能力培训、学科订单式培训、班主任专业技能培训，以提升干部教师的基本技能和专业素养；集团内教师积极参加校际联动活动，联合开展专题讲座、教学观摩和研讨、开发校本研修课程、开展课题研究，形成合作研修协作体，促进集团内教师的共同成长、共同提高。近两年，在市初中教师学科水平测试中，我校获团体一等奖和二等奖。近几年，学校培养嘉兴市学科带头人1人，嘉兴市优秀班主任1人；平湖市名师7人，教坛老将1人，教坛中坚2人，教坛新秀1人。

（二）用"互联网+"推进教育信息化的课堂转型

想要改革传统教学方式，实现教育信息化的课堂转型并非易事。疫情期间的线上教学给教师们带来了巨大的压力和前所未有的挑战，这是一次暴露问题的教育反思，也是一次接受教育信息化、促进教师个人可持续发展的机会。学校实行"领军人培养"来栽培组内的技术骨干，来引领和助推技术运用、线上线下融合；学校组织"兴趣提升培训"，让有内需的教师成为信息化与教育教学融合创新的实践者，

然后再辐射到学科内的其他教师，形成从"被动输入"到"主动输出"的转变。各备课组在观课议课中引用"多元交互式"课堂观察平台，提升课堂效率，促进教师专业成长。积极推进浙江省"互联网+义务教育"民生实事专项工作，开展"城乡家长开放日"同步课堂。探索"新型教学空间"项目化推进的方式，加快信息化教学进程，进而促进课堂转型。市域内成功开展了20节同步课堂、20次网络同步教研、20堂远程专递课堂，实现了与上海市吕巷中学、新疆沙雅二中等的同步共享，辐射3000多人次。有5位教师的应用空间获评嘉兴市之江汇精品教学空间。教师团队研究案例《打造教学新空间凝心聚力 探索育人新实践》获评浙江省2020年典型示范案例。学校荣获嘉兴市教育技术工作先进集体。

（三）用真诚服务力促内心凝聚的团队形成

以人为本，服务至上，我们每一位教师都应具备服务意识。服务来源于内心真诚的付出，是不求回报的自发行为。疫情期间逆行者的义无反顾、对隔离师生的线上疏导关爱、对通勤家庭"留守儿童"的上门帮扶、"双减"下关爱教职工活动，一幅幅感人的画面振奋人心，它的意义和价值远不止于眼前之事，而在于它给每一位教职工树立了标杆，为学校教师凝聚力的提升添砖加瓦。

学校以教师发展需求为导向，做好教师能力发展的顶层设计；以自主成长与抱团发展相融合为方式，搭建教师能力发展的多维平台；以现代技术驱动教师素养提升为突破，优化教师能力发展的实施路径，来助力教师精彩成长。教师专业提升显著，近两年，在市初中教师学科水平测试中我校教师获团体一等奖和二等奖。

让教师保持对工作的持久积极性，关键在于激发他们的工作内驱力，这是促进学校工作不断完善、实现内生式发展的重要手段。当"文化自信""管理赋能""能力认同"成为教育工作者的内生精神时，教师的工作积极性必然已成自觉生发状态，学校、教师与学生的发展也必然有了生生不息的原动力。

知心动心，扬长补短：提高农村中老年教师工作积极性策略研究

——以平湖市独山港中学为例

张志杰

张志杰 1974年8月生。平湖市独山港中学校长，数学学科高级教师。曾获平湖市优秀教师等荣誉。

党的十九大报告提出，推动城乡义务教育一体化发展，高度重视农村义务教育，努力让每个孩子都能享有公平而有质量的教育。乡村教育的振兴，关键在人，核心在乡村教师队伍建设。在城市化大背景下，农村人口流入城市，从而带来农村学生逐渐向城区学校转学，一部分农村青年骨干教师也向城区学校流动的现象，造成乡村学校中老年教师在校比例日益增高，中老年教师成为农村义务教育师资队伍的主力军，因此，调动中老年教师工作积极性成了乡村学校工作的重点。

积极性，又称积极主动性，从来源上讲，它是指个体意愿与整体长远目标任务相统一的动机，是主动进取、努力工作的思想和行动。影响工作积极性的因素有很多，如个体的效能感、归属感、幸福感、亲近感、责任感等。

一、知中老年教师之心：工作积极性现状分析

在日常教育教学工作开展过程中，学校大部分中老年教师工作积极性高，工作

责任心强，任劳任怨。但不可否认的是，也有相当一分部中老年教师存在"就地躺平"的职业倦怠现象，教学效果总是不能"突出重围"，在不同程度上桎梏了乡村义务教育的教育质量。具体表现在以下三个方面。

（一）高原现象，职业倦怠

机械重复的烦琐事务，枯燥单调、无法回避的工作环境，使中老年教师随着教龄的增长逐渐对工作失去了新鲜感，对事业也失去了目标和追求。很多中老年教师仅凭借经验进行教学，出现备课不认真甚至备课、上课"两张皮"的现象；烦琐事务有时也会交由学生或者家长完成。在一届届学生迎来送往中，中老年教师也渐渐变得麻木，与学生关系疏远，失去了工作的热情。这种"高原现象"给学校和其自身带来的影响不容忽视，成为中老年教师专业成长和学校进一步发展的拦路虎。

（二）墨守成规，安于现状

中老年教师教学时间长，经验丰富。但是人一旦形成习惯，就很难改变。他们在教学上不愿意学习先进的教育教学理念，不愿意接受新事物，墨守成规，专业知识跟不上教育的发展，教学手段跟不上时代的要求。甚至，有些教师怀着只要学生安全，与家长无矛盾，即便教学成绩不好，学校也不能把我怎样的心态进行教学，应付了事，过着安逸的生活等待退休。久而久之，这种不良风气容易蔓延至中青年教师，是学校发展的一大隐患。

（三）晋升无望，干劲不足

当前职称评定与教师的工资待遇直接挂钩，是不少教师努力奋斗的动力所在。作为中老年教师，有些职称评定已经达成目标，有些由于各种原因，已经无法再进一步晋升，因此，部分中老年教师不思进取，被动教学，不愿意对学生和学校工作倾注过多的精力，而更愿意把精力放在自己的家庭生活中，严重缺乏工作积极性。

二、动心策略：提高乡村学校中老年教师积极性的实践探索

知心是动心的前提条件，只有准确了解中老年教师的所思所想，才能有针对性地采取相应的动心策略。

（一）师徒"捆绑式"展示，增强中老年教师的自我效能感

"捆绑式"展示是指师徒互学互动，相互激发，相互展示，荣辱与共。相互成就的师徒结对学习形式，是以项目成果展示为导向的逆向设计师徒结对形式，体现结对互动过程，特别关注结对双方的情感互动。师徒"捆绑式"展示让师徒在展示

前拥有共同的目标追求，在准备展示的过程中有共同的行动，在展示的现场有共同的成功期待，在展示后有荣辱与共的责任担当，从而让师徒双方有了共同的自我效能感。

大部分中老年教师会有"我已经工作、奉献大半辈子了，何必再去主动找事做"的想法，也就是所谓的工作动力不足。其实，人都是有表现自我、实现自我的欲望的。美国心理学家马斯洛说："自我实现是指个体的各种才能、潜能在适宜的社会环境中得以充分发挥，实现个人理想和抱负的过程。这是个体对追求未来最高成就的人格倾向性，是人的最高层次的需要。"我们要做的就是提供个体发展"适宜的社会环境"，也就是一个适合他们"实现个人理想和抱负"的舞台。

我校组织"青蓝工程"，通过师徒结对，让中老年教师当师父，他们非常愿意把一生积累的经验传授给新教师。同时，新教师的教学活力和接受新事物的能力也会反过来影响老教师。为了更好地指导徒弟，老教师也会硬着头皮去学习新的教学理念与技能。在师徒结对的情况下，中老年教师不愿意自己不如徒弟，也不愿意自己带"弟子"的成效不如别人。有时候为了能给徒弟讲清楚一个教学设计，不仅需要讲怎么设计，还得讲为什么要这么设计，目的是让徒弟能够举一反三，知其然也知其所以然，再学习自然成了这些中老年教师的新常态。

有一位老教师，高级职称评好之后，就开始安于现状、不思进取了。但自从学校安排他成为一名新教师的师父后，他就坐不住了。师徒"捆绑式"展示更是让他心中忐忑不安。于是，为了更有实力去指导徒弟，他不得不硬着头皮重拾新课标，亲近新理念，实践新设计。于是，年轻教师越来越敬佩这位老教师，反过来，这也让这位老教师不断进取，吸收新知识，形成新能力，这种良性循环不仅让新教师成长，更让老教师有了新的成长。

学校每年的青年教师展示比武是师徒展示研修成果的大舞台。每对师徒都不想落后，而要取得优秀的成绩，就得深入研究教材教法，研究新的教学理念如何落地，于是促进了共同的提升与进步。

我校在2021年中有6位教师被评为平湖市第15批名师，在全市同类学校中比例是最高的；教师论文18篇获嘉兴市级以上奖项，11篇获平湖市级奖项，论文发表10篇；平湖市级以上课题研究有6项；2021年业务测试获团体二等奖。各类教师在市级以上获得的奖项累计达到158项。

（二）建构"家文化"氛围，提高归属感

"家文化"是中华传统文化中的重要内容。"互助"是"家文化"的重要元素。学校也是一个"家"，一旦形成了"家文化"，每位成员就会爱自己的学校，就会爱自己的团队，就有了"家"的归属感。

影响"家文化"情怀的首要因素就是个体的被爱、被尊重。每一位教师都有被尊重的需要，中老年教师尤为如此。因为中老年教师见证了一所学校的发展变迁，为学校做出了不可忽视的贡献，与学校建立起了深厚的感情，并且都希望学校能朝更好的方向发展。作为管理者，需要尊重中老年教师做出的贡献，尊重他们对学校的这份情感。只有尊重，才能激发他们的主人翁精神，才能调动他们继续为学校发展出谋划策，发挥余热。

在教师群体中，中老年教师的威望通常高于年轻教师，通常也更愿意讲真话、做实事。充分发挥中老年教师的监督、组织、规划、建议等作用，可以带来意想不到的效果。我校新学年实施的"家文化"，建立"家长制"和谐管理模式，以三个年级分别建立"和盛""和协""和美"三个大家庭，让中老年教师担任"家长"一职，让三位"家长"直接参与年度考核与年级、办公室和学校的管理。

学校以"家长负责制"为切入口，以学校活动为载体，增强中老年教师的责任感和归属感，增强教师团队的凝聚力。学校设计并组织开展了"家长负责制"式的教研活动、"家长负责制"式的美丽办公室创建活动、"家长负责制"式的文体活动和重要节日的联欢活动、"家长负责制"式的企业和先进文化创建示范基地等活动。大家凝聚在"家长"的周围，增强教师与家庭之间的交流和协作，促进了学校与"家长""家庭"的有效、有温度的沟通，每月一次"文明和谐之家"的创建、评比成为学校日常工作管理的常规动作，而每个月的评比结果累积到一年的年度评比中，更像是一个"家庭"对一年劳作的梳理、总结和展示。学校的年度考核和学校的各类先进的评选，在每个"家庭述职"的基础上，进行评优和实行"家长"的推荐制度；每一学年评出各类"文明和谐之家"奖和各类教师个人奖；每年进行颇具仪式感的现场颁奖，震撼每位教师的心灵。通过评价和考核打造好文明和谐的大家庭，增强教师的凝聚力。

这种参与能通过"家长"对教师的影响，增强中老年教师的主人翁责任感，有助于产生"校兴我荣、校衰我耻"的情感，使教师对学校方方面面的工作与领导产生目标认同感，从而自觉地、积极地执行学校各项决策，完成各项工作任务，维护

学校的声誉。

作为"家长"，中老年教师在学校管理和青年教师之间架起了一座沟通的桥梁，使得学校和青年教师之间的一些矛盾、误会顺利地得到解决，同时他们自身也不愿意落后，更愿意在教学教育各方面走在前面，至少不能太落后。他们需要在青年教师面前做出表率，从而得到青年教师的尊重。在2022年平湖市的星级教研组评比中，我校英语教研组、数学教研组、历史与社会教研组、道德与法治教研组获得一星级教研组，科学教研组、体艺教研组、语文教研组获得二星级教研组，在农村中学中绝对名列前茅，学校多年来致力的"家文化"建设功不可没。

（三）动愉悦之心，打造暖心校园提升幸福感

随着年龄的增加，中老年教师大都处于亚健康状态，或出现了这样那样的问题，来自自身、子女和家庭方面的精神压力也越来越大，这个时候，他们是一群最需要关心、最需要被倾听的教师。

学校在建设过程中努力打造暖心校园。一方面，对闲置的教室进行装修和整理，增加了教师的休息室、发展中心、阅览室、健身活动室等，丰富教师的业余生活，使中老年教师在工作之余让心灵和身体得到放松，既增添了乐趣，又温暖了教师的心。另一方面，学校领导通过下办公室或者定期主动找教师拉家常的方式，倾听中老年教师的心声，为他们排忧解难，让他们感受到学校就是他们的家。

暖心校园，才能唤起中老年教师对学校的爱，才能调动他们为学校工作的积极性。

（四）动以身示范之心，提高中老年教师对学校领导的亲近感

你觉得一个人心地善良，为人处世很合你的意，你就会对他有亲近感。学校领导班子成员率先垂范，在工作中精诚团结，互助合作，以身作则，深入教育教学第一线，在学校日常工作中发挥着重要的领航作用，为中老年教师营造苦干能干的新风气。这让中老年教师感觉到学校领导一心为公，不计个人得失。这与他们几十年来为学校兢兢业业、无私奉献的精神一致，两者很是"合意"，一种亲近感油然而生。

亲近感是一种能力，更是一种修为，是需要学校领导在工作中不断修炼和培养的。在新学年，校级班子的教学岗位全部安排在教学第一线：校长任教初一数学，分管初一和数学教研组；书记任教初一语文，分管黄姑校区初一和语文教研组，德育校长任教初二英语，分管体艺组；教学校长任教初二科学，分管初二和科学教研

组；教科研校长任教初二社思，分管黄姑校区初二、初三和社思教研组。设立行政教学办公室，所有在一线的领导教学工作全部在教师大办公室完成，每天至少两个小时。校长和书记的年龄都为48周岁，属于中老年教师范畴，以自身的工作作风和干劲做好中老年教师的示范带头作用。中老年教师看在眼里，触动内心，从而愿意亲近领导，也愿意为学校发展继续不懈努力。

（五）动榜样标杆之心，以点带面实现共同优秀

学校不仅重视教师的业务培训学习，还特别注重加强思想教育。一是两周一次政治理论学习和教育理论学习，让教师树立正确的教师观；二是及时向教师分析、传输社会变革和教育改革发展的形势，让教师增强责任感和紧迫感，强化自觉主动工作，讲奉献、比贡献的师德意识；三是开展专题——初心师德师风教育活动，通过案例分析培训，让教师进一步明确师德规范，树立以学生为本，真心关爱学生的师德风尚；四是通过中老年优秀的教师风采（微信公众号的推送和论坛）的展示和引领，促进中老年教师个人健康成长，树立良好的师德风尚。学校语文组朱老师在退休之前有一个愿望，就是再上一堂作文课。朱老师从教以来，对作文教学进行了不懈的实践研究，对学校的文学社也投入了极大的热情和精力。为了满足朱老师的愿望，学校特别举行了一次朱老师的退休作文观摩课，全体校级领导及学校语文组成员都进行了观摩，学校微信公众号也进行了推送。这一堂课朱老师进行了充分的准备，还学着自己制作课件，一直做到晚上11点多。课堂上他激情洋溢，听课老师触动很深。课后我们对课堂进行了研讨，全体听课老师深深地为朱老师的教育情怀所折服。一些中老年教师说仿佛又回到了自己的青年时代，找回了自己的教育初心；而青年教师则发出了"一位即将退休的老教师，尚且还能有这样的专注与激情，自己正是教师青春年少的时光，却在消磨美好的教育时光，实感惭愧"的感叹。一堂课，树立了中老年教师的榜样标杆，更唤起了每一位教师的教育初心。

同时，学校党总支提出"一名党员就是一面旗帜"的号召。特别要求中老年党员教师处处争先示范，以点带面，以消除其他中老年教师的惰性，从而实现学校中老年教师的"群体优秀"的目标。

"知心动心，激活情感"，学校以此为核心策略，以情感互动为纽带，以丰富多彩的活动激活中老年教师的工作积极性，再次点燃了中老年教师"有所为也可以为"的激情，从而把学校的命运和中老年教师的命运紧紧连在了一起，效能感、归属感、幸福感、亲近感、责任感明显增强，工作积极性得到了有效提升。

三、知心动心，扬长补短：进一步提高本校中老年教师工作积极性的设想

（一）以人为本，柔性关怀

制度是刚性的，但执行时可以以人为本，刚柔相济。为了做好教师的思想工作，学校应当在管理中融入柔性的要素，实施柔性管理：运用情感的手段，引导人的动机，使人自觉遵守规章制度；通过情感的作用，促使人自我教育，产生"内在"影响。这种管理具有意识的内驱性、心灵的感应性和效果的持久性等特点。通过柔性关怀，可以达到"以理服人，理应努力""以诚待人，愿意努力""以情动人，值得努力"的效果。

（二）主动参与，内生责任

杜威曾指出："不亲自参与，就会使那些被排除在外的人员缺乏实际的责任心。教师不拥有权力，便谈不上有积极性和责任感。"因此，要积极探索教师自主管理，即教师在内化学校组织目标的过程中，为自身发展和实现自我价值而自觉、主动、积极地开发自己的潜能，规范自己的言行。在学校统一目标和共同价值规范的前提下，在沟通、协作、创新、竞争的平台上，教师自我管理、自我规范，合理使用自己的工作方法、技巧，进而形成学校与教师共同发展、共同成长的双赢局面。

孟子说："所以动心忍性，曾益其所不能。"知心才能动心，中老年教师管理的核心就是触动中老年教师内心的最深处，引发中老年教师的反思。只有"动心忍性"了，才能"曾益其所不能"，才能扬长补短，这时候就可以"降大任于是人也"。调动中老年教师工作积极性是任重而道远的，需要我们在实践中不断地探索。

重塑·唤醒·发掘

——教师工作积极性提升策略思考

顾巧英

顾巧英 1973年4月生。浙江省平湖师范学校附属小学校长，语文学科高级教师，嘉兴市第3批名校长、嘉兴市第2、3、4批名师。曾获嘉兴市创先争优"十大育人先锋"等荣誉。60余篇论文分别在省级以上报刊发表或在评比中获奖。

国家"双减"政策的出台，让教育更好地回归校园，也对学校教育提出了更高要求。如何实现轻负高质？有赖于教师群体直面压力与挑战，积极投身于学习研究。"双减"一年多来，浙江省平湖师范学校附属小学就提升教师工作积极性、增进教师职业幸福感进行了积极探索，取得了一定成效。

一、重塑价值：构建"同生共长"的教育生态

心理学上把积极性定义为人在心理能动状态下的一种行为动力表现。一所学校的教育生态会对教师工作积极性产生深刻影响。我们努力深入思考教育本质，构建良好教育生态，为教师积极主动发展赋能。

（一）教育情怀的培育：源自教育意义的思考

"教育没有了情爱，就成了无水的池，任你四方形也罢，圆形也罢，总逃不了一个空虚。"教育家夏丏尊的话至今振聋发聩。积极源于热爱。发自内心对教育、对学生的爱会化为个人内部动力，从而感受到积极工作的意义与价值，促使教师逐

步拥有把育人当作使命的情怀。这就要求学校管理者注重对教师教育情怀的呵护与培育。本校通过"教师职业生日仪式"暨星教师颁奖典礼、"致敬三十年"特别策划之师生书画展与MV拍摄欣赏、"附小年度英雄人物"评选与颁奖典礼、班主任节等创意活动，既注重选树典型，又关照群体情感，积极养护教师的教育情怀。

（二）教育信念的培植：来自教育本质的思考

教育信念是教师的精神追求和奋斗目标，是内驱力的关键所在。做老师，最好的回报是学生成人成才。我们依托百年办学积淀的优秀文化，突显价值引领，厚植教育信念。开设"明伦讲坛"，请专家学者和名优教师分享思想主张，青年教师分享实践体悟。通过外出考察学习、参加高端培训、承担辐射引领等，开阔教师教育视野，提升教师襟怀境界。通过专业阅读、专业写作，深度思考教育本质，培植教师教育信念。

（三）教育理想的共绘：源于教育生活的思考

学校是教师实现人生理想和生命价值的场所。但教师的人生理想只有和学校办学理想、办学目标与发展战略紧密结合，才能发挥出更大价值。我们共同制定五年发展愿景和发展路线图，聚焦师生教育生活愿景；创建"幸福教室"，追寻"幸福课堂"，培育"幸福能力"，讲述"幸福故事"，创造美好环境，期望共同过一种完整而幸福的教育生活；还创办《幸福故事报》，记录教育生活故事，分享教育理想与智慧。在此之间，将个人的发展融入学校发展的理想愿景，绘就了发展同心圆，实现了个人与团队的彼此成就。

二、唤醒共识：营造"热气腾腾"的团队文化

人最深刻的需要是获得认可、认同。每位教师都有优点，也都期望其工作价值得到认可。学校营造了彼此赏识、彼此认可、彼此鼓励的团队文化。

（一）培育支持性文化，营造团队积极向上的融洽氛围

"人"字的结构互相依靠、互相支撑。学校努力培育支持性文化，助人即助己成为校内普遍的价值追求。

1.互相擦亮，热情支持

教师每一次登台亮相，单凭个人智慧还不足以探得最优化的教育教学方略。你有一个思想，我有一个思想，彼此交换，每个人就有了两种思想，甚至多于两种。校园里，各学科教研组和各类"项目组"头脑风暴，共享思想随时随处可见。每位教师有任务挑战时，大家都热情成为"亲友团"，出谋划策，全力支持。

2. 互为榜样，共同发展

学校倡导做正气、灵气、勇气、大气的教育人。要做出彩的自己，也愿做坐在路边鼓掌的人。"幸福之家"群、"科研理论中心组"群等，掌声、烟花、大拇指此起彼伏。每一次真诚的鼓掌都是对同事的支持与鼓舞，无形中树立了前行的"动态榜样"。今天，别人成了你的榜样；明天，你成了别人的榜样。

3. 互相关照，创先争优

"躺平"不可取，"躺赢"不可能。要在"双减"背景下实现轻负高质，唯有不断勤学善思、创新实践，才能发掘自身潜能，踏上教育高质量发展新征程。学校出台《教职工"教分制"绩效奖励方案》，几上几下征集建议完善，每年还根据教育事业发展微调，体现多劳多得、优劳优酬的绩效观。星级教研组、幸福小家等群体创优，年度英雄人物、星教师、星搭档等评选颁奖，学校不仅从物质维度，也从精神维度激励教师团队与个人创先争优、奋发有为。

（二）打造赋能型组织，培育有强大支持能力的核心团队

随着国家对教育的重视，教师的地位与待遇获得较大改善。教师实现自我价值的追求也日趋增强。用组织赋能教师发展，需要培育有强大支持能力的核心团队。

1. 校长做好"火车头"，无私领跑

作为校长需要严于律己、做出表率。在工作生活中，以人为本，深入了解教师工作生活状况，真诚关怀、鼓励、肯定教师；评优评先中，要秉持公平理论，做到公平、公正、公开，用事实成绩决定结果；在专业学术发展上，要有较高专业水准，有能力在育人、教学、科研上支持教师自我实现。总之，校长做"火车头"，既要自己跑起来，又要有能力带着大家跑起来。无论是课堂教学，还是教育教学科研，本人都努力这样积极带头，无私领跑。

2. 干部做好"动车组"，倾心助跑

办学愿景能否真正落实，教师积极性能否充分调动，关键在于是否有一支能准确把握目标并有创新能力的干部队伍。行政干部要自觉成为"动车组"：基于办学目标，创造性地丰富完善、思考落实策略；实施方案策划、跟进性观察、面对面指导，能赋能教师，带动教师积极向上，妥善解决工作中遇到的问题。如：我们从2005年起就创生了"面对面"指导方式，常态化开展教师课题、论文、案例、公开课等跟进性、手把手指导，学校各条线的行政干部倾注了无数心血助力教师专业发展，获得了教师们的认可与感激。这种附小做事风格也逐渐成为学校教师文化的一部分。

3.骨干做好"星引擎"，抱团前行

除校长和行政干部，各年级组、学科组的年级主任、教研组长等名优教师是该组常态化运行状态、质量的决定性因素。作为最基层单元的核心人物，他们的格局、态度、标准、能力深刻影响着同组的教师，发挥着重要作用。要充分信任并支持他们，鼓励他们影响更多教师，带领小组朝着学校的共同愿景积极前行。每一次有教师承担任务，我们的年级主任、教研组长都会成立各类"亲友团"，学校领导也加入其中，大家全程跟进，助力教师发展。这种抱团前行的优秀习惯，也已经成为附小教师文化的一部分。

（三）开展项目化研究，打造同心同向的生长团队

学校的工作都是协作努力的结果。开展项目化研究，可打造有生长力的团队，实现对教师群体的激励。

1.项目研修引领团队学习进阶

心理学家班杜拉提出自我效能感，指个人对自己在特定情景中，是否有能力去完成某个行为的期望。大量研究表明，教学效能感高的教师信心足，表现出积极的教学态度和情感，同时呈良性循环。以教研组为团队进行教学研究活动，是提升教师教学效能感的重要途径。我们以"专著研读+课堂实践+素养评测"三环递进方式，引领教研组行走在进阶之路。

2.项目探索实现团队成长的另一种可能

课堂教学是一般人难以想象的高度智慧的复杂工作。基于常态课堂开展跨学科项目化学习探索，更是高难度挑战。2022版学科课程标准中，提出10%的课时要用于跨学科学习，给了教师明确的探索任务。我们在市教育教学展示周活动中，打破常态，用"1+1+N"的方式先行探索，即：聚焦一堂课，生发一个项目研究，开展跟进式N次探索，以之引领学生提出真实问题，经历探究实践，梳理汇报学习成果。展示周内，以"项目化学习"探索为主的各学科专场中，不同班级以不同的方式站在了舞台正中央，老师们也以项目化学习指导团、现场课堂教学引领两种方式亮相，获得了满满的成就感。项目化探索成了师生发展的重要引擎，大家也从中发现了团队成长的无限可能。

3.项目实战寻找团队成长最近发展区

维果斯基提出的最近发展区理论对于每一个终身学习者都适用。借助项目挑战，可助力团队跨出舒适区，在挑战中成长。2011年，为庆祝建党百年，我们以

"印·红"版画节为项目，开展了为期半年的项目挑战。年轻的美术团队指导学生完成了"筚路蓝缕·百年守望""星星之火·百年流光""红船领航·百年征程""千年文化·源远流长"四大篇章近300幅不同形式的版画作品，成功举办了学校首次校园版画节。他们在挑战中跨出了舒适区，既收获了团队同心发展的成功喜悦，也对团队的未来发展萌生了更美好的愿景。

三、发掘潜能：实现"人尽其才"的发展理想

教师对工作本身感兴趣，才会充满教育理想，积极有为，形成独特的魅力磁场。

（一）生涯期待：从教育生命全周期视角定位发展

如何让不同年龄层次的教师保持教育的理想与激情，更多体会到职业生涯的持续性价值？作为学校管理者，需要关注并创建教师教育生命全周期视角的校本激励长效机制。

1. 五星攀升强动力

学校出台星教师培养工程长效机制，按照年龄设置"五星教师"梯度发展评价体系。具体分为：新星教师，指工作1～3年的新手型教师；红星教师，指工作4～6年的逐步走向成熟、力争成为校级名师的教师；明星教师，指工作7～12年的业务成熟、力争成为市级名师的教师；恒星教师，指工作13～25年的持之以恒、倾情育人、成绩斐然的教师；德星教师指工作26年及以上德高望重的老教师。学校分别提出了师德素养与专业发展上的价值标准，鼓励每位教师找到契合自己的定位，积极超越自我，实现成长攀升，成为更优秀而坚定的自己。

2. 发展攻略明方向

为了让新入职教师能更快、更好地转换角色、适应教师岗位，学校暑假组织团队，从师德师风、班级管理、课堂教学、人际关系、心理调适等板块，以条文梳理配手绘漫画的方式编印成册。这份汇集老师们经验与智慧，倾注了编绘老师们心血的《新星教师适应性发展攻略》，为新教师们消解了入职的迷茫与紧张，从而更主动积极地投入工作。

（二）生涯画像：为教师留存教育生命成长轨迹

帮助教师用生涯画像的方式留存成长轨迹，有利于教师更加精准地定位发展目标，更加清晰地认识到自身专业发展的优势与存在的不足，同时在展示交流中彼此汲取前行的动力。

1. 实施成长规划常态化

学校从多年前就实施教师专业成长规划，从实体成长档案袋研究到数字成长档案。每年年初制定一年成长规划，年中盘点成长阶段，年末展示一年专业发展，从阅读著作、课堂教学、课题研究、论文案例、主题发言、指导学生等多维度进行回顾。成长规划便于教师了解同事，展示自我，对照反观，最终持续努力。

2. 探索数字画像在路上

为便于教师全面、长程展示，也为了实现数据的高效、便捷流动与运用。学校依托钉钉平台，引入专业技术支撑，尝试搭建"教师生涯画像"模块，用数据来记录、见证、分析教师群体和个体的专业发展情况，出台更具针对性、指导性的办法与机制，引领教师积极成长。

（三）生涯特色：为教师生命个性发展提供支持

教师的兴趣、专长如能转化为课程资源，和职业生涯产生更多连接，那于个人或学校而言是积极的双向奔赴，有利于个人和学生的发展。

1. 搭建平台展特色

作为学校管理者，要根据教师专长给予赏识、肯定，并主动为其发挥群体作用搭建平台，继而使其在学校发展中承担责任、贡献力量。像本校马老师酷爱书法、绘画，学校就成立"书心坊"教师书法社，由他担纲辅导，培养出了一批热爱书法的老师，还成功举办了师生书画展。任老师热爱兰花研究，学校在校园文化建设中，特建了"兰苑"，开展兰花课程开发与实施，培养学生的劳动与审美素养，本课程也被评为市精品课程。

2. 提供机会展特色

教师的兴趣专长有了用武之地，才能迸发更大的潜能。作为学校管理者要努力为教师提供更多机会学习提升、展示才华、得到专业认可，如此才能助力他们收获更大的成就感与幸福感。像本校丁老师，热爱声乐，自来校任教以来，学校全力支持她培养"小梅花合唱团"，争取各类高层次展示机会。从本市、嘉兴市到两次登上央视，丁老师全身心投入、付出，实现了个人专业影响力和学生合唱团发展的双向奔赴，也为学校合唱艺术教育品牌建设打下了坚实基础。

近期，学校特采用网络问卷对本校教师的工作积极性进行了调研。调研显示：98.31%的教师认为自己的工作积极性很高或较高，并对学校生态、团队氛围等给予了充分认可。高质量教育的实现，需紧紧依靠一支有教育情怀、教育信念、教育热情、教育水准的教师队伍。建设这样的教师队伍，是校长要永远探索的命题。

和谐关系下的常态化工作状态

——也谈教师工作积极性调动

郭明杰

郭明杰 1970年10月生。平湖市百花小学校长，语文学科高级教师，平湖市第13批名师。曾获平湖市十佳红领巾事业功臣、嘉兴市优秀教育工作者等荣誉。

如何调动员工工作积极性是各行各业各单位的一个长久话题。一个单位，不管人多人少都是一个"江湖"，每一个人都在其中扮演独特的角色，各色人等凑在一起，每天都是一部大戏，或平淡或昂扬，偶尔也各怀心思，有矛盾冲突。

各级各类学校是教育系统中最基层的单位，教职员工承担着教书育人一线重任，这支队伍的整体表现决定了学校育人的整体水平。当前，我们的总体情况是好的，但不可否认也存在以下一些问题。有些问题不加重视，必然会动摇本单位教育发展的根本。

一、当前基层教育单位普遍存在的一些问题

（一）劣币驱逐良币

一些所谓"看清世道"的教师，工作上表面遵守规章制度，该做的似乎都做了，不得罪学生，不得罪家长，但工作不深入，敷衍了事。在学校安排工作的时候，不肯承担重任，一旦不能满足其要求，道理一堆，让管理者招架不住，不胜其

烦。为了"太平"，有些管理者干脆带着"多一事不如少一事"的心态，满足其要求，长此以往，埋下管理的隐患。

（二）师资进口失守

学校没有选择教师的权力，这将带来很多弊端。"我是千辛万苦考编进来的，我来是我努力的结果，进来了意味着胜利了……"这是很多90后、00后的心态，他们是全新的一代，他们对职业的态度已经不是60后、70后等所能理解的了。而教育除了技术，更重要的是教育的艺术。若缺少优秀的师资队伍补充力量，学校的活力必然不彰。

（三）退出机制不立

实践证明，有些教师不适合当教师。人人都能当教师，何以体现教师的专业属性？我们没有一套调整机制，让人去担任适合的岗位。学校没有足够的力量，让不配当教师的人离开教师队伍。

二、和谐关系下的常态化工作状态推进

问题的长期积累必然影响人心，不利于教育事业长远而健康地发展。本文试图站在改善的视角，谈一点理念性的观点，表达对教育的关切。

调动教师工作积极性，其本质是校园教育生态的营造或重塑，侧重于态度，本文特意简化能力这个因素。从一般意义上来说，教师的工作状态是相对稳定的。举例来说，一位认真的教师，认真这种特性会伴随其工作的一生，除非遇到特别的遭遇或者工作氛围急剧恶化，从保护自身的角度做出一些不得已的调整。

任何一种情绪或情感都会经历萌发—升温—高峰—消退—平复的过程，一般来说，处于高峰时期的时间是相对短暂的，平复是主基调。一个人长期处于某种情绪的巅峰状态是不可能也是不健康的。教师的工作积极性也是如此。为了完成某个特定的事项，积极性是可以通过宣传鼓动等手段调动起来的，但教育是长期持续稳步推进的过程，忌讳的是躁动和狂热。从事教育工作应该追求一种和谐关系下的常态化工作状态。

（一）和谐关系的建立需要相对公平的内部管理机制

2020年11月，我们对5所不同学校的近300名教师发起了一次"教师最关注哪些学校制度"的调查，选项排名如下：绩效分配占比86.3%；对教师排课及照顾机制占比85.7%；师德师风奖惩占比31.1%；评优评先占比19.5%；职称评定办法占比11.5%，其他如工会活动制度、教师培训管理办法等所选比率都不足5%。

起初我们对于这个调查结果有些意外，除了绩效分配制度，教师不是更应该关注职称评定、评优评先吗？仔细一分析，这个调查结果还是在情理之中的。职称评定往往参照上级文件等"硬件"，况且越高的职称级别到学校的名额越有限，有时甚至没有，学校操作时很难自由发挥做出重大改变，它的关注度自然就低了。而不管是哪个年龄层次的老师，当遇到生病等特殊情况时，学校如何体现人文关怀，做出照顾的公开承诺，涉及每位老师的切身利益，对此予以特别的关注就不足为奇了。

这个调查结果应该能给学校管理者一些有益的启示。像给教师排课等工作在大多数管理者视野里不是大事，因为给教师排课是工作安排，教师服从是天经地义的事情。可是站在教师的角度分析，排课却是大事，因为排定的课时需要执行一个学年，其重要性绝非临时性、突击性工作可比。所接班级的班风、班级中家长的支持程度、班里有没有特殊学生等都将对自己一年的工作产生重要影响。

对教师说明了情况后，大多数教师愿意接受学校工作安排，乐意去挑战急与难的工作。教师不愿意看到的是不透明："好说话的"工作安排重，"不好说话的"任其挑选。任务重了，工作难了，出错的概率大，还要受到更多的指责与批评……凡此种种顾虑，在教师心里的分量远远超过了管理者的想象。如果不能处理好这些细节，绝对不可能有校园内的和谐关系，甚至会使原有的和谐关系消磨殆尽。和谐关系的建立需要切实保护教师的核心利益，教师的切身利益不仅仅是奖金，规则、评价导向、前瞻布局、说服、理解、适度竞争……这些都将对确立校园良好的人际关系产生重大影响。

（二）和谐关系的建立需要重视教师发展的分层培养

关注教师的成长需求是对教师最大的关心。给教师一定的自主发展空间，是对教师工作最为切实的尊重。教师发展动力缺失的一个重要原因是学校对老师定位不准，不重视老师的专业地位及其在学校的角色定位。

1. 研究不同类型教师的发展需求

通过座谈、问卷，切实了解教师的内心想法特别是个人发展的诉求是基础工作。以调查了解为基础，我们将教师群体从专业角度设定为三大类型。

（1）学科（含班级管理，下同）领导者。他们在本校专业领域得到高度认可，确立专业领导者地位，突出的是对他们精神层面的激励，其专业发展在领导学科团队的过程中将会进一步得到提升。

（2）学科中坚力量。他们默默无闻，却承担起了学校和谐稳定的重任，有时缺少的只是发光的机会，当然他们的个性中大多包含着内敛、不喜欢张扬的特点。对于中坚力量，其专业发展的重心是引导他们从实践走向理论的再实践，如此，他们取得重大突破的可能性会大增。需要用成功的体验，激发学科中坚力量对自我的再认识。

（3）学科追随者。10年工作经历以下的年轻群体一般都可以归到这一个群体中，他们的重要任务是以学科领导者为师，通过任务驱动助推其专业快速成长。

不管学校的基础如何，都可以确立本校的学科领导者。我们这样做的目的是整体提升教师专业成长，只有到达一个高度我们才能定下向另一个高度攀登的计划。

2. 让教师有一种主动改变的意愿

把水平提升的主动权和路径选择权交给教师，这是教师队伍建设的核心出发点。管理者去除急于求成、急功近利的心态，通过科学的调查和分析去发现问题背后的问题，从而找到解决问题的根本办法。

（1）愿景与规则是团结教师的根本因素。教师管理最佳状态不是要求老师服从，而是激励和影响他们，基于教师共同打造的发展愿景，基于遵守规则的校园文化是赢得教师信任的基础。管理者在学校管理中放下站在道德高地的身段，把自己摆进去，发现问题先进行自我追责，以身作则才能形成风清气正的局面。

（2）基于真实需求服务教师。学校为促进教师专业成长，给每位教师发了一些教育专著，要求读后上交读书笔记或读后感，再就专著内容开展读书交流会等。对此，不少教师怨言不断。原因何在？这就需要学校管理者认真思考教师究竟需要怎样的学校服务。管理即服务，服务的本质在于满足服务对象的需求。学校为教师服务，应该基于服务对象即教师的真实意愿，以教师们乐于接受的方式提供服务，而不应来源于学校管理者的主观意愿。唯有基于教师自主选择、自主意愿的服务，才能唤起教师的信心和对工作的热情。

三、和谐关系的建立呼唤选人用人教师流动新方法

"鲇鱼效应"在每一个用人单位都适用。选人不当，贻害一方，教师岗位上安排不适合的人，对学生、对家庭来说是最大的不公平。学校尽管在加强内部管理和教师继续教育方面持续加大力度，有时还是感觉力不从心。有些问题需要从源头上加以解决。"创新公开招聘方式方法，拓宽教师培养补充渠道，健全完善岗位管理制度，坚持激励与约束并重，加强基层教师队伍的建设"是党和政府在新时代对选

好用好教师的新要求。

我们呼吁以校为本的公开招聘教师的方式方法，以加强教师队伍建设。选择怎样的人当教师，应该慎重考量，长时间考察。教师的进口权不下放到学校，靠行政部门把关是忙不过来的，政府部门要做的是扎紧制度的笼子。选择优秀教师要放到教育实践的平台上去观察，只能由学校来判断。

我们呼吁政府部门之间加强统筹协调，建立切实可行的教师流动与退出机制。有些人不适合当教师，个别人不配当教师。我们需要建立政府主导的评估组织，开启评估和严肃问责相结合的工作机制，不能等问题爆发了才想办法解决，此时损失往往已经不可挽回。事实上隐患存在于我们工作的日常。

长期性的具有积极主动性的动机是积极主动的性格产生的基础，所以如果行动群体不具有长期的积极主动性的动机，那么行动个体往往会滋生出消极被动的性格，我们需要常态化机制来保障教师积极主动性的长期性与可持续性。

自我效能感

——提高教师工作积极性的策略思考

周振华

周振华 1976年11月生。平湖市东湖小学教育集团总校长，语文学科高级教师，嘉兴市第3、4、5批名师。曾获平湖市第六批专业技术带头人培养人、浙江省教坛新秀等荣誉。60余篇论文分别在地市级以上报刊发表或在评比中获奖。

2019年10月和12月，我校分别以不足40周岁青年教师和40周岁及以上教师为对象，开展过关于教师职业认同感和自我发展规划的调查。2023年4月，在"双减"背景之下，我们又应教育局的专题调研开展全校问卷调查。根据调查数据分析和日常工作观察，以及和大量老师工作生活中的交往及座谈，我们认为本校教师的角色认同感和学校归属感较强，具体表现在：

归属感强，积极性高。首先，本校的教师大都见证了东湖小学从小到大、从弱到强的发展壮大过程，参与其中，奉献其中，有很强的集体荣誉感和归属感。其次，在调研中发现，学校教师的融合度比较高，同事关系好。从马斯洛的需求层次理论来说，这满足了其安全需要和社会需要，在这样的情感和氛围支持下，教师工作积极性相对都比较高。

初心不忘，心气犹存。从调研中看到，很大一部分老师对这份职业认同度高，满意度也较高。同时大部分老师有"人争一口气""人要脸树要皮"这样朴素的知识分子气节。所以他们需要在工作中实现自我价值，从而达到自我实现的需要和被尊重的需要。加上本校拼搏的风气，大多教师都保持着较正向的工作动力。甚至有不少中老年教师在建议中写道："给予我们35周岁以上骨干教师更多发展机会与平台！""根据教师自身特长制订相应的发展计划。""发挥每个教师的长处。"

尽管教师职业认同感和积极性都不错，但是我们也发现不同年龄段教师之间、同一老师对不同工作、教师认同和行为之间，积极性有着很大的差异，导致教师工作的可持续性、目标梯度性发展都存在一定的障碍。主要表现在以下几个方面：

其一，观念目标的缺失导致了教师的"更新障碍"。教师在教学工作中的行为往往与其早先形成的观念和价值观是对应的。比如很多中老年老师认为"科研是为了名利，作用不大"，认为现在的"项目化学习、任务群学习"都是改革的噱头，"教育教学改革，不管是东南风还是西北风，我只唱我的那首歌——经验之歌"。但是在"'双减'背景下教育高质量发展"的改革进程中，靠经验、靠传统的教显然不能期待其"有不同的结果"。很多新教师对"学生""教育"没有清晰的认知。近十年来，教师招聘的范围不断扩大，不限专业，放宽年龄限制，大部分教师都不是师范专业毕业，缺少必要的职业认同教育，导致年轻教师把工作仅作为工作，奉献意识、生本意识缺失，消极被动，没有责任感。这种"非人性化"的状态必然会催生教师职业的倦怠。

其二，心理素质目标的缺失导致了教师"情感衰竭"。当前，由于社会对教育的重视程度日益提高，对教师的期望值也大大超过了以往。学校对教师的教学、科研方面的要求越来越高，无形中教师的职业压力增大了很多。防疫、"双减"、配合中心工作等等，让老师不堪其扰。有老师写道："多给些时间在教育教学上，不要把与教学无关的杂事推给老师做。""希望给我一个班，让我安静地教书。"但是教育边界的开放、市局中心工作的配合、各类教育进校园的现实让"纯粹的教书"成为奢望。这些压力对于那些心理素质差的教师来说无异于一道难以逾越的鸿沟，不断出现的挫折以及身心的疲惫会将他们的工作热情销蚀殆尽，最终迫使他们由对工作畏惧走向情感衰竭。

其三，工作能力目标的缺失导致了教师"知识枯竭"。很多老师有老黄牛的精神，但是个人的风格不够突出，没有找准自己在教学上对某个领域的研究，习惯于常规教学，日复一日地重复，工作热情大不如初。他们疲于教学、补差、日常事务，不懂创新，一味模仿。有的老师说："教着教着就发现自己不会教书了，会质疑是学生变了，还是我变了。"面对新学生新问题，新办法不会用，老办法不管用，硬办法不敢用，软办法不顶用，导致教师在力不从心的焦虑感和知识的枯竭感中产生职业倦怠。

其四，工作成果目标的缺失导致了教师的"成就感降低"。很多老师工作认真，但主动性欠缺，尤其是在自我发展上。很多骨干教师在评上职称以后，就没有了个人发展的动力，认为40周岁以上只要管好一个班级就可以了，其他的事务最好能少干扰，尤其在研究这块，尽管觉得需要学习和帮助，但实际对自己的期望值不高，内驱力不够。同时各类发展平台似乎也都对45岁以上的老师关闭了通道，后期他们似乎只有做绿叶、做为他人喝彩的角色，最终"个人成就感降低"，导致他们对教学工作产生倦怠情绪，进而影响年轻教师的工作心态。

那么如何提高教师的工作积极性呢？基于我校师资现状和教师的工作现状，我个人以为可考虑在马斯洛需求层次理论指导下，从人性角度分析教师对岗位工作的期望值，以"卷入式"让教师成为工作的主人，在提高"自我效能感"的基础上来探讨教师积极性调动相关问题。

教师的自我效能感是指教师在教育教学活动中能有效地完成工作以及对学生学习产生积极影响的知觉和信念，也就是教师对自身能否利用所拥有的技能去完成某项教育教学工作行为的自信程度，概括起来可以体现在岗位的幸福感、事业的成就感与职业的荣誉感上。教师的自我效能感能影响教师的职业认同感和教学行为，同时也会影响学生的精神面貌。何为师者？示以美好，给予希望。推动船前进的不仅仅是帆，更是看不见的风，管理者最终的工作是指明方向，给予希望。只有让教师获得职业荣誉感，才有可能真正产生带有使命感的责任感，并转化为自觉有效的责任行为。所以，我认为提升教师的"自我效能感"，才能更好地提升教师的工作积极性。

那么如何提升教师的自我效能感，从而提高教师的工作积极性呢？

一、了解内需，定位教师发展新目标

每一个人都永远有成长和被认同的期望：年轻教师需要平台，需要进步；中老年教师需要获得尊重，需要有存在的话语权。因此学校充分调研，基于马斯洛需求层次理论分析每一位教师的需求，最大限度地满足教师的各种合理需求。

从物质需求角度而言，学校应当完善教学环境，改善教职工的教学及生活环境，为教职工提供生活便利；还需要重视薪酬制度的完善，保证教师的工作业绩能够获相应的物质回报。比如在晚托背景下我们开展暖心工会活动：期末下午茶、自由组合式健身小队、走访慰问、家访教师等。我们还借助20周年校庆的机会，不断进行校园硬件设施和专用教室的学习空间打造，让教师更舒心。

从精神需求角度而言，学校要给予教职工更多的人文关怀，让教职工能够在学校集体中获得归属感和安全感，关注教师的身心健康状态，让教师在工作中积累的不良情绪能够及时得到宣泄和疏导，保证教师处于良好的工作状态。比如尽最大努力合理安排校区教师，小孩入园、读一年级的与通勤不便的老师就近安排校区，需要学习的青年教师安排在本部校区。尽最大努力解决教师农村交流任务，为教师职称评审奠定基础。

当然，我们更要以"高素质、专业化、创新型"来定位未来教师的新目标，以问题导向和发展导向，引领老教师也有清晰的方向和追求。具体参见案例1。

【案例1】我校集团共有教师211人，其中40岁以下教师164人，占比77.7%。图1是2020年对我校青年教师自我发展需求的调查统计结果。根据数据分析，虽然都是青年教师，但是每位教师的发展需求是不一样的。

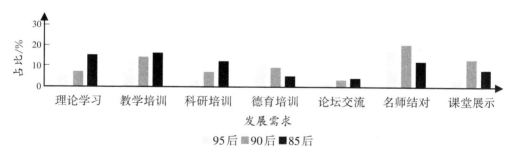

图1　2020年学校青年教师自我发展需求调查统计结果

我们据此进行差异性分类，并分层提供适性平台，成立了"案山青年成长营"，根据不同的目标指向，建立了"新苗营""潜力营""新秀营"。以"自选+激励+组别进阶"的营员梯度培养机制（见图2），使青年营员自主化、裹挟式、激励性地良性成长。这样的组团打破了原有教研组和年级组的管理，唤醒个体自觉，统一团队价值追求，倡导根据研究性学习和项目化学习需求自己组建团队。调动教师自组织的愿望和能力，尊重他们的专业自主要求与权力，为走向更高水平的自组织创造条件。

图2　梯度培养机制

在具体每个团队中，研修凸显问题导向，融合相关研训内容，提高研训内容的系统性、科学性、针对性与实效性。如根据图1中不同年龄层次教师需求的调研结果，95后和85后两个团队分别选择了指向"教研"和"科研"的不同研训内容（见表1），两者之间形成连接和转化，让"校本化实践"向"课程化实践"转变，于是随机生成了相应的研修内容。

表1　两个团队的研训内容

研训内容	95后新苗营教研团队	85后协作营教研团队
核心内容	镜面示范"传帮带"	把做的说（写）出来
培训内容	1. "致后浪"系列，骨干名师专题讲座。如如何备一堂课，课堂纪律这样管，等等。 2. "手把手"系列，教研专项调研跟踪。如教学五认真规范落实，随堂听课反馈，等等。 3. "面对面"系列，师徒结对。如初为人师的N个第一次等。	1. 教育碎碎念。如每周网络主题聊吧等。 2. 名家面对面。如小课题选题指导，如何做课例研究等。 3. 思维对对碰。如小课题研究方案交流，我的论文或课题诞生记等。

更重要的是在每个团队中，每个成员都既可以是团队中的"教师"，也可以是团队中的"学生"。任何成员在"学生"的位置上，都有一个团队在背后支持；任何成员在"教师"的位置上，都既在为团队提供支持，也在团队中共同成长。如95后"致后浪""手把手"两个系列的课程实施和开发者是每一个"前浪"，而每一个"前浪"在85后协作营中又都是"后浪"学员。这就建立起教师对研究、发展的认同感，也比较切中教师现实需求，以内容实在让"我"愿在场。

二、满足尊重，建立教师荣誉制度体系

很多骨干教师一旦评完了职称，就似乎碰到了职业的天花板。因此，学校要建立体系，使每个教师在其职业生涯的不同阶段都能获得适当的荣誉，让更多教师有更多的获得感和幸福感，从而激发干好活的内在动力，增强职业的归属感。

（一）阶段有追求：建立荣誉制度体系

如杭州市上城区为每一层次的教师树立一个发展梯度。拿班主任讲，10年内有"优秀班主任"评比，20年内有"名班主任"荣誉，30年优秀班主任可以有"功勋班主任"的称号。每个阶段有不同的任务目标，如功勋班主任重在带新班主任，落实教学常规，鼓励和引导青年教师，成为正能量的宣传者。拿教学名师来说，那些老名师到届后可以评功勋名师，自己不一定要写论文，但要指导年轻教师上课、写作……这样教师就永远没有"退役到头"的想法。同样，我们学校在案山青年营里对不同青年教师提供"十佳新苗""十佳新秀""十佳潜力"的荣誉阶梯，对骨干教师有"十佳师父""感动东小十佳教师"等荣誉，都是在不断搭建教师成长的延展台阶。

（二）展示有平台：给每个老师出彩的机会

每一个教师都有高光时刻，这种光芒的绽放还需要学校为其提供一个施展才华的舞台。如针对中老年教师打破教学比赛年轻教师一揽天下的局面，每年举行一届中老年教师教学比赛；请老教师讲述"我的成长历程""我的发展关键词"；请老班主任来传授家校沟通的经验；请他们在经验分享中铺就出彩之路。通过"一个名师的八个五年计划"为不同阶段的教师提供舞台。

【案例2】一个名师的八个五年计划

一五计划：内化"定位意识"，尽快站稳讲台

　　　　策略平台——镜面示范榜样教育，卷入研训

二五计划：蕴积"尊严意识"，力争胜任讲台

　　　　策略平台——名利意识，各类竞赛舞台

三五计划：突显"科研意识"，打造讲台骨干

　　　　策略平台——精品意识、思考习惯、科研出彩

四五计划：提升"名师意识"，追求讲台名师

　　　　策略平台——特色意识、风格追求的反哺示范

第五至八个五年计划：彰显"生命意识"，甘做讲台导师

策略平台——自我生长的生命可持续发展的意识

一个教师的成长大抵需要经历三个阶段：模糊阶段、精确阶段、多样融合阶段。我们关注不同教师在不同成长时期的不同发展需求，让教师在"对标—按需—自主—扬长"的路径中明确内需，以自主、自选、自由的原则建立起自己的成长通道，树立起自主研究、成长的归属感和责任感，调动教师"我要在场"的主动性、情感性。

三、参与过程，呵护对学校的情感归属

我们学校的教师大多是学校发展的亲历者，他们对学校有浓烈的情感归属，他们大多勤恳踏实，管理者要特别呵护这份感情，在尊重肯定中做到感情留人、服务留人、事业留人。要赋予这些教师共同参与教学管理、共同开展校园建设的权利。比如在制订学校绩效分配方案这样敏感的关乎个人切身利益的制度的时候，我们开展了7次不同层面的座谈，进行了两轮四个学期的试行与调整，由于方案是大家一起定的，所以无任何阻力，人人都是执行者，同时也是监督者，使方案能够最大限度地发挥正面导向效应。再比如20年校庆怎么做，群策群力的方案让他们感觉到自身工作与学校发展息息相关，强化了教师的主人翁意识，从而实现了调动其工作积极性的目的。又比如师徒结对，开辟帮促之路，共同提高；如金点子座谈会，完善管理建设；如帮他们著书立说，开辟新的提升之路；请他们讲述学校发展历史，整理校史，铭记他们的青春……

【案例3】"初心永在　薪火传承"教师荣休仪式

从入职到退休，教师在平凡的岗位上勤勤恳恳忙碌了一辈子，将自己人生最宝贵的青春年华都奉献给了孩子。为给老师们一个温情的仪式，让退休仪式成为送给教师的最温馨的"毕业礼"，成为学校凝心聚力的最佳选择，成为初心永存、薪火传承的契机，特策划此方案。

仪式过程如下：

★传承：荣耀与艰辛

青年团员采访老教师，然后以采访讲述的方式，制作PPT讲述老教师的工作历程、工作成绩、工作特色亮点。

★铭记：感恩与祝福

教过的学生、办公室同事的回忆和小视频祝福。

★感言：共情与共存

为每位退休老师制作一本纪念册，拍摄一堂课，留下一句感言。

这样的荣休仪式是尊重，在初心岁月的缓缓回顾中让老教师再一次回到他的高光时刻，看到后辈对他的赞扬、对其教师生涯的高度认可；是传承，我们用任务寻访的方式，请青年教师采访老教师，其实就是一次职业认同和敬业精神的现身说法，是手把手的经验传授，是有温度的校园的打造。我们在欢迎声中来到三尺讲台，也在掌声中留下美好。这样的团队，这样的一生，平凡而温暖，怎不让人为此努力！

教师自我效能感的提高，能够使教师准确地选择自我完善的目标，在实践中不断矫正自己的方向，满足发展需要；能够使教师在努力过程中，面对挫折和打击，尤其是面对具有挑战性或革新性的创造活动时，能够将其自身潜藏的卓越之处激发出来，从而获得自信，促进自我发展；能够使教师在发展完善自我过程中，以积极乐观的心情，情绪饱满地、更加主动地去寻找解决问题的方法，对反馈信息更加积极地进行加工整理，丰富和完善自己，从而获得更大的成功。值得注意的是，激发教师积极性，永远不要把教师放在零和博弈的环境中。零和博弈是有你没我，特别是在利益当前的前提下教师会伤了感情，积极性也会大打折扣。所以我们尽量用底线考核代替量化考核，学校的考核只规定不准干的红线和不提倡的黄线，在此之上，其他都要充分尊重教师，要努力让教师来影响教师，让教师来发展教师，相信团队裹挟的正能量。要讲好校园故事，让教师成为故事主角，故事才是校园文化的真正内容，是教师工作积极性的生动表达。

激发中老年教师工作积极性的有效策略

——以一所农村小学的管理实践为例

周士军

周士军 1973年1月生。平湖市叔同小学校长，道德与法治学科高级教师，嘉兴市第3批名校长培养人选。曾获平湖市第2届十佳校长、平湖市第15批名校长等荣誉。22篇论文分别在地市级以上报刊发表或在评比中获奖。

教师是学校的重要财富，是学校工作的主要执行者，是制约学校工作效率的关键因素。笔者所在的学校是一所地处城乡接合部的农村小学，40岁以上的中老年教师占52.5%。随着年龄的增长，中老年教师队伍中不同程度地存在一些职业倦怠现象。因此，如何调动起中老年教师的工作积极性，建设一支高素质的教师队伍，是学校管理者所面临的一个必须努力解决的重要课题。

一、关于中老年教师工作积极性的理性思考

（一）中老年教师工作积极性欠佳的主要原因

一是身心衰老，精力不支。一些中老年教师的身体呈现让人担忧的态势，患慢性病的人增多，身体健康水平不高。此外，他们上有老下有小，精力分散，体力透支，也就自然而然地影响到了工作。

二是缺少成就感，失去向上信心。中老年教师已经形成自己固有的一套教学经验，但在学情更复杂、家长期望更高、学校要求更严的当今，光有较丰富的工作经

验，已不能很好地胜任并出色地完成教育教学任务。先进教育理念和信息技术辅助教学能力的缺乏、可塑性小又不爱学习创新、跟不上当今社会的快节奏等诸多因素，使一些中老年教师越来越被动，在课程开发、德育创新等方面越来越力不从心，甚至产生焦虑情绪。

三是没有追求目标，缺乏前进动力。当教师的时间长了，许多人都有这样一些感觉：从教之初的豪情壮志逐渐消失了，桃李满天下的希冀淡漠了，安于现状、平淡无为、得过且过的想法增多了，这是教师职业倦怠的症状表现。中老年教师普遍觉得荣誉与我无关了，职称已经到顶了，拼搏是年轻人的事了，他们只想安于现状，不求有功，但求无过，渐渐失去了工作热情。

四是学校绩效机制的认同缺失。在各类比赛中，年轻教师是主力军，而中老年教师则退居幕后。这几年学校的绩效考核制度改革逐渐向教学质量、科研成绩、课程开发等方面倾斜，这正是中老年教师所缺失的，内心抵触绩效评价制度，对学校的认同感、归属感不再强烈，久而久之工作的积极性不断减弱。

（二）提高中老年教师工作积极性的理论依据

赫茨伯格提出了著名的"双因素"理论，认为激发人的动机的因素有两类：保健因素和激励因素。"保健因素"又称为维持因素，包括工作条件、人际关系、管理措施等。这些因素没有激励人的作用，但却带有预防性，起着保持人的积极性、维持工作现状的作用。"激励因素"是影响人们工作的内在因素，注重以工作内容来提高工作效率，促使人们积极进取。如个人的工作成绩能够得到认可，工作本身富有挑战性，个人得到成长、发展和提升等。这类因素对个人有直接有效的激励效果，会极大激发员工工作热情，产生工作的满足感，而且具有持久性和稳定性。因此，"双因素理论"可以很好地指导学校管理者改进教师管理，尤其是激发中老年教师的工作积极性。

二、运用双因素理论提高中老年教师工作积极性的实践策略

（一）高度重视保健因素，给予人文关怀，满足中老年教师的情感归属需要

"感人心者，莫过于情。"人人都希望得到关心和照顾，渴望得到他人的关爱是人的本能需要。现代管理理论认为：团队管理三分靠制度，七分靠感情。在落实制度管理的同时，我们要更多地给予人文关怀，满足中老年教师的情感归属需要，真正做到感情用人。

在感情上要真心。这一点是做好工作、调动教师积极性的先决条件。不管在哪所学校，笔者都主动找中老年教师谈心谈话，谈自己学校管理的设想，请教工作方法，倾听他们的意见建议。这绝不是逢场作戏，而是真心实意，虚心求教，使他们感受到你的真诚可信、虚心认真，感受到你是一个可信任的人、想做事的人，从而愿意把他们的所思所想讲给你听，愿意一起为学校发展出谋划策，共同谋划学校的发展蓝图。有了共同的愿景，就有了共同前行的动力，从而让中老年教师的工作积极性再度得到激发。

在生活上要关心。中老年教师为教育事业辛勤劳动了几十年，身体上难免会有一些小毛病。他们上有老下有小，家庭负担相对比较重，学校领导要体谅他们多方面的难处，关心他们的身体与家庭，经常叮嘱他们注意劳逸结合，保重身体。笔者曾在校务会上明确规定：对老同志应该态度鲜明地给予适当照顾，在安排课程上尽量少一些，有了困难，我们要主动为他们分担，不管是本人还是家属生病住院或家有大事的，学校工会都要派人看望，使他们切身感受到学校的关怀和集体的温暖。对中老年教师来讲，学校领导真诚的关心爱护是一种鞭策和激励，使他们解除后顾之忧，心怀感恩，继而愿意为学校承担责任和义务，真正发自内心地做好自己的教育教学工作。

在工作上要舒心。教师的幸福感还来自学校良好的人文环境，学校应努力营造公平融洽和积极向上的工作环境，形成一个有共同追求、能共同发展的团队，从而使教师感受到家庭式的温暖。多开展教师工会活动，让他们融入团队。比如：中秋、端午组织开展做月饼、裹粽子活动，这是中老年教师的拿手好戏，青年教师大多不会做，这样就给了中老年教师一个展示技能和做师父的机会。这样的团队活动能有效促进他们和青年教师之间的交流，营造良好的人际关系，能促使老师们以良好的状态投入工作。

（二）充分发挥激励因素，坚持价值引领，满足中老年教师的精神发展需要

1.满足渴望尊重的需要，激活内驱力，让中老年教师有成就感

人都有表现自己的欲望，关键是有没有合适的舞台。学校要善于为中老年教师搭建特色舞台，为他们提供发挥能力的展示空间，在多方面的认可和成就感中激励他们砥砺前行。

（1）在师徒结对中青蓝相映。中老年教师在教育教学上有很多独特的经验，他

们有的是教学能手，有的是师德标兵，有的是管理专家。让中老年教师带徒弟，应该说他们是非常愿意把自己积累的经验传授给青年教师的。如果制度设计合理，他们也不愿意自己带徒弟的成效不如别人，一定会积极想办法培养好徒弟的。因此，通过师徒结对，能有效帮助青年教师快速成长，也树立了中老年教师的自信。同时，根据教学相长的原理，师徒结对在为青年教师成长提供条件和机会的同时，也为中老年教师的进步增添了自我反思、继续发展的动力。

（2）在辅导讲座中体现价值。针对教育教学中遇到的共性问题，学校可引导中老年教师结合自己的教育教学实践，围绕一两个主题进行归纳整理、形成专题报告，让他们通过辅导讲座传播自己的经验，对青年教师进行专业引领。讲得好的还可向上级推荐，在更大范围的教师培训活动中开设讲座，扩大经验的分享面，激励中老年教师不断在成长中享受成就感。

（3）让专业的人做专业的事。一个人做自己喜欢的事情总是得心应手、乐此不疲。学校要重视利用中老年教师的各种兴趣爱好和特长，让他们去承担自己喜欢做的、擅长做的工作，这往往会收到意想不到的效果。孙老师今年55岁，电子科技制作水平很高，学校让他辅导学生电子科技制作社团，社团从零基础开始，在短短几年间多次获国家级、省市级青少年电子科技制作比赛团体总分第一名、优秀组织奖，且他不计较报酬，乐在其中。

（4）在课堂展示中示范引领。针对青年教师课堂教学中的问题，中老年教师可通过上示范课来传播、展示自己的教学经验。这样一来，对教材处理后的实施、驾驭课堂的能力、面对突发事件的教学机智等会全面呈现在课堂上。这比观看教学录像或反复讲解更直接、更真实、更有说服力，也更能让青年教师有所感、有所学、有所得。同时，这也会让中老年教师在锻炼中拥有成就感。

（5）专设中老年教师教学赛事。当下的教学比赛形式多样，但在诸多比赛中，由于年龄的限定，中老年教师失去了竞争的机会，一直徘徊在比赛活动的"门外"，成为比赛"看客"。这些被冷落的中老年教师中，有一部分人既具有丰富的教学经验，又有着进取的愿望，"无门可入"挫伤了他们参与教学竞赛的积极性。他们与年轻教师的差距愈拉愈大，心理越来越不平衡，甚至从此"躺平"。因此，学校在举办教学竞赛时要考虑中老年教师的感受，尽可能放宽年龄限制，定期举行中老年教师专项教学比武活动，打破教学比赛是年轻教师一揽天下的局面，通过比赛调动中老年教师的工作热情，形成一种比教学水平、比教学效果的积极进取的良好氛围，帮助他们找到"教学第二春"的感觉。

（6）多给予评优评先的机会。同等条件下，评优评先和职称晋升适当向中老年教师倾斜，让他们工作有目标，有努力的方向和动力。笔者始终认为，一所农村学校如果有普通的中老年教师经过自己的努力晋升了高级教师职称，这不仅对中老年教师这个群体有很大的触动作用，而且对青年教师来说更是很好的榜样和鞭策，将有效助推整个教师队伍的建设。我校53岁的孙老师顺利晋升高级教师职称，点燃了好几个中老年教师晋升高级职称的热情，激发了他们的工作积极性，就是一个很好的例子。

2. 注重价值引领，制定个人发展规划，努力实现自我发展

学校要意识到，教师获得发展是学校发展的重要目标之一。对于那些业务成熟或有特长的中老年教师，学校要尤其重视引导他们提升自己的人生目标，对他们提出新的发展要求。比如：晋升更高一级职称、获得更高一级的教学成果。学校领导要做的就是让中老年教师相信学校会和他们站在一起，会全力帮助他们，为他们多提供学习和培训的机会。

（1）注重价值引领，提升教师精神境界，激发内在动力。提高工作积极性的关键是如何激发教师内在发展的动力。人有了信仰就会有动力，就会有奋斗目标，觉得为信仰去献出自己的一切也在所不惜。而当一个人缺少信仰时，很可能觉得一切的行为都是功利的。所以，要加强对教师进行价值引领，扎实开展政治思想学习教育，努力提升中老年教师的人本精神、责任第一的忘我精神、永不自满的好学精神和服从组织的团队精神，激发其自我发展的意识和内驱力。

（2）针对中老年教师建立专门的教师培训机制。给他们提供合理的组织、经费和制度保障，确保中老年教师和青年教师一样接受培训，帮助他们提升教育教学业务能力和水平，更好地胜任新时代教学需要，实现更高的人生目标，在教学或研究领域为学校做出更大的贡献。

（3）全方位关注中老年教师专业发展规划的合理性、有效性与科学性。既要注重横向统一的要求，更要注意个人纵向发展的客观存在与可行性。对于中老年教师专业发展，应根据他们的实际水平，针对他们在某个发展阶段应该解决的问题而提出要求。发展是一个动态的过程，无论是学校，还是教师个人，都要有"过程概念""阶段概念"。具体来说，要让中老年教师了解专业发展有几个阶段，"我"处在什么样的发展阶段，现在应主要解决的问题是什么，学校对不同阶段的中老年教师的发展任务和困难会提供哪些帮助。指导中老年教师把学校的要求、对自己现状的反思、自己关于发展目标的考虑等因素综合起来，制定个人发展规划，然后按照规划，循序渐进地采取措施，寻求自我发展。

3. 改革绩效考核制度，多元评价，激励中老年教师主动有为

精力充沛的青年教师可以承担更多的工作任务并得到锻炼，因为中老年教师的长处并不是完成每周超负荷的工作量。所以，学校可以适当减轻中老年教师的课时量，让他们在一些关键的岗位上承担更重要的责任，比如师徒结对、听课指导等，一些关键学科、重要课程的教学任务可以更好地发挥中老年教师的作用。因此，在绩效考核评价中，应更注重中老年教师工作的质量、重要性作用的发挥，而不仅仅是工作的数量。

学校要建立以"中老年教师专业发展目标体系"为引领的面向中老年教师可持续发展的评价体系，包括教育思想、教学行为、工作任务、工作成效等各个方面。只要达到了某个发展目标体系的要求，学校都应予以肯定和奖励。可以从以下几个方面进行绩效评价改革的探索：

（1）既有统一又有分层的评价。在教育管理、教学质量等方面实行统一标准的评价，在教育科研、公开课展示等方面实行达标考核，而考核的标准则根据年龄段划分，不同年龄段有不同要求，充分体现出中老年教师的特殊性。

（2）团队评价与个体评价相结合。既有教师个体的绩效考核，又有以办公室、教研组为整体的团队考核方案。充分发挥中老年教师的指导作用，帮助青年教师更快、更好地成长。让中老年教师在团队式的考核、评价中发挥出更大的积极性。

（3）学校整体与个体评价相结合。以学校整体发展为大愿景，将教师个人利益与学校整体发展紧密联系起来，将学校的发展指数，与教师个人贡献、年级组贡献、教研组贡献形成对应关系。学校的发展指数包含：教育教学质量、对外影响力、学生发展、学校文化建设等方面。中老年教师贡献值中除了各项显性指数外，还应当包含对青年教师成长的指导等指数。而在显性指数中，根据年龄层次设置不同的权重，以体现中老年教师对学校发展的作用，以形成学校发展共同体，从而激发其积极性。

保健因素和激励因素如车之两轮、鸟之双翼。保健带来稳定，激励则带来发展，二者缺一不可。实践也证明，合理运用双因素理论，在学校管理过程中尽量多考虑中老年教师的具体情况，给予适当倾斜，增强他们的安全感，避免或减少他们的"吃亏感"，建立健全一系列的人文关怀和评价激励机制，就能有效激发他们的工作热情，使他们焕发出教育生涯的"第二春"，有助于学校更好地实现发展目标。

量身定制·内外融合

——提升中老年教师积极性的策略

屠园中

屠园中 1969年7月生。平湖市乍浦小学校长，语文学科高级教师，嘉兴市第3批名校长。曾获嘉兴市优秀党务工作者、浙江省优秀教师暨农村教师突出贡献奖等荣誉。15篇论文分别在地市级以上报刊发表或在评比中获奖，出版《耕耘在课程的田野上——平湖市乍浦天妃小学课程体系的架构与实施》（第二作者，2017年8月，上海教育出版社）、《小学形成性评价理念与实践》（第一作者，2018年10月，浙江教育出版社）、《小学生综合素质评价手册》（第二作者，2018年8月，浙江教育出版社）等。

随着基础教育改革的不断深入，教师队伍的建设得到各地教育主管部门以及基层学校的进一步重视。然而长期以来，很多学校由于过分注重青年教师的培养，相对忽视了中老年教师队伍的建设，这导致了较多的教师随着年龄的增大，工作积极性出现了急速下降的现象。这一现象如果得不到解决，必将严重影响学校的发展和课程改革的推进。文章以我校为例，从中老年教师工作积极性现状分析、原因探析以及提升策略研究三个方面做一探讨。

一、现状分析：中老年教师日常工作中表现出的三大现象

我校2020年9月在职专任教师81人，教师平均年龄为38.91岁，其中50岁及以上8人，36~49岁的35人，35岁及以下的38人。中老年教师总计43人，占比53.09%。虽然我校的中老年教师学历较高，大多能够继续担任语文、数学以及班主任等工作，绝大多数也能达到满额工作量，但是总体上说，我校中老年教师在日常工作中依然表现出以下三种职业倦怠现象。

（一）"混日子"现象——无追求

一些老年教师觉得自己临近退休，没有什么追求，希望得到照顾。这种"混日子"现象，就是工作积极性不高的表现。这一现象常见于临近退休的教师群体，他们能基本完成教育教学任务，但无追求，缺少存在感。由于这类教师在小学的老年教师中比较常见，因此我们称其为传统型教师。

（二）"教书匠"现象——不主动

一些中年教师认为：只要自己凭经验做好本职工作，教好书、顾好学生即可。他们认为教育科研、公开课教学等任务是年轻人的事，自己无须参加。这一现象在小学的中年教师中比较常见，他们能较出色地完成教育教学工作，但不主动，缺乏方向感。因为他们有较丰富的教育经验，所以我们称其为经验型教师。

（三）"不冒尖"现象——缺信心

一些中老年教师工作能力强，自己也想有所追求，但是他们对自己缺乏信心，不会主动争取机会。久而久之，他们的工作积极性也受到了影响。这类教师不仅教育教学经验丰富，还有一定的实绩，但他们缺乏信心、缺少机会、缺少成就感。由于这类教师大多是学校教师中的骨干，因此我们称其为骨干型教师。

二、原因探析：中老年教师工作积极性不高的两大原因

中老年教师之所以在工作上出现了"混日子""教书匠""不冒尖"等躺平现象，主要是因为他们在长期从事的教育教学工作过程中逐渐产生了对教师职业的倦怠感。我们认为：这种教师职业倦怠感的产生有个体内部和外部环境两个方面的原因，在传统型、经验型、骨干型三类中老年教师中的具体表现也是有所不同的（见图1）。

（一）内部原因——自我效能感低下

所谓自我效能感，是指教师对自我职业理想的追求，做好教育工作的主动性、自信心等要素的认知和感受。由于中老年教师一般都有几十年的工作经历，在长期的教育教学工作中，很多教师几乎每天都会经历类似的事件，久而久之，就缺失了

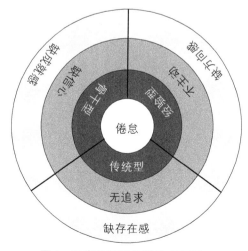

图1 三类教师职业倦怠感表现

新鲜感，缺少了主动性。再加上职称、科研、家庭等压力，慢慢地，他们就失去了自信心，丢失了对职业理想追求的初心。这种自我效能感，一般会随着年龄的增大而逐渐下降。自我效能感的不断下降，导致职业倦怠感的不断增强。自我效能感低下是产生职业倦怠感的主要内因。由图1可见，自我效能感在传统型、经验型、骨干型三类中老年教师中的具体表现，分别为无追求、不主动、缺信心。

（二）外部原因——支持认同度不高

所谓支持认同度，是指学校、社会、家庭等要素，对教师工作的支持和认同程度。中老年教师随着年龄的不断增大，已不再像青年教师那样承担很多的繁杂工作了。因此，学校往往会把更多的机会留给青年教师。长此以往，很多中老年教师被忽视了，存在感、成就感逐渐缺失。同时，社会、家庭等对中老年教师的要求和期望也不高了，对他们工作的支持度和认同度也就逐渐下降了。支持度与认同度的下降，也导致其职业倦怠感不断增强。由此可见，支持度与认同度不高，是职业倦怠感产生的主要外因。由图1可见，支持度与认同感在传统型、经验型、骨干型三类中老年教师中的具体表现，分别为缺存在感、缺方向感、缺成就感。

三、提升策略：指向三类中老年教师积极性提升的实施策略

基于以上分析，我们设计了指向三类中老年教师工作积极性提升的实施策略，即量身定制、内外融合。所谓量身定制，就是针对传统型、经验型、骨干型三类中老年教师，分别定制三类工作积极性提升策略；所谓内外融合，就是针对三类中老年教师，分别从内因激发、外因调动两个方面来提升他们的工作积极性。具体实施策略见图2。

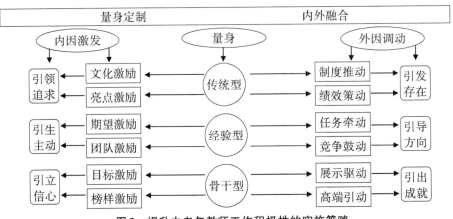

图2 提升中老年教师工作积极性的实施策略

（一）传统型中老年教师：引领追求、引发存在

传统型中老年教师一般年龄相对较大。这类教师虽然能基本完成教育教学任务，但是往往没有追求目标，缺乏存在感。以我校为例，传统型中老年教师约占全体中老年教师的20%。近两年来，我们针对传统型中老年教师的特点，实施了"内因激发——引领追求""外因调动——引发存在"两大策略，有效提升了他们的工作积极性。

1. 内因激发——引领追求

传统型中老年教师之所以缺乏追求、得过且过，主要是因为对自身的要求不高、内驱力不强。因此，激发内因，引领他们对职业理想更高的追求，这是关键。我们认为：传统型教师内因的激发有两种方法。一是文化激励。就是依托学校的文化，通过组织中老年教师学习学校历史文化，让他们感受到学校发展的艰辛以及他们曾经做出的贡献的重要性，从而激发他们的内驱力，引领他们对理想的追求。二是亮点激励。每一个中老年教师年轻时，都曾经为学校做出很多的贡献，有的至今依然保存着很多优良的传统。通过挖掘他们的亮点，让他们有自豪感，可以激发他们的内驱力，激活他们对教育理想的初心。

如学校某教师，教育教学工作能基本做好，但是对自己的要求不高，不仅没有什么追求，也在学校中缺乏存在感，这位教师属于典型的传统型教师。由于这位教师小学在本校就读，工作至今也一直在本校，见证了本校最近30多年来的发展。为此，我们针对该教师的实际，采用了文化激励和亮点激励的方式来提升他的积极性。主要做法：一是建校日邀请该教师讲自己与学校的故事，用学校文化来唤起他对学校的情怀；二是挖掘和放大该教师在业余训练等方面的亮点，来激活他对教育理想的追求。两年来，这位教师进步明显，不仅对自己的要求提高了，教育教学等工作也更加出色了，还主动要求申报高级教师的职务晋升。

2. 外因调动——引发存在

一些学校经常以照顾中老年教师为由，在制度制定和执行、绩效分配等方面，给予中老年教师明显的倾斜和不合理的照顾。久而久之，一些中老年教师，特别是传统型中老年教师认为这种倾斜、照顾是理所当然的，从而加剧了他们存在感的缺失。我们认为：通过制度推动、绩效策动等外因来引发传统型中老年教师的存在感，很有必要。制度推动就是既要制定公平、科学的制度，又要公开、公正地执行，用制度来推动传统型中老年教师工作积极性的提升。绩效策动就是要一视同仁

开展绩效考核评价，转变倾斜和照顾天经地义的观念，引发传统型中老年教师在学校里的存在感。

如学校有几位年纪比较大的教师，长期以来得到照顾，对于照顾他们自己觉得理所当然，学校领导和老师们也觉得正常。这些教师平时很少被关注，因此他们对自己的要求也不高，有时还会上班迟到、玩手机，不愿意接受临时性工作。针对这类教师，我们采用了制度推动和绩效策动的方法来提升他们的工作积极性。主要做法：一是修订了学校的规章制度，并建立了督查通报制度，对于上班迟到、玩手机等现象，全体教师一视同仁通报，不做照顾；二是完善了绩效分配办法，将临时性工作接受程度、完成质量等列入绩效考核。通过两年的推进，有效提升了这些教师的工作积极性，他们也在工作中找到了存在感。

（二）经验型中老年教师：引生主动、引导方向

经验型中老年教师，能完成自身的教育教学工作，但对新事物、新理论的学习不够主动，在自己的专业发展方面缺乏方向感。以我校为例，经验型中老年教师占全体中老年教师的50%左右。近两年来，我们针对经验型中老年教师的特点，实施了"内因激发——引生主动""外因调动——引导方向"两大策略，有效提升了他们的工作积极性。

1. 内因激发——引生主动

经验型中老年教师教育经验比较丰富，他们能做好自身的教育教学工作，但是不愿意主动学习新理论。因此，激发内因，引导他们主动学习新鲜事物，这是关键。我们认为：经验型中老年教师内因的激发有两种方法。一是期望激励。就是学校领导要多关注经验型中老年教师，要充分尊重他们，既要对他们充满期望，又要对他们提出更高的要求，用期望来引生他们的主动性。二是团队激励。就是要充分利用经验型中老年教师工作比较认真、团队意识比较强、不愿拖团队后腿的特点，通过组织有效团队、实施团队捆绑评价等方法，让他们在团队中接受教育，用团队的力量来引生他们学习和工作的主动性。

如学校某教师，年轻时曾获得过教坛新秀，是一位教育教学经验丰富的教师。但是，随着年龄的增大，他对自己的要求降低了，每天只是凭借自己的经验做着教学工作，不去学理论，不开展教育科研，有闲暇时间总去钓鱼。这是一位缺乏方向感的经验型教师。针对该教师的特点，我们采用期望激励和团队激励的方式来调动他的积极性。主要做法：一是期望激励，找该教师谈话，肯定他的成绩，期望他有更高层次的追求；二是团队激励，把该教师编入校名优教师团队，倒逼他不给团队拖后腿，更加努力工作。通过两年的努力，该教师课题有了，课程获奖了，论文发表了，评到了高级职称，成为一名在县市有知名度的教师。

2. 外因调动——引导方向

经验型中老年教师迷失了自己的发展方向，除了长期以来缺少学习的主动性等内因外，学校重视不够等要素则是重要的外因。为此，我们认为：外因调动是引导这类教师找到努力方向的一个有效途径。经验型教师的外因调动也有两种方法。一是任务牵动。就是通过给中老年教师布置一定的教育教学任务，用任务来让他们更好地投入工作，让他们在完成任务中学习，享受过程和取得成效后的快乐，可以引导他们找到努力的方向。二是竞争鼓动。就是改变原有学校各类比赛中老年教师"只做看客"的做法，组织经验型中老年教师参加各类竞赛、比赛活动，让他们在竞争中找到快乐，也可引导他们今后的发展方向。

如学校的一些中老年教师，家庭经济条件比较好，他们虽然拥有丰富的教育教学经验，但是没有职称晋升、绩效奖励等方面的迫切需求，因此在工作上只停留于每天"教好书"，而没有发展的追求和方向。这类经验型中老年教师，只通过内因激发的方式，很难取得成效。针对这类教师的特点，我们采用任务牵动和竞争鼓动的方式来提升他们的积极性。主要做法：一是了解他们的特长，给他们布置本职工作以外的任务，让他们在完成任务中享受快乐；二是组织他们参与校级或市级的各类展示、比赛，通过竞争激活他们的方向感。两年来，学校中老年教师中涌现了科技、排球、书法等课程的多名金牌教练，他们找到了发展的方向。

（三）骨干型中老年教师：引立信心、引出成就

骨干型中老年教师，教育教学经验丰富，教育教学成效显著，但是由于信心不足、机会少等原因，他们也普遍缺少成就感。以我校为例，骨干型中老年教师约占全体中老年教师的30%。近几年来，我们针对骨干型中老年教师的特点，实施了"内因激发——引立信心""外因调动——引出成就"两大策略，有效提升了他们的工作积极性。

1. 内因激发——引立信心

骨干型中老年教师，教育教学经验丰富，他们之所以没有在专业能力方面得到更好的发展，其主要原因是信心不足，这是内因。因此，激发内因，引立他们对自我专业发展的信心，这是关键。我们认为：骨干型中老年教师内因的激发有两种方法。一是目标激励。就是要关心和了解骨干型中老年教师的发展状况，并依据他们的实际情况，为他们提出不同的、通过努力可以达成的目标，并让他们在目标的达成中引立自信心。二是榜样激励。就是要为每一个骨干型中老年教师确立一个校内或者校外的学习榜样，用榜样的力量来激励他们，让他们在对榜样的学习中，引立对自我专业发展的信心。

如学校的三位女教师，工作认真，教育教学经验丰富，教学质量优异，是典型的骨干型教师。但是，这三位教师都对自己的发展缺乏信心。针对这类教师，我们采用了目标激励和榜样激励的方法来提升其积极性。主要做法：一是确定目标，针对三位教师的任教学科以及特长，分别确立了德育、学科教学、教育科研三个努力方向，并提出了"十佳班主任""教坛老将"等努力目标。二是树立榜样，根据三位教师的实际分别为她们找到了三位学习的榜样。经过两年的努力，德育方向教师获县市"十佳班主任"，另外两位获评县市"教坛老将"，三人课题立项3项，论文发表或获奖6篇，都成功晋升了高级职称。

2. 外因调动——引出成就

骨干型中老年教师缺少成就感的原因，除了他们的自信心不足这一内因外，学校给予的机会少也是重要原因，这是外因。我们认为：骨干型中老年教师的外因调动有两种方式。一是展示驱动。就是依据不同的骨干型中老年教师，为他们创造不同的展示交流机会，如公开课、展示课、论坛等，用展示交流活动来驱动他们的教育教学工作，提升他们的工作积极性，从而引出他们更多的成就感。二是高端引动。就是通过组织骨干型中老年教师参与学术组织，如理论中心组、名师工作室等，用高端的学习和研究活动，来带动他们的教育教学工作，提升他们的业务能力和工作积极性，从而引出更多的成就感。

如学校的一些中老年教师，长期以来工作认真扎实，潜心教育教学，但是由于学校将学习、比赛以及展示的机会大多给了青年教师，因此这类教师很少有机会参与。针对这一现象，我们采用展示驱动和高端引动的方式为中老年教师创造机会，引出他们的成就感。主要做法：一是给予交流展示机会，让他们承担公开课、展示课、论坛任务，介绍教育教学经验，为全校教师做引领，提升他们的成就感。二是给予高端学习机会，推荐他们参与省市学术年会、高层次培训会，推送媒体报道、论文发表等，推介他们的教育教学经验。两年来，学校教师市级以上荣誉和教学类获奖，中老年教师占比均达50%，有效提升了他们的工作积极性。

提升心理复原力，促进教师积极性

许蓓毓

许蓓毓 1973年6月生。平湖市行知幼儿园园长，学前教育高级教师，平湖市第15批名校长。曾获嘉兴市优秀教师、嘉兴市教育系统"最美志愿者"等荣誉。28篇论文分别在地市级以上报刊发表或在评比中获奖。

百年大计，教育为本；教育大计，教师为本。有研究表明，积极性高的教师会更加主动地工作，具有很强的内驱力，故而积极性高的教师取得的成就往往也会更高。但在实际工作中发现，与工作积极性相悖的职业倦怠在大多数教师身上有较明显的显现，从而相应地削弱其工作积极性。

职业倦怠是一种在工作的重压之下身心俱疲的状态，是身心能力被工作耗尽的感觉，各行业工作人员都有职业倦怠的现象。分析本园教师产生职业倦怠的主要原因，主要在于以下四点：

一是备受关注，工作量及精神压力大。社会的快速发展，使得幼儿教育不断改革。幼儿教师不仅要付出大量的脑力劳动和体力劳动，还要承担教学活动的设计和组织，保证活动中幼儿的身心健康，工作量已经远远超出了教师的精力和能力范围。

二是社会认同度不高，自我价值得不到实现。在大多数人的观念里，幼儿教师就是带带孩子，唱唱歌跳跳舞，不需要什么文化知识，工作很轻松。而在当今时代，幼儿教师是全面发展的，不仅要具有丰富的文化知识，还要有高超的教学技能以及高尚的教师职业素养，但是社会上还是未能正确认识到幼儿教师付出的努力与产生的价值，这也导致幼儿教师缺乏社会认同感，自我价值得不到实现，容易产生职业倦怠。

三是身体健康状态下降，家庭负担日趋加大。出现职业倦怠的教师大多在40岁以上，这时教师个人的身体健康状况会逐步变差，各种疾病容易找上门来，一个半天，特别是上午班，连续4个小时的带班，教师会很累。同时，家庭中上有老下有小，需要照顾的方面也很多。因此，在这种情况下，往往觉得能正常带班已经不错了，至于其他的学习、变革都不愿主动接触，能省点力就省点力。

四是个人目标基本达成，无奋斗热情。大多数的幼儿教师一旦评上了中级职称，就觉得自己在职称上更上一层楼的可能性不大，觉得已经可以了，于是对于各种成绩、荣誉的渴求度也就不再很高，有得过且过的心理。

综合产生职业倦怠，缺乏积极性的原因，我认为大多还是心理上的因素。所谓"心病还要心药治"。于是，在查阅相关的资料、学习专家的建议对策后，结合本人之前的一些有关幼儿园文化建设、教师培养等的课题研究，我认为要缓解职业倦怠、提高教师积极性，心理复原力蕴含着积极强大的能量。

心理复原力是指在遭遇不利压力环境时，帮助个体成功复原并顺利应对窘境的心理能力。心理学研究发现，心理复原力在一定程度上比知识和经验更重要，提高教师心理复原力不仅会直接缓解教师职业倦怠情绪，提升工作积极性，也会对教师身心产生更深远的影响。对此，我园进行了一些相关的尝试，重点关注以下四个"度"，以提高教师的心理复原力。

一、提升专业技能——增加厚度

教师职业倦怠是具有情境性的情绪体验，它产生于教育教学过程之中，当教师的专业技能不足以使其轻松应对教育教学和学生时，职业倦怠就像得到了养料的细菌，迅速壮大。因而我们依托品质教研，助力教师专业发展与保教质量细处提质。

一是多平台培训强化专业素养。通过园内各种培训多渠道——"行知讲堂""青蓝结对工程""园级名师工作室"等三大载体，以青年教师快速适应、骨干教师引航拔尖、经验教师稳步递进为目标构建教师专业成长共同体，提升教师的专业技能。

比如，在培养职初教师时，我们除了常规的研训活动外，还组建了富有本园特色的"行知讲堂"。我们紧扣职初教师所反馈的现状和需求，精选培训的主题，由园内的名师、骨干教师及老教师担任培训者，针对各自的主题采取不同的研训方式，使青年教师不断丰富自己的教育教学经验，增加教育厚度，顺利地应对各种教育教学状况，提高教师心理复原力。同时，老教师在培养青年教师的过程中，也在不断鞭策自己继续学习，保持着工作的热情和积极性。

二是多渠道研究提升保教质量。进一步完善园级"月度考核—教研组动态监管—班级日常观察评估"的三级评估体系，立足学前教育的一些纲领性的文件，紧扣其中的一些关键指标，通过组织论坛、研讨等方式帮助教师真正理解学前教育内涵，研究与完善保教质量过程性自我评估工具和方式。通过专家讲座、小组团研、实践调适等方式，着力推进游戏中"发现和支持幼儿有意义学习"的策略探究。

二、营造环境氛围——感受温度

环境因素的优劣会决定它在教师心理复原力层面承担的是保护因子的角色还是危险因子的角色，因此，关爱友善的同事关系、和谐团结的团队氛围，都能让教师感受到温暖与安全。

首先是打造温馨空间环境。幼儿园的几个园区面积都不大，用房很紧张。但幼儿园还是灵活调剂，腾出一间空房进行精心设计，添置了一些小家具，作为教师的休息室，让空班的教师，特别是一些老教师能有一个短暂休息的空间。幼儿园还购买了一些简单的健身器材，允许教师在空班的时间进行一些体育活动……虽然这些都只是小小的改变，却着实温暖了老师们的心田。

其次是塑造和谐人文环境。都说"工会组织就是职工的娘家"，于是我们就借助工会这个"娘家"，组织丰富的活动：邀请专业人员对教师进行团队训练，以游戏的形式增加团队意识；开展社团活动，依据教师个人兴趣，品美食、健身体、做美工……一起享受美好的生活。大家在团队的活动中，相互帮助、支持、配合，彼此的心贴得更近，团队的凝聚力更加强大。

三、促进内在动能——提升热度

教师应该树立正确、合理的人生观和职业价值观，培养积极的内在动能，以一种积极的态度面对工作和生活。因此，我们关注教师师德师风建设，积极传递正能量，点燃大家的工作热情。

坚持思想铸魂。以"爱岗敬业，铸造师魂"主题教育为重要抓手，以每月"爱满陶园"师德专题活动为载体，有计划、有组织地开展多样式的教育实践活动，发扬行知精神，铸就高尚的师魂。同时，大力发挥党员教师示范引领作用，与青年教师结对指导，开展结对送教等活动，并积极参与社会各种志愿服务，在服务社会的实践中厚植教育情怀。

突出典型树德。为弘扬爱岗敬业精神，发挥身边榜样的模范引领作用，幼儿园每年开展"三真（真诚、真才、真行）教师"评选工作，并设计、组织好颁奖活动，让身边优秀教师的先进事迹得到宣扬，从而影响更多的教职工，让教师更好地做到"以爱润心、以行求知"。

严格师德督导。每学期，幼儿园组织通过各种途径，开展"师德师风"家长问卷调查，了解家长对幼儿园工作的一些建议和要求，利于改进。教师节之际，向全体家长印发了《告家长书》，做到家园合力，共同抵制送礼和收受礼品现象，筑牢师德师风建设的"防火墙"，严格做到廉洁自律。

四、搭建成长平台——增加亮度

要真正发挥教师的积极性，还要关注如何展其才尽其用。幼儿园要根据教师的实际情况，实施分层要求、分层发展、分层培养、共同提高的管理策略。

（一）青年教师层级：结师徒、勤学习、常训练、树典型

青年教师的知识新、热情足、干劲大，是幼儿园实现可持续发展的重要后备力量。在培养过程中，除了"行知讲堂"这个平台，主要从以下几方面着手青年教师培养：

一是结对子。实施"青蓝结对工程"，每位骨干教师每学年至少确认一名青年教师作为带教对象，充分发挥老教师对青年教师的传、帮、带作用。

二是勤学习。幼儿园坚持定期组织青年教师进行业务学习，要求每位青年教师学习教育教学专业杂志，自我进修现代教育技术、专业知识、外地先进经验和教改信息，促进自身提高。不定期采取"走出去""请进来"的方法，开阔青年教师的视野，丰富教学阅历。

三是常训练。要求青年教师（教龄三年以下的教师），每学期进行技能过关考核，每学期至少上一节汇报课，每学年至少写一篇教育教学论文，每学年均举行一次青年教师教学比赛。同时加强现代教育技术培训，要求所有青年教师都能独立制作多媒体课件、管理公众号等，各教研组也经常听青年教师的课，并及时进行点评、反馈和鼓励。

四是树典型。幼儿园给每位教师发展的机会，园级、市级的公开展示、教学比武等都会让教师先自主申报，再进行选拔，择优参赛，因此，教师成长得都比较快。特别是有发展潜力的、工作积极的青年教师，通过压担子、优先给予外出学习机会等手段促进其尽早成熟，成为学校的骨干教师。

（二）中老年教师层级：勤充电、传经验

中老年教师在多年的教学实践中积累了丰富的经验，拥有大量活生生的事例和行之有效的方法。通过创设一些机会，让中老年教师传经送宝，与青年教师面对面交流，达到教育资源共享的目的。

勤充电方面，鼓励中老年教师积极参加继续教育，并不断学习现代教育理论，更新自己的教学观念，为自己"充电""补氧"。

传经验方面，幼儿园创设各种机会，让中老年教师为青年教师"传经送宝"。邀请中老年教师做讲座、答疑解惑，畅谈班级管理、家长工作等方法，巧妙处理突发事件的经验等，让老教师在回忆、展示中继续发挥积极主动作用。

由于尊重教师、关注教师，提高教师心理复原力，增加教师的工作积极性，幼儿园办园规模不断扩大，办园质量屡创新高。继2002年我园光荣地成为平湖市首家浙江省示范性幼儿园后，2021年1月，我园又成为平湖市第一所浙江省现代化幼儿园，并每年获得省地市各级集体荣誉。与此同时，不少教师的个人发展也得到显著提高，仅2015年到2022年，幼儿园先后有6名教师被提拔为学校中层，5位教师提拔成为校级领导干部，分布在平湖市各幼儿园，为平湖的幼教事业发展做出了一定的贡献，促进平湖在教育共富的道路上行稳致远。

成长新视野

——缓解民办幼儿园教师职业倦怠的调查研究

徐春艳

徐春艳　1976年2月生。平湖市小博士幼儿园园长，综合学科高级教师，嘉兴市第4批名校长培养人选。曾获浙江省优秀教师、浙江省优秀支教教师等荣誉。主编出版《童意陶玩：3～6岁艺之链儿童创意课程》（2022年3月，浙江人民美术出版社）。61篇论文分别在地市级以上报刊发表或在评比中获奖。

一、研究缘由

民办幼儿园教师工资待遇、社会认可度、职业稳定性等与公办幼儿园有一定的差距，导致民办幼儿园教师队伍不稳定，保教质量低下，办园道路也越走越难。我市民办园14所，在园幼儿4366人（占全市30.2%），教师352人。为促进民办幼儿园教师队伍稳定发展，缓解教师职业倦怠，提升教师专业素养，特开展调查研究，以为民办幼儿园管理工作提供样本经验，为改进管理机制、提升幼儿教师的发展提供科学的决策依据。

二、研究过程

（一）研究对象

鉴于抽样样本的代表性，分别选取城区和乡镇的4所幼儿园，教师身份均为非编合同制教师，派驻民办幼儿园的在编教师不在此样本中。采取分层抽样的方法选取幼儿教师70人，样本分布情况见表1。

表 1　研究样本分布情况

基本信息	变量名称	非编合同制教师	
		有效人数/人	有效百分比/%
性别	男	1	1.43
	女	69	98.57
	总计	70	100
学历	中专	0	0
	大专	9	12.86
	本科	61	87.14
	总计	70	100
教龄	1~3年	12	17.14
	4~10年	36	51.43
	11~20年	18	25.71
	20年及以上	4	5.72
	总计	70	100
职称	高级教师	0	0
	一级教师	15	21.43
	二级教师	39	55.71
	三级教师	12	17.14
	未定级	4	5.72
	总计	70	100
综合荣誉	大市级及以上	0	0
	县市级	22	31.43
	园级	31	44.29
	未获奖	17	24.28
	总计	70	100
教学、科研荣誉	大市级及以上	18	25.71
	县市级	26	37.14
	园级	16	22.86
	未获奖	10	14.29
	总计	70	100

由表1可见，师资结构不平衡，10年及以下教龄的教师有48人，占68.57%，20年及以上教龄的教师只有4人，占5.72%。骨干力量薄弱，导致专业引领作用发挥

不够，教师队伍不稳定，因而不能形成较好的专业成长氛围。教学研究长期不深入，涉及教师面小，也直接影响了教师职称的评定。

（二）研究方法

问卷调查法。我们的问卷调查仅限于影响幼儿教师职业倦怠的工作因素，共26个项目，没有将婚姻家庭、社会关系等影响因素列入调查中。因子分析结果显示，该问卷包括幼儿园管理制度、竞争压力、工作量、职业兴趣与工资待遇等方面。

非结构化访谈。通过对幼儿教师、幼儿园管理者、行政管理部门的开放性访谈，梳理不同群体对于我园幼儿教师职业倦怠及其原因的认识，总结提升幼儿教师专业发展的建议与策略。

数据统计。全部调查数据通过SPSS 16.0软件进行分析。心理健康SCL-90统计指标与评分标准：a.总分是90个项目所得分之和，总分超过160的，提示阳性症状。其余量表及调查问卷维度得分均转化为百分制分数。各量表及各维度分数均在20～100之间。其中，幸福感、幼儿园管理、职业兴趣、工资待遇为正向分数，分数越高说明幼儿园管理越科学合理，对教师的激励作用越大；职业兴趣分数越高，说明教师对本职工作越喜欢，工作动力越足；工资待遇分数越高，说明教师收入越高，职业优越感越强。

三、研究结果及解析

（一）民办幼儿园教师职业倦怠基本情况

针对现状，设计了"民办幼儿园教师职业倦怠感调查问卷"，通过事实问卷调查法、访谈法，从中了解教师职业倦怠感的成因以及对教师专业成长的影响。从中了解的民办幼儿园教师心理健康总体情况见表2。

表2　民办幼儿园教师心理健康总体情况

心理健康	教师	
	有效人数/人	有效百分比/%
心理正常	43	61.43
阳性症状	27	38.57
总计	70	100

从表2看有一定数量的教师存在心理健康问题，这些问题的来源可能是单一性的，也可能是混合性的，影响着教师的实际工作。即使是心理健康的教师，在工资

待遇、管理工作、同事关系等方面也可能会有一定的压力，影响着教育教学工作。具体统计结果见表3至表5。

表3 民办幼儿园教师心理健康及其影响因素

指标	维度	教师		t	显著性
		平均分	标准差		
心理健康	总症状	1.76	0.59	2.10	0.036
	躯体化	1.80	0.69	1.70	0.090
	强迫	2.01	0.66	1.94	0.053
	人际关系敏感	1.79	0.63	1.07	0.287
	抑郁	1.86	0.69	2.62	0.009
	焦虑	1.74	0.63	2.12	0.035
	敌对	1.70	0.62	0.68	0.497

表4 民办幼儿园教师职业倦怠影响因素回归分析（一）

模型		非标准化系数		标准化系数	t	显著性
		β	标准误	β		
5	（常量）	74.459	4.858		15.739	0
	职业兴趣	−0.300	0.039	−0.324	−7.642	0
	工资待遇	−0.099	0.036	−0.139	−2.773	0.006
	工作负荷	0.102	0.032	0.139	3.156	0.002
	幼儿园管理	−0.137	0.043	−0.148	−3.185	0.002
	竞争压力	0.087	0.039	0.104	2.252	0.025

表5 民办幼儿园教师职业倦怠影响因素回归分析（二）

模型		非标准化系数		标准化系数	t	显著性
		β	标准误	β		
4	（常量）	88.739	4.557		19.474	0
	幸福感	−0.373	0.044	−0.389	−8.471	0
	职业兴趣	−0.219	0.032	−0.232	−6.794	0
	心理健康症状	4.666	0.886	0.229	5.267	0
	工资待遇	−0.094	0.025	−0.130	−3.752	0

从调查结果分析，教师多数都存在不同原因和不同程度的倦怠情绪，主要表现：

工作负荷过重。多数教师普遍感到工作量大，完成日常的教学工作之后，还要进行课程研究，完成许多文案工作如教案、教育笔记、游戏记录等的撰写，工作超负荷。

安全事故压力。民办幼儿园以"安全第一"为前提，一旦有安全事故，家长都会责怪教师没有看牢自己的孩子，有的甚至闹到园长室或教育主管部门，而教师的奖金也会被扣除大部分。

专业期望过高。一方面民办教师待遇与公办教师比有一定的差距，让其与公办教师共同发展，反而使他们产生不公平的感受。另一方面教师队伍不稳定，青蓝工程脱节，优秀教师考编考公办合同制的多。每年有较多新教师进入，对幼儿教育理解得不够深透，专业带教不到位，梯队培养不力。

职业生涯迷茫。虽然幼儿园有研训活动，教师也制定有三年成长规划，但老师们都觉得是为了应付各种考核。且成为市级名师、骨干教师是不切实际的，缺少相关的激励措施。

（二）基于分析的理性思考

通过以上对本园教师职业倦怠感现象的分析，综合其主要影响因素为社会因素——职业的认可度、受尊重程度、社会和家长的期望度与理解度、教师的薪资；幼儿园因素——园所体制、管理制度、教学改革、人际关系、福利待遇等；教师自身特点——教师自身人格的特点、教师的认知水平和情感需求等。具体表现在：

园所发展"无蓝图"。办园多年来，幼儿园一贯追求无比较、低质量、保基本的办园常态，没有可以实施的涉及园所发展、教师成长、保教质量等的中长期发展规划。

教师待遇"大锅饭"。教师年度考核和教师奖励、评优评先等实质性的内容没有挂钩。按上班天数计算工资待遇，这样的"大锅饭"形式，教师们认为"做好做坏一个样"的观念根深蒂固。

专业发展"慢羊羊"。教师专业发展长期处在听之任之的状态，没有园级层面的顶层设计，没有形成梯队式的成长营，即使老师内心渴望专业成长，也欲求无门。

四、研究建议

（一）讨论

首先，虽然工资待遇对教师的心理健康并没有直接的影响，但它已经成为教师职业倦怠的直接诱因，而职业倦怠又是影响教师的职业幸福感的首要因素，工资待遇以及绩效的科学分配是一个重点。其次，幼儿园工作繁重琐碎，每天要记录不同的表格，做环创和教具，还要应付家长各种各样的问题，多重因素交互影响，成为职业倦怠的又一个诱因。对幼儿教师期望的调查结果显示，提高待遇是幼儿教师首要的、普遍的要求。其次是提供学习培训和交流的机会，重点是提升专业能力。再次是减少班级学额和有更多的休息时间。具体见表6。

表6 关于民办幼儿教师期望的调查结果

教师期望	教师选择率/%
1.给老师更多的休息时间	60.0
2.在有可能的条件下减少班级学额	63.5
3.给予老师更多的自主权	53.3
4.安排更多的教师文体活动	49.1
5.提高教师待遇	92.9
6.为教师提供更多的学习培训和交流的机会	66.5
7.领导要更加民主一点	36.7
8.管理制度人性化一点	48.1

（二）建议

解决民办幼儿园教师职业倦怠除了提高教师待遇，核心是发展教师的专业能力。通过基于教师专业发展的行动研究，即园内教师成长的三大人生愿景，践行园内教师成长的四大行动策略，共同搭建园内教师成长的三层展示舞台，缓解教师职业倦态，使其感受到职业幸福感。具体架构见图1。

1. 规划教师成长的"三大人生愿景"

（1）激活成长动力——顶层设计规划"以圈聚力"专业发展蓝图（见图2）。民办幼儿园教师不稳定，根据入职时间、发展程度、能力特长等方面，我们为每位教师"量身定制"，进行三圈归类。借助核心圈结对职能圈，予以专业理论的引领指导与把脉；以职能圈结对基础圈，进行实践操作的参与式体验，实现三圈的上下联动，并且打破幼儿园的界限，实施强强组合、优势互补、分合引领的联动机制。

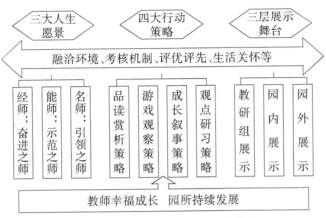

图1　缓解幼儿教师职业倦怠的策略

图2　"以圈聚力"专业发展规划蓝图

（2）追求成长合力——分层实施机制与分层联动机制并行。即根据每一位教师的发展状况，进行一对二、一对N的"以圈聚力"。制定核心圈、职能圈、基础圈教师发展规划，三圈层次划分清晰，以自内向外辐射机制带动每一个教师的成长。职能圈承担上下联动的作用，既要向核心圈导师学习幼教先进理论体系以及"儿童立场"的游戏观、课程观，又要对基础圈老师承担培训、培养、引领的任务。

（3）注入成长引力——个性描绘蓝图。分别给三圈教师按照职能制定规划，使其通过园本研训途径得到成长发展。基础圈——奋进之师，职能圈——示范之师，核心圈——引领之师，三圈教师依据幼儿园发展总目标和个人成长目标，分别制定3～5年的个人成长规划。

2.践行教师成长的"四大行动策略"

幼儿园教师专业成长需要用"三只眼",一只眼睛看见"课程",一只眼睛看见"游戏",还有一只眼睛看见"自己"。我们以"品读赏析""游戏观察""成长叙事"和"观点研习"作为四大行动策略,在这个过程中,教师不断向前、向上生长,不断听到生命拔节的声音。

（1）品读赏析策略。通过观摩名家经典课堂、阅读名家教育教学论著,做好"研读教育名著的札记"和"品读名家课堂的笔记"等活动,转变自我固有思维方式,培养教育教学创新思维,努力转变教师阅读方式。

（2）游戏观察策略。通过以"研磨课堂教学"和"观察游戏行为",逐渐转变从教学到游戏的研修模式,通过发现儿童,认识儿童,形成正确的儿童观。通过"1+3+3"的观察模式,提高教师的观察能力、分析能力,解读儿童行为背后的意义。

（3）成长叙事策略。"成长叙事"是教师以叙事、讲故事等方式表达自我对教育的理解和诠释。在这个过程中,既关注教师对教育故事的"叙述",更关注"叙述者"在故事背后的成长。可以说"成长叙事"是教师教学观念转化为教学行为的突破口和催化剂。

（4）观点研习策略。将"我的教学主张"通过幼儿园搭建的各种研修平台"说出来",经过多次打磨,使教师个人的教学主张明确并成形。在"我与课程"的研修中,课题组以"一体五环式"规划行动路径,朝着"每个老师都可以拥有自己的课程"目标不断前行。

3.搭建教师培养的"三层展示舞台"

（1）教研组展示。一是"三七"联动。发挥引领作用的3位教研组长和每个教研组的7名核心成员,每学期根据研究重点,进行一个主题和一个游戏活动的跟踪研究,并集体展示,在共研共思中,提升教师的集体智慧和团队荣誉感。二是"三助一"骨干抱团。有不同领域特长的三位骨干教师携手帮助一位奋进团队的青年教师磨课、磨观点。

（2）园内展示。借助国内"竞争性项目培训"进行展示,积极选派教师参加各级各类的培训活动,教师通过教研组的组内竞争,确定培训人员,让培训真正成为教师最大的福利。

（3）园外展示。园外展示是教师从"能师"走向"名师"路上最最关键的一步。借助市"优质课""双高课""教坛新秀"等大舞台,承办平湖市的课时培训、课题推介会等机遇，加强教师专业的锤炼。

民办幼儿园的教师是教师这一群体中的弱小部分，更需要关爱和帮助。我园力图通过各种方式激发教师专业成长和职业需求的内驱力，力求探索激励民办幼儿园教师发展的有效模式，为广大民办幼儿园提供经验和借鉴，以提升学前教育整体性发展水平。

提高农村幼儿园教师工作积极性
策略的思考与实践

冯小英

冯小英 1980年11月生。平湖市航天神箭幼儿园园长，学前教育高级教师，平湖市第14批名师。曾获平湖市教坛新秀、平湖市优秀教师等荣誉。16篇论文分别在地市级以上报刊发表或在评比中获奖。

提高教师工作积极性是一项非常重要的系统工程，特别是幼儿园教师，面对着特殊的教育群体，教师工作状态更是直接地影响着幼儿体能、智能与心理能力的三维平衡。教师工作积极性高，就能更加主动地从孩子的需要去创造性地思考与教育，有不断地学习与成长的内驱力，教师的专业素养也会更快得到提升，同时幼儿也会更为理想地成长。相反，如果教师工作积极性不高，对幼儿生活与学习的影响会非常大，甚至有可能会给幼儿带来负面影响。

一、基于当前农村幼儿教师职业倦怠现状的分析

当下幼儿园教师面对着家长与社会越来越高的期望，面对着各种各样的任务压力和琐碎的日常工作，如果没有足够的兴趣驱动，没有足够的精神支撑，没有充分的自我认知并产生积极的职业期待，就会产生职业倦怠。

（一）工作压力大，自我效能感差

幼教竞争日趋激烈，保育教育、安全工作、教改科研等任务越来越多，让教师

精神与体力双透支。同时农村幼儿园教师普遍存在自我认可度低的情况，总有"怕做不好"的思想包袱，日常工作中的压力更大。

（二）专业成长内驱力偏弱，自我价值实现较难

教师只有充分感受到自己对群体的正向作用，或者通过自己的努力而获得专业的成长等，才能充分激发出成长的内驱力，因为成功是最好的前进助推剂。但是面对着当下越来越高的多元要求，教师总是处于被指导、被关心、被提醒甚至被"逼迫"的被动状态，很难有自我主动追求的自主空间，再加上有些教师进取心不强，未到中年已先"躺平"，终日忙忙碌碌却感觉"一事无成"，自然谈不上什么成功感、幸福感。

（三）家庭羁绊与通勤不便等，致使难以兼顾两头

笔者所在县市最远的农村幼儿园，老师每天5点55分出门，近18点回家，对家庭的关注较少。孩子小，父母老，家庭中还会突发一些偶发事件，由于心挂两头，教师既不能专注于工作，又难以兼顾好家事，以致身心疲惫。这也是教师产生职业倦怠的一个重要因素。

二、调动教师工作积极性的策略与实践

（一）以事业教育缓解教师职业倦怠心理

1. 消除幼儿教师事业成功感不足的心理

事业成功感不仅指教师在日常工作中积累的各种成就，还包括教师在工作中获得的积极的心理感受。事业成功感能让教师有更持久的兴趣，投入更多的时间，达到更好的效果。但是相对于其他学段，幼儿园教育没法用量化的成绩来衡量教育的价值，特别是农村幼儿教师更有社会地位不高的顾虑，甚至自卑，还经常面对外行家长的误解甚至指责，成功感不足状态更加明显。基于此，我们带着教师一起思考幼儿教育的本质，一起追问怎样的幼儿教育是有价值的，在园三年可以给孩子留下什么，在不断地交流、论证中找到"成功"的正确定位，形成科学合理的价值标准。让幼儿健康生活、养成各种良好的习惯就是我们最大的成功，我们要一起感受孩子成长的点点滴滴带来的幸福感。著名的诺贝尔物理学奖获得者卡皮查说：一生中最重要的学习不是在大学，也不是在实验室，而是在幼儿园。

2. 形成良好的工作氛围

良好的工作氛围能增强团队的凝聚力、向心力、协作力，反之则会消磨意志，涣散人心。幼儿教师是一个特殊的工作群体，在一个几乎都是女性的团体里，幼儿

园工作氛围的营造显得尤为重要。我们一方面以积极的价值观引领，让教师们充分认识到积极工作的意义，如借用暑期师德培训讲述身边的故事、欣赏优秀电影，通过观看《放牛班的春天》提高教师的精神境界；另一方面以幼儿园团队文化感染人，营造"多变的团队"，让教师浸润在幼教小家里。幼儿园是一个相互合作、同伴共进的地方，可以以打造学习型、研究型团队为目标，团队一起讨论困难、研究话题、观察游戏，沉浸在追寻专业成长的氛围里。幼儿园又是一个温暖的地方，老教师退休时办一个简朴而隆重的仪式，彼此在一起回忆过往，相拥挥洒幸福的泪水，是对幼教事业最真挚的肯定。

3. 寻找职业幸福感

职业幸福感是指主体在从事某一职业时基于需要得到满足、潜能得到发挥、力量得以增长而获得的持续快乐体验。它是每一位拥有真挚教育情怀的教师的终极目标。他们不再将自己的工资、福利、工作量作为评价的内容，而是将孩子作为工作核心，由衷地喜欢孩子，感受孩子的成长过程，跟着孩子一起"长大"。这样的教师更热爱自己的工作，更有职业的幸福感。教师的幸福感来源于和谐温馨的团队，也来源于自我的成长和自我价值的实现。这就需要管理者具有人文关怀，在潜移默化中通过和谐的集体团队与优良的幼儿园文化来提升职工的幸福指数。因为教师的幸福感不仅来源于物质，还与精神文化有关。据我们的实践与体会，使教师产生积极性和创造性的重要方法是将其个人的发展与幼儿园未来的发展统一起来，使教师在幼儿园的发展中得到个人的进步，获得个人奋斗的动力与团结合作的快乐。

（二）以爱心管理消除教师工作后顾之忧

1. 及时解决工作困难

运用"精细化"管理思维来关注教师工作与生活中的困难，给予教师人文关怀与精神支持。特别是偏远的农村幼儿园，教师来回路途远，上班时间早，下班时间晚。为了能让教师有时间处理一些特殊情况，我园提出在正常双休的基础上，每个月有半天调休假，以解教师燃眉之急。同时尽可能地帮助教师解决一些力所能及的困难，提高教师职业的幸福感。教师们无后顾之忧，就更容易专注于工作，也更愿意全身心地投入教育的钻研与提升。

2. 创造舒适的工作环境

适宜的环境对教育有着潜移默化的作用，对教师的工作情绪也有重要的引导作用。令人心情舒畅的工作环境有利于激发教师的工作积极性。因此，我们推动全园教师共同参与幼儿园环境建设，打造温馨如家的办公室，以家的温暖感染人；布置和谐共进的教研室，为方便教师研讨，分别设有年级组教研室与全园研修室，墙面上贴有"用心投入　为爱成长"8个大字，室内有大量的教师阅读书籍与各类研修材料等，形成了积极向上的精神环境；以"发现身边的美"等活动带动人，让全园教师用积极的评价、发现美的眼光讲述身边的人和事，用幼儿园故事激励人。

3. 提供良好的工作条件

当下，幼儿园工作节奏越来越快，要求与标准越来越高，及时升级教师的工作条件，有利于提升工作效率。作为一所农村幼儿园，我们在有限的经费框架内尽量满足教师提出的合理要求。如在班班有电脑与打印机的同时，配备一些使用率高的小型设备，如裁纸刀、胶枪、塑封机等；提升电脑的配置，加大存储空间，提供资源共享平台，架起家园直播间等。提升工作条件，就是提高教师们的工作效率；提升了教师的现代教育技术水平，也就提高了教师的工作积极性。

（三）以绩效分配优化教师工作的公平性

我园是一所农村幼儿园，园内87%的教师是非编合同制教师。近几年来，在上级的关心下，合同制教师的绩效收入逐步增长，在很大程度上提高了教师工作的积极性。但是公平合理的绩效分配才是保持教师工作积极性的根本途径。《论语》所言的"不患寡而患不均"体现的就是一种公平思想，但我们如果将"均"理解为"绝对平均"则是新的"不均"。朱熹的解读为"均，谓各得其分"，这就是我们绩效分配所体现的"多劳多得、优劳优酬"的原则，只有与劳动付出相匹配的才算是真正的"均"。

一是固化工作成绩。这是幼儿园进行绩效分配的重要依据，我们将课程建设、教科研成绩、教学获奖等进行公开的量化考核，并作为绩效分配的一个重要组成部分。通过每学期或每学年的统计汇总，实现"优劳优酬"评价考核，有效地提升了一大批教有所成、研有所得的优秀教师的工作积极性。

二是定化工作数量。这是绩效分配中最基本的因素。我们协调教师共同商量制定幼儿园基本工作量，严谨分析教师的实际工作量，将工作量差异通过绩效考核予以体现。这是通过工作量差异性考核，实现"干多干少不一样"的评价原则，使少做的人无怨言，多干的人更积极。

三是量化工作考核。幼教是个包含面很广、综合性很强的教育工作，除了可量化的教师个人的工作量与保教成绩，还有很多的综合工作要素。结合幼儿园常态化工作完成情况、班级活动氛围、幼儿发展情况、家长评价等给予的综合评定，使不同的评定等级与绩效分配呈现直接关系。此举旨在进一步提升教师工作积极性管理的全面性、公平性与科学性。

（四）以专业成长激发职业追求的内驱力

1. 目标引导

目标引导是以教师专业成长为核心，以规划或计划制定为切入点，通过教师不断地对标努力，达到持续优化的过程。引领教师科学制定专业发展的目标是促进其认识自我、分析自我、超越自我的重要手段。分阶段地制定短期目标、中期目标、长期目标的过程，就是一个不断思考是什么、为什么、怎么做的过程。目标制定可以激发教师不断对标、不断努力、积极向上的内在动力。我园就是在科学分析、充分认识每一位教师的专业特长与发展优势的基础上，给出相应适切的建议与合理的期望，让教师感到被重视，同时在后期的目标实施过程中给予其更多的关注与支持，助推教师朝着既定的目标不断努力。阶段性地感受成功，是促进教师内驱的直接动力。

2. 分层驱动

基于教师的个体差异，从每一位教师的现状出发，以分层式任务驱动的模式推进教师的整体发展，让不同层次、不同兴趣、不同特长、不同个性的教师都能得到关注，最终调动教师整体的工作积极性。

一是聚焦不同年龄层次教师。在一般情况下，幼儿园的青年教师、骨干教师有更多展示课堂、交流经验、凸显自我的机会。三年以内的新教师或中老年教师往往容易被忽视，从而产生新教师自信不足，老教师容易"躺平"的现象。故而我们基于不同年龄段教师的发展需求，参考教师自定的发展目标、学校的成长期待，形成各层级驱动模式，分别制订各层级教师活动计划、衔接活动评价等，在实践中取得了良好的效果。

二是聚焦不同兴趣爱好的教师。兴趣是自我成长的最大动力，我们充分发挥教师的主观能动性，倡导教师凸显自己的兴趣特长，努力做真实的最好的自己。全园59位教师，有的喜欢音乐，有的擅长讲故事，有的是信息技术高手，还有的喜欢安静地阅读。我们针对不同的兴趣特长搭建不同的成长舞台，力求百花齐放，人尽其才。

3. 分段实现

聚焦教师的生涯发展规划，梳理并抓住教师成长中的各种契机，以制定分段式小目标的方式，将教师的长远规划切割成多个纵向发展的阶段目标。在明确的小目标指引下，为教师搭建平台，积极引导、进行针对性指导，使目标分阶段实现。我园的实践证明，小步递进的目标驱动保证了教师在较长时期内逐步获得成功的递增性快乐，增加了教师专业成长动力的持续性，从而让教师逐步产生自我价值感甚至是职业的幸福感。

4. 成功激励

成功是努力追求更高水平的持续动力，每一位教师都有成功的愿望和需要。帮助教师感受成功、与大家一起共享成功，这是促进教师产生专业成长内驱力的重要方法。我园充分挖掘、看到教师的成功，不仅对显性的成功给予充分的肯定，更看到教师隐性的、细节性的成功，并给予其展示与推进的舞台。幼儿园教育的特性告诉我们，要将全体教师的成功导向吸引到关注幼儿的成长上来，让教师更好地感受到成功的快乐，也可以更为持久地激励教师。

以事业心教育缓解职业倦怠，以爱心管理消除后顾之忧，以合理的绩效分配感受公平，在专业成长中激发内驱力——四维联动的激发农村幼儿园教师工作积极性策略管理与实践，是让教师始终处于一个被关注、被尊重的状态下，感受教育的价值，体味职业的幸福，从而始终保持旺盛上进的工作积极性。

后 记

2021年，《人民教育》曾以"求解教师工作积极性的谜题"为专栏深度讨论了"教师工作积极性"的现状、动因以及对学校发展的意义与作用。

我们知道，教师的工作积极性除了受社会大背景影响，主要与学校的管理效能与教师自身的内驱力有关。为此，平湖市教育局专门下发了《关于进一步推进"教师工作积极性"专题调研与管理提升的通知》，委托教育研究咨询中心在对全市4389名专任教师进行网上问卷调查研究的基础上，进一步开展对全市学校校长、名优骨干教师的专题访谈，举办专题校长论坛，发动与组织校长、名优骨干教师根据管理实践与自我成长经验撰写专题征文，以进一步地辐射、学习与交流。教育研究咨询中心将部分获奖优秀征文汇编成书，企望能让更多的学校有所启迪，让更多的教师有所借鉴。系列活动得到了主管部门领导的大力支持与校长、名优教师的积极配合，许多作者数易其稿，求精求善，其敬业精神令人感动，在此一并表示衷心感谢。

由于种种因素，尚有不少优秀的学校管理经验与名师成长之道未能发掘呈现，有美中不足之憾；由于编辑时间与水平所限，疏漏之处，尚请海涵。

编者

2023 年 5 月